KB045579

뭉크, 〈니체〉(1906)

니콜라이 레리흐, 〈차라투스트라〉(1931)

알프스를 배경으로 서 있는 몰레 안토넬리아나. 니체의 건축 비평에서 중요한 상징물이다.

8
뢰켄
니체 생가와 묘지

독일

오스트리아

4
질바플라나
수를레이 바위

리아
우스

7
베네치아
리알토 다리

이탈리아

니체는 바젤 대학 교수직을 사임한 이래 정신적인 암흑기에 들 때까지 10년간 사유하기 좋은 곳을 찾아 유럽을 방랑했다. 고향 뢰켄을 제외하면 니체의 활동 공간은 산과 바다를 중심으로 펼쳐진다. 여름이면 차갑고 맑은 알프스로, 겨울이면 따뜻하고 풍요로운 바다로 옮겨다니며 자신만의 차라투스트라를 발견했다. 니체의 방랑길을 따라 걸으면 그의 사상이 길 위에서 탄생할 수밖에 없었던 이유를 만날 수 있다.

니체 생애와 사유의 공간

1 바젤
바젤 대학

2 트립셴
바그너 박물관

스위스

3 질스 ㄷ
니체ㅎ

프랑스

6 토리노
카를로 알베르토 광장

5 에즈 쉬르 메르
니체의 오솔길

❶ 바젤 대학 스위스 바젤

학문의 늪에 빠지다

바젤 대학은 1459년에 설립된 스위스에서 가장 오래된 대학교다. 1869년 니체는 불과 스물여섯의 나이로 바젤 대학 고전문헌학 교수로 초빙되어 10년 재직 후 건강상의 이유로 교수직을 사임하고 방랑을 시작한다.

❷ 바그너 박물관 스위스 트립셴

음악에 매료됐던 사상가의 교류

바그너는 1866년부터 1872년까지 이 빌라에 살면서 걸작을 완성했다. 바그너의 예술관에 감동을 받은 니체는 1869년 오순절 휴일에 약속도, 예고도 없이 바그너를 찾은 이후 3년간 스물세 번이나 그를 방문했다. 니체에게 트립셴은 음악적 휴양지였다.

❸ 니체하우스 스위스 질스 마리아

니체가 사랑했던 질스 마리아

니체는 질스 마리아를 일곱 번 방문하는 동안 거처를 단 한 번도 바꾸지 않았다. 니체가 여름이면 머물렀던 두리슈의 집은 오늘날 니체하우스로 꾸며져 운영 중이며 니체가 머물던 '천장 낮은 방'을 재연하고 있다.

❹ 수를레이 바위 스위스 질바플라나

영원회귀 사상의 탄생지

영원회귀 사상의 단초를 제공했다고 알려져 '차라투스트라의 바위'라고도 불린다. 세상의 온갖 문제를 뛰어넘은 것 같은 해발 1,800미터의 알프스 고산 지대에서 니체가 깨달은 통찰은 이 세상은 우리가 원하든 원치 않든 영원히 반복된다는 것이다.

❺ 니체의 오솔길 프랑스 에즈 쉬르 메르

산책으로 살아 있음을 느끼다

니스에서 멀지 않은 에즈 쉬르 메르에는 니체가 『차라투스트라는 이렇게 말했다』를 집필할 당시 즐겨 걸었던 길에 '니체의 오솔길'로 명명된 표지판이 있다. 니체에게 걷는 것은 곧 사유였다.

❻ 카를로 알베르토 광장 이탈리아 토리노

독백으로 끝난 비극

1889년 1월 니체는 채찍질당하는 말을 끌어안고 광기의 발작을 일으킴으로써 고독하고 고통스러운 방랑의 삶에 종지부를 찍고 10여 년간의 정신적 암흑기에 접어든다. 아이러니하게도 바로 그 시기에 니체의 철학이 알려지기 시작했다.

❼ 리알토 다리 이탈리아 베네치아

가장 소란스러운 곳에서 걸작을 탈고하다

니체는 베네치아를 1880년 3월 14일 여행한 이래 모두 다섯 번 방문했다. 세 번째 방문 때 리알토 다리 근처에 집을 구했다. 소음 때문에 견디기 힘들다 했던 이곳에서 니체는 『차라투스트라는 이렇게 말했다』를 탈고했다.

❽ 니체 생가와 묘지 독일 뢰켄

니체의 시작과 끝

토리노에서 광기로 쓰러진 이후 정신병원을 들락거리다가 1900년 8월 25일, 니체가 바이마르에서 세상을 떠나자 여동생 엘리자베트는 니체의 유해를 고향 뢰켄으로 옮겼다. 니체 생가 내 조성된 가족 묘소에 그의 부모, 남동생과 함께 묻혀 있다.

일러두기

1. 니체의 글은 책세상에서 2000~2005년 번역 출간된 니체 전집과 *Kritische Studienausgabe sämtlicher Briefe Nietzsches*에서 상당 부분 인용했으며, 각각 서명과 '니체 서간집'으로 약기했다. 상세 서지 정보와 그 외 인용 도서는 '참고 문헌'에 제시했다.
2. 외래어 표기는 국립국어원의 외래어표기법을 따랐으나 통용되는 일부 표기는 허용했다.

니체

×

이진우

알프스에서 만난 차라투스트라

arte

골똘하게 사유하는 듯한 니체 특유의 포즈가 담긴 사진

CONTENTS

PROLOGUE 우리는 왜 더 이상 삶의 의미를 묻지 않는가   011

01 결단하는 낙타는 사자가 된다 바젤을 떠나며   019

02 희극이 되어버린 비극 니체의 사람들   041

03 음험한 바다와 냉혹한 고산 사유의 공간   067

04 선악의 저편에서 다채로운 정적을 듣다 베네치아의 아침놀   089

05 허무주의의 탄생 렌처 하이데의 하늘   117

06 영원회귀의 통찰 질스 마리아의 차라투스트라   145

07 파도로 나아가는 광대 펙스 계곡의 그림자   173

08 두 발로 하는 사유 고독의 샤스테   201

09 미래 철학의 향유 에즈의 춤추는 철학자   225

10 욕망하는 인간의 발견 속물의 니스   251

11 신을 믿는 무신론자 토리노에서 스러지다   277

12 전복의 망치가 남긴 상처 카를로 알베르토 광장의 광기   303

EPILOGUE 우리가 살고 있는 바로 이 삶의 수많은 가능성   331

니체 생각의 키워드   338
니체 생애의 결정적 장면   342

참고 문헌   351

우리는 왜 더 이상
삶의 의미를 묻지 않는가

오늘과 같은 내일, 내일과 같은 오늘은 저주일까, 축복일까. 니체는 『즐거운 학문』에서 악령의 입을 빌려 단언한다. "너는 지금 살고 있고, 살아왔던 이 삶을 다시 한 번 살아야만 하고, 또 무수히 반복해서 살아야만 할 것이다. 거기에 새로운 것이라고는 아무것도 없을 것이다. 네 생애의 일일이 열거하기 어려운 크고 작은 일들이 네게 다시 일어날 것이다."

니체의 사유 중에 가장 빛나는 대목을 고르라고 한다면 나는 이 문장을 꼽겠다. 매일 찾아오는 극심한 육체적 고통에도 불구하고 삶을 긍정하려 했던 태도가 돋보이기 때문이다. 니체에 의하면 현실을 인정한다는 것은 이 삶의 영원한 반복을 원한다는 것이며, '영원회귀'를 인정한다는 것은 운명을 사랑하겠다는 것이다. 니체의 '아모르파티', 즉 운명애는 현실에 수동적으로 적응하라는 숙명론이 아니다. 삶의 우연을 두려워하지 않는 능동적 태도다.

그러나 그 사유의 여정은 1889년 1월 3일, 종지부를 찍는다. 이탈리아 토리노 한복판에서 채찍질당하는 말을 끌어안고 오열하며 광기의 발작을 일으킨 그날 이후 10년간은 정신적 암흑기였다. '신은 죽었다'는 선언으로 파괴와 창조의 철학자로 기억되는 천재의 마지막 모습은 이렇게 초라했다. 1900년 육신의 죽음을 맞이할 때까지 니체에겐 더 이상의 고통도, 사유도 없었다.

21세기의 시대정신이 무엇이든 간에, 시대와 함께하고자 하는 자, 시대를 거스르고자 하는 자, 시대를 넘어서고자 하는 자 그 누구도 니체를 비껴갈 수 없다. 이성을 통해 세계를 발전시키려는 계몽이 기획된 후기 모더니즘이든, 인류가 이제까지 꿈꿔온 거대 서사에 대한 믿음을 거둬들인 포스트모더니즘이든 그 어떤 시대라도 논란의 중심에는 어김없이 니체가 자리한다. 자신이 살던 시대에 대한 의심을 극단까지 몰고 가서 끝까지 시대와 불화했다는 점에서, 니체는 여전히 동시대인이다.

그럼에도 니체는 이해되기보다는 오해되고, 명료하기보다는 모순적이다. 니체는 삶의 의미를 고양하는 한편, 허무주의의 늪으로 빠뜨리기도 한다. 모든 가치를 뒤집은 전복의 사상가로 추앙되는가 하면, 새로운 가치를 창조하지 못한 설익은 사상가로 비난당하기도 한다. 니체만큼 혼란을 주는 철학자도 없다.

우리는 지금 왜 광기의 철학자 니체를 호출하고 그의 위험한 사상에 기꺼이 감염되고자 하는가? 모든 시대는 자신의 고유한 사상가를 갖는다. 시대를 읽어낼 사상가를 스스로 배출하지 못한다면, 우리는 시대정신을 포착하기 위해서 사상가를 무덤에서 불러낸다. 우리 시대와 사회는 도대체 어떤 사회이기에 니체를 불러내는가? 한편으로 우리 시대는 니체가 예언한 무시무시한 손님인 허무주의가 보편화되고 평범해진 시대다. 자본주의의 경쟁논리가 우리의 삶 구석구석을 지배하고 있는 상황에서 어떤 것도 의미가 없는 것처럼 보인다. '누군가가 되기'보다 '아무것이나 되기'가 호응을 얻는다면 삶이 생기를 잃어버린 시대다. 다른 한편으로, 우리 시대는 '질문이 없는 시대'다. 미래에 대한 희망과 동경과 꿈을 잃어버린 우리는 더 이상 삶의 의미를 묻지 않는다.

그런데 우리가 니체를 찾는다는 것은 삶의 의미를 놓지 않았다는 반증이 아닐까? 살고 있으면서도 진정으로 살고 있다는 느낌을 갖지 못했을 때 니체는 우리에게 강렬한 유혹으로 다가온다. 허무주의가 필연적이라고 말하면서도 허무주의를 극복하고자 했던 모순의 철학자 니체를 제대로 이해하기 위해서 나는 니체 생애에서 가장 중요한 시기를 찾아가보기로 했다. 바젤 대학 교수직을 버린 후 토리노에서 몰락하기까지 정확히 9년 반 동안 그가 방랑했던 길이다. 대단한 결심이 서지 않고서야 10년간 몸담았던 대학을 그렇게 쉽게 떠날 수 없다. 온갖 병에 시달렸기 때문일까? 그의 가장 큰 관심은 '어떻게 병든 자신을 떠맡아 스스로를 다시 건강하게 만들 것인가?'였다. 그러나 그것은 비단 육체적 건강만을 의미하지 않는다. 니체에겐 정신의 생명력을 자극하는 환경이 필요하기도 했다. 자신의 영혼에 알맞은 기후를 찾기 위해, 서른다섯, 니체는 방랑하기로 결심했다. 니체는 이 시기에 "나는 나 자신을 포함하여 삶을, 말하자면 새롭게 발견했다"(『이 사람을 보라』)고 고백한다.

21세기는 니체의 망치질로 산산조각 난 시대다. 신으로 대표되는 윤리적 규범이 부재한 권태의 시대다. 의미 있다 여겼던 것들이 퇴색하고 새로움을 가장한 세속적인 것들이 삶을 퇴폐시키고 있다. 우리의 삶은 활기를 잃었다. 니체처럼, 우리는 진정한 삶을 바라고 있다. 그러나 그것은 단순한 생존이 아니다. 영원한 삶은 더더군다나 아니다. "중요한 것은 영원한 생동감이다. '영원한 삶'이, 그리고 도대체 살아 있다는 것이 무엇이 중요한가!"(『인간적인 너무나 인간적인 II』) 중심 가치가 없으므로 자신이 따라야 할 규범과 의미를 스스로 창조해야 하는 이 시대, 니체는 새로운 삶의 가치를 세울 수 있다고 말하고 있다. 운명에 대한 사랑도 그중 하나일 것이다.

이 책은 니체와 함께 자신과 자신의 삶을 발견하고자 길을 떠나는 사람에게 건네는 안내서다. 나는 니체가 방랑했던 10년의 길을 따라 걸었다. 그가 이 시기에 쓴 글과 잠언을 읽으면서 그의 치열한 삶을 느낄 수 있기를 기대한다. 바젤에서 출발해 질스 마리아를 거쳐 니스와 토리노에 이르는 길은 니체에겐 건강한 삶을 위한 길인 동시에 삶을 긍정하는 철학의 발전 과정이기도 하다. 그에겐 생각하는 것이 바로 삶이었고, 삶이 사유의 대상이었다.

니체는 어디를 가든 그곳의 이미지를 자신의 언어로 빚어냈다. 나는 니체에게 특히 큰 영향을 미친, 그의 영혼이 머물렀다고 할 수 있는 곳을 중심에 놓고 니체의 삶과 사유를 이해하고자 했다.

1장에서는 니체가 방랑을 시작할 수밖에 없었던 이유, 방랑 전 바젤에서의 삶과 방랑이 끝난 후 죽음에 이른 시간을 짧게 다루었다. 2장에서는 스위스 루체른에서 맞닥뜨린 풍광만큼이나 모순적인 인물(바그너, 코지마, 살로메)이 등장한다. 그들은 니체와 애증으로 묶인, 니체 인생에서 중요한 사람이었다. 3장에서는 니체가 사유하기 좋은 곳으로 뽑았던 장소의 특성을 알 수 있다. 여름엔 고산을, 겨울엔 바다를 오가며 숨어 있는 장소와 그곳의 아름다움을 발견하는 재능이 니체에겐 있었다.

6장에서 9장까지는 알프스 산맥 일부를 품은 스위스 질스 마리아의 작은 마을들을 둘러보았다. 알프스 고산 지대는 니체에게 언제나 긍정적인 자극을 주었던 곳으로, 렌처 하이데에선 허무를, 샤스테에선 고독을 더 예리하게 벼렸다. 알프스의 거대한 풍광과 좁은 산책길은 니체에게 『차라투스트라는 이렇게 말했다』의 영감을 선사한다. 4장의 베네치아와 10장의 니스는 니체가 추위를 피해 겨울이면 들렀던 바다를 낀 도시다. 베네치아의 페스티벌과 니스의 속물 속에서도 니체는 사유를 멈추지 않았다. 11장과 12장의 공간은 니체가 서서히 죽어가던 시기에 머물렀던 이탈리아 토리노다. 자신의 종말을 예견하기라도 한 듯 니체는 그곳에서 비극을 읽어냈다.

니체의 10년을 따라간 나의 여행에는 세 갈래의 길이 교차한다.

첫째, 니체의 삶이 지나간 길이다. 시대를 앞서 태어난 사상가로서 겪었던 고통과 동시대인에게 이해받고자 하는 욕망이 뒤엉

킨 가운데서도 그는 자신의 삶을 긍정하고자 한다. 나는 이 길에서 "어찌 내가 나의 전 삶에 감사하지 않을 수 있을까? 그래서 나는 나 자신에게 나의 삶을 이야기한다"(『이 사람을 보라』)고 했던 한 인간을 발견할 수 있었다. 평생 육체적 고통에서 벗어날 수 없었고 정신적 고통도 그만큼 깊어 결국 미쳐버렸던 니체는, 필연적으로 다가오는 운명을 당당하게 자신의 것으로 받아들이고자 했다.

둘째, 니체의 사상이 태어난 길이다. 그는 건강에 도움이 될 만한 곳을 찾아다니던 방랑의 길에서 동시에 사상도 연마한다. 신과 종교, 이성과 도덕에 망치질하는 니체는 이 길 위에서 성장했다. 그는 현재의 자신을 뛰어넘어 새로운 것을 창조하려는 내적 운동을 '권력에의 의지'라는 말로 정의했다. 이 의지가 있다면 날마다 새롭다. 바로 그런 자가 '초인'의 명예를 얻는다. 과거의 가치가 탈색된 지금 내가 붙들어야 할 새로운 가치가 무엇인지 묻고 또 묻는, 사유가 익어가는 길이었다.

셋째, 니체의 삶과 사유를 돌아보며 나 자신을 찾는 길이다. 니체는 초인과 대척점에 있는 자는 꿈과 이상과 동경도 없이 오직 일상의 행복만을 추구한다고 했다. 내가 그 '마지막 인간'은 아니었을까? 어떤 것이 진정한 삶인지는 자명하다. 나는 반복되는 매일에 안주하지 않고 계속해서 삶의 의미를 찾으려 애쓰는 인간, 자기만의 가치를 갖고 있어서 절제하는 인간, 심지어 포기할 줄도 아는 인간이어야 했다. 니체가 말한 위험한 삶은 기존의 것을 비판 없이 받아들이지 않는 삶이다. 삶이 절망적이어도, 살아갈 틈과 힘이 반드시 있다고 믿어왔고, 믿을 것이다.

"삶이라는 것은 심연 위에 걸쳐 있는 밧줄과 같다. 건너가는 것도 힘들고, 돌아서는 것도 힘들고, 멈춰 서 있는 것도 힘들다." 고등학교 시절 고서점에서 우연히 펼쳐든 『차라투스트라는 이렇게 말했다』에서 만난 이 구절은 여전히 내게 떨림을 준다. 니체의 삶과 사상에 몰두하면서 그 떨림은 점점 더 나를 균열시켰다. 균열된 자리에서 새로운 생각이 피어났다. 니체식으로 말하자면 창조적 파괴였다. 과연 그는 "인간이 아니라 다이너마이트다."

권태와 허무가 반복되는 일상으로부터 벗어나고자 할 때 여행을 꿈꾸는 것처럼 니체를 찾아 떠난 여행이 나에게 다이너마이트가 되기를 바란다. 사회에 대한 반감과 불만족으로 가득 차 있으면서도 정작 사회의 규범에 반기를 들지 못하는 나의 나약함을 폭로하고, 세속적 가치를 가볍게 여기는 척하면서도 사실은 그 가치를 강렬하게 열망하는 냉소주의를 허물고, 새로운 가치를 창조할 능력은 없으면서도 모든 가치를 보잘것없다고 여기는 퇴폐주의를 깨부술 다이너마이트를 경험할 수 있기를 바란다. 과연 나는 이 길을 걸으면서 낡은 삶을 벗어던지고 새로운 삶을 맞이할 수 있을까?

결단하는 낙타는 사자가 된다

바젤을 떠나며

스위스 바젤 대학

익숙한 것들과의 결별

떠난다는 것은 헤어진다는 것이다. 자기 자신을 찾아 떠나는 여행은 그 이유가 무엇이든, 그 목적이 무엇이든 항상 무엇인가를 버려야 한다. 1879년, 니체는 엄청난 고통 속에서, 자기를 둘러싸고 있던 세계를 깨고 자기 발견의 여행을 떠나기로 한다.

1869년 니체는 바젤 대학 고전문헌학 교수로 초빙된다. 그 스스로 '농부의 구덩이'라고 부른 슈첸그라벤 45번지로 이사와 10년 후 바젤Basel을 떠날 때까지, 이 조그만 도시는 니체에게 전혀 이해할 수 없는 이질적인 공간이었다. 강가의 제방과 성벽이 만들어내는 좁디좁은 골목은 차치하고서라도 고색창연한 건물만큼이나 보수적인 사람들의 소시민적 생활양식을 견딜 수 없었다.

바젤 대학도 니체가 말한 고색창연한 건물에 포함되었을까? 지금은 신축 건물이 들어서서 예전의 분위기는 느낄 수 없었다. 1460년에 설립된, 스위스에서 가장 오래된 대학이라는 명성, 니체의 친구 오버베크Franz Overbeck가 남긴 니체 관련 자료가 보관된 도서관을 제외하면 바젤 대학은 내게 큰 인상을 주지 못했다. 니체의 사상이 시작된 곳에는 무엇인가 특별한 것이 있을 거라고 기대했지만, 스위스에서 세 번째로 큰 도시인 바젤의 겉모습은 별로 특별하지 않았다. 그렇지만 뒷골목의 모습을 보아야 그 도시의 진면목을 알 수 있다고 하지 않는가.

금융과 산업의 중심지로서 생활수준이 높은 바젤은 예술의 중심지로서도 세계적으로 유명하다. 바젤이 자랑하는 미술관 쿤스트무제움 바젤Kunstmuseum Basel에서 보았던, 일본 목판화의 영향을 받은 빈센트 반 고흐의 자화상(1887)이 떠오른다. 주황색 수염과 대비되는 초록색 눈은 세상과 불화하는 예술가의 고통을 말해주는 것 같았다. 이 그림을 보고서야 스위스 최초의 대학이 설립된 도시이면서도 세속적이고, 자본주의의 중심지이면서도 예술을 사랑하는 바젤의 모순적인 이중성이 니체와 어울린다고 생각했다.

하지만 니체는 처음부터 끝까지 바젤에 정이 들지 않았다. 동료들과 섞이지 못하고 그들의 온갖 호의와 관심에도 냉담했다. 그럼에도 니체는 이때의 삶이 어느 정도는 만족스러웠던 것 같다. "최후엔 나는 신이기보다는 기꺼이 바젤 대학의 교수였을 것입니다"(『니체 서간집』)라는 한 문장만으로 내린 결론은 아니다.

니체에게 문헌학은 삶을 안정적으로 영위할 수 있는 방편이었으며, 다른 한편으로 자기관찰 수단이었다. 어릴 적부터 니체의 마음을 사로잡았던 문제는 항상 자기 자신이었다. 니체가 학교를 다니던 1858년부터 교수직을 얻은 1868년까지 아홉 편의 자서전적 글을 썼다는 것은 많은 것을 암시한다. 이 글들은 하나의 질문으로 집약된다.

나는 어떻게 본래의 내가 되는가.

Wie man wird, was man ist.

How one becomes, what one is.

이 문장이 그의 전 집필 과정을 매듭짓는 마지막 저서 『이 사람을 보라』의 부제라는 것은 그가 얼마나 자신의 삶과 자기 찾기에 매달렸는지를 말해준다. 글을 읽고 글을 쓴다는 것은 자기 자신을 관찰한다는 것이다.

1868년에 니체는 일기장에 '자기관찰'이라는 제목으로 "너 자신을 알라. (…) 관찰은 에너지를 억제한다. 그것은 분해하고 파괴한다! 본능이 최선이다"라고 적었다. "자기관찰은 낯선 영향에 대항할 수 있는 무기다." 자신을 관찰하지 않으면 자기가 원하는 것과 원하지 않는 것을 구별할 수 없다.

스스로를 관찰하기 위해 사람들은 자신만의 방법을 강구한다. 어떤 사람은 학문을 선택하고, 어떤 사람은 예술을 선택한다. 니체는 그 끝을 알 수 없을 정도로 거대하고 신비한 우주의 바다에서 침몰하지 않으려고 엄밀한 학문의 품에 안긴다. 예술가적 충동을 느낄 때마다 그는 이 변덕스러운 경향에서 도피하여 객관성이라는 안전한 항구로 피신하고 싶은 강렬한 욕구 또한 느꼈다. 니체에게 문헌학은 끝없이 펼쳐진 인식의 지평과 예술가적 열정의 유혹을 이겨내고 자기를 관찰할 수 있는 수단으로서만 유효했다. 외부의 강요, 학문적 성공, 직업적 안정은 고려하지 않았다. 니체는 그렇게 문헌학을 통해 자기와 거리를 두고 스스로를 객관화할 수 있었다. 바젤 대학은 니체에게 책을 읽고 쓰기에 그리 나쁜 환경은 아니었다. 그러나 그의 건강은 날로 악화되었다. 니체는 아픈 몸으로 학생들을 가르치는 데 한계를 느끼기 시작했다.

니체의 삶의 균형을 잡아주던 한 축이 문헌학이라면, 다른 한 축은 음악이라고 할 수 있다. 니체의 분류에 따르면 예술에는 인간을 건강하게 만드는 예술과 그렇지 않은 예술이 있다. 건강한 예술은 삶의 비극적인 요소까지 긍정적으로 받아들이며, 건강함과 거리가 먼 예술은 현실을 부정하고 이상을 추구한다는 것이다. 즉 '디오니소스적인 것Dionysisch'과 '아폴론적인 것Apollinisch'이다. 디오니소스적 음악은 니체에게 삶의 진리 그 자체였다. 삶에 대한 충동과 예술에 대한 니체의 열정을 자극하고 강화한 예술가는 두말할 나위 없이 바그너Richard Wagner다. 위대한 사람은 항상 함께하고, 저항하고, 그렇게 함으로써 동시에 넘어설 수 있는 다른 위대한 사람을 필요로 한다. 바그너는 니체에게 그런 존재였다. 바그너는 종교를 예술로 대체했다. 니체는 이런 바그너의 예술관에 이루 말할 수 없는 감동을 받는다. 예술만이 우리의 삶에 의미를 부여할 수 있다고 생각하는 바그너는 청년 니체에게 일종의 구원이었다. 그래서 바젤 시기 니체의 공간은 트립셴Tribschen과 바이로이트Bayreuth 다. 바그너가 살았고 그의 악극이 상연된 곳이다.

"온 근육과 신경이 경련을 일으킬" 정도로 바그너의 음악에 열광한 니체는 1869년 오순절 휴일에 트립셴의 바그너 집을 찾았다. 안면도 약속도 없이 무작정 방문한 것이다. 니체는 이후 3년 동안 스물세 번이나 바그너를 방문한다. 훗날 이 시기를 돌이켜 "어떤 희생을 치르더라도 트립셴의 날들을 내 삶에서 지울 수 없다"(『이 사람을 보라』)고 했다.

이렇듯 니체에게 언어와 음악은 삶과 사유의 중심이다. "어쩌면 나는 언젠가 음악적으로 다룰 수 있는 문헌학적 소재를 발견할 수도 있습니다. 그렇게 되면 나는 갓난아이처럼 말을 더듬고 고대의 비너스상 앞에서 잠이 드는 외지의 야만인처럼 이미지를 쌓아올릴 것입니다"(『니체 서간집』)라는 고백에서도 알 수 있듯이, 니체는 이 둘의 결합을 꿈꿨다. 니체는 "악보가 아니라 낱말로 쓴" 음악을 창조하고자 했다. 바그너는 니체의 그 의지를 더 고양하는 인물이 었음에 틀림없다. 그러나 환호는 이내 실망으로 바뀌었다.

나는 사유한다, 고로 존재한다

니체가 자기를 둘러싼 두 개의 세계에 결별을 고하고 방랑을 떠난 표면상의 이유는 두 가지로 요약된다. 첫째는 바그너에 대한 기대가 꺾인 것이고, 둘째는 고통 때문에 죽음을 생각할 정도로 지독한 병마에 시달린 탓이다.

우선 바그너와의 관계를 보면, 신의 죽음을 외쳤던 니체로서는 바그너가 설정한 구원의 대상을 받아들일 수 없었다. 기독교적 신

그대의 길은 더 고독해질 것이다. 어쨌든 예전의 길보다는 위험해질 것이다. 안개 낀 골짜기에서
그대 방랑자가 산을 걷고 있는 모습을 바라보는 사람들이 믿는 것만큼 위태롭지는 않지만.

— 『인간적인 너무나 인간적인』 —

은 옷을 갈아입고 바그너의 음악에 맞춰서 춤을 췄다. 니체는 바그너의 음악이 비극을 견디지 않고 이상을 꿈꾸는 음악으로 변질되었다고 생각했다. 바그너는 니체가 작곡한 피아노 즉흥곡을 조롱했으며, 니체는 바그너가 알맹이 없이 연출에만 능한 음악가에 불과하다고 응수했다.

또한 니체는 바젤 시절 편두통, 근시, 위장병에 시달렸다. 학기와 학기 사이, 혹은 휴가를 내어 병 치료차 자주 요양을 했다. 병세는 호전되기는커녕 악화되었다. 몸이 더 이상 견딜 수 없을 때까지 버티다가 건강상의 이유를 들어 교수직을 내려놓는다. 바젤 대학에서 학생들을 가르치기 시작한 지 10년 만이었다.

그러나 방랑의 진짜 이유는 따로 있었다. 사유의 폭과 깊이는 한 인간의 경험치를 넘어서지 못한다. 니체는 익숙한 것들과 거리를 두고 낯선 것을 발견하고 우연을 맞이함으로써 자신의 사유를 확장하려고 했다.

니체는 그로부터 장장 10년, 정확히는 9년 반 동안 방랑을 이어가다가 1889년 토리노에서 발작을 일으킨다. 그 후의 10년은 다른 사람을 의지하지 않고서는 생활이 불가능했다. 그는 모든 것에 무관심해지고 무기력한 채로 정신병원을 들락거리다가 1900년 폐렴으로 세상을 떠났다. 그래서 방랑을 시작한 1879년은 니체의 삶에서 커다란 전기가 된 해라고 볼 수 있다. 삶과 사유를 분리하지 않았던 니체에게, 그해는 사상 면에서도 큰 변화가 일어났다. 의사이면서 실존주의 철학자인 야스퍼스Karl Jaspers의 말을 빌리면,

편지들과 글들을 연대기적 순서에 따라 읽으면, 1880년 이후 니체에게 그의 생애에서 이전에는 전혀 없었던 심오한 변화가 일어나고 있다는 특별한 인상에서 벗어날 수 없다. 이 변화가 그의 사상의 내용과 새로운 창작에서뿐만 아니라 체험의 형식에서도 나타난다. 니체는 흡사 새로운 분위기 속으로 침잠하는 것 같으며, 그가 말하는 것은 다른 음색을 갖게 된다. 그를 완전히 사로잡은 이 분위기는 1880년 이전에는 그 어떤 전조와 징후도 없었다.

사람은 죽음을 맞이하고서야 비로소 삶을 생각한다. 삶을 사유하려면 우리가 죽을 수밖에 없는 존재라는 사실을 끊임없이 상기해야 한다. 니체 역시 죽음을 예감하고는 사유의 방향과 분위기를 완전히 바꾼다. 그의 나이 서른다섯 살이었다. 니체의 아버지 역시 서른여섯 살 되는 해에 뇌질환으로 죽음을 맞지 않았던가. 니체는 아버지와 같은 운명이 자신에게도 닥칠 것이라고 두려워한다. 이런 예감이 죽음에 대한 단순한 실존적 '불안' 때문이라고만은 할 수 없다. 그것은 실존적 불안감을 뛰어넘는다. 자신의 삶이 곧 끝날 수 있다는 '공포'였다. 1879년 3월 『인간적인 너무나 인간적인』제2부 원고를 완성했을 때 이런 편지를 남긴다. "아이고, 이것은 어쩌면 나의 마지막 작품일지 모릅니다. 그 안에는 대담한 평온이 있는 것처럼 여겨집니다."(『니체 서간집』)

주기적으로 찾아오는 끔찍한 두통과 구토를 동반한 발작, 정신을 혼미하게 만드는 현기증, 실명할 정도로 악화된 시력. 이런 상태에서 어떻게 한순간이라도 제대로 생각할 수 있을까? 하지만 병이 악화될수록 니체의 사유는 더욱 맹렬해진다. 꼬치꼬치 캐묻고, 문제들을 이리저리 뒤집고, 기존의 사유 습관을 전복한다. 이러한 전복적 사유는 그를 더욱 고통스럽게 만들지만, 그의 사유는 이러한 고통을 통해 더욱 창조적이 된다.

삶의 진리를 견뎌낼 수 있는 사람만이 그것을 추구할 수 있다. 나는 진리를 외면하거나 진리에 가면을 씌웠던 것은 아닐까? 삶의 진리는 그것을 추구하는 자에게 진실성의 태도를 요구한다. 이는 진리가 아무리 무시무시하더라도 회피하거나 은폐하지 않고 정직하게 직시하는 태도를 말한다. 진리가 모든 사람에게 타당한 객관적 보편성을 의미한다면, 진실성은 이 진리를 삶 속에서 마주하고 삶을 통해 실현할 수 있는 주관적 능력을 뜻한다. 니체가 바젤 대학을 떠나고 바그너에게 이별을 고한다는 것은 이제까지 철학과 예술을 통해 추구했던 진리를 '삶의 관점'에서 시험해본다는 것을 말한다.

니체에게 사유는 실존적 힘이다. "나는 사유한다. 고로 나는 존재한다"는 데카르트의 명제는 니체에게 새롭게 읽힌다. 니체가 사유를 통해 기대하는 것은 결코 데카르트처럼 말로 표현할 수 있는 진리만이 아니다. 니체가 사유로부터 얻고자 한 것은 하루를 제대로 살아갈 수 있는 힘이다. '실존적 힘으로서의 사유.' 이것이 니체가 방랑을 시작한 진짜 이유다.

고행이라는 자기 실험

　누군가는 니체의 인생을 처절한 모노드라마라고 평했다. 그는 처음부터 끝까지 홀로 무대를 이끌어가는 배우였고, 방백의 주제는 오로지 자기 자신이었다. 그는 삶을 무대에 올려 자기 자신을 실험했다, 삶과 사상의 일체를, 고통과 고독과 고행을 통한 긍정을.

　『차라투스트라는 이렇게 말했다』는 니체가 바젤과 바그너와 결별하고 떠난 방랑의 길에서 태어난다. 니체의 차라투스트라는 언어와 음악, 철학과 예술이 결합된 괴물이다. 이때 그가 남긴 편지에서는 견딜 수 없는 육체적 고통을 정신적 승리로 연결하려 애쓴 흔적이 역력하다.

> 나의 실존은 끔찍한 짐입니다. 만약 내가 고통과 거의 절대적인 금욕의 상태에서도 정신적·윤리적 분야에서 매우 교훈적인 시험과 실험을 하지 않았더라면, 나는 그 짐을 오래전에 벗어던졌을 것입니다. 인식을 갈망하는 이 기쁨이 나를 온갖 고난과 절망을 이겨낼 수 있는 정상으로 올려놓았습니다. 전체적으로 나의 생 그 어느 때보다 더 행복합니다.
> ―『니체 서간집』

　니체가 자기 자신의 운명을 마주한 이 시기에 과연 무슨 일이 일어난 것인가? 살로메Lou Andreas-Salomé와의 짧은 만남이라는 마지막 극적 사건을 제외하면 그의 삶에는 별로 이야깃거리가 없다. 그의

뭉크가 그린 니체의 초상화

누군가는 니체의 인생을 처절한 모노드라마라고 평했다. 처음부터 끝까지 홀로 무대를 이끌어
가면서, 오로지 자기 자신에 대해서만 이야기하는 배우. 그는 삶을 무대에 올려 스스로를 실험
했다. 삶이라는 그 짧은 공연 시간, 우리는 어쩌면 우리가 무한히 반복되는 수많은 존재 중의
하나라는 비극적인 인식에 이를지도 모른다.

방랑은 단지 철학적 작품의 토대일 뿐이었다. 작품이 만들어지는 고통스러운 창조 과정의 필연적인 전제 조건, 그것은 바로 그의 삶이었다.

니체는 자신의 몸에 맞고 창작 활동에 도움이 되는 장소를 찾아 끊임없이 옮겨 다닌다. 유목민의 삶이 시작된 것이다. 여름에는 서늘한 고지 엥가딘으로, 겨울에는 따뜻한 지중해로 갔다. 인간관계는 단절되고 그나마 남아 있던 친구들마저 떨쳐낸다. 그래서 그의 방랑은 또한 철저하게 고독한 여행이었다. 때때로 고독을 한탄하며 증오하지만, 니체는 동시에 창조적 사유의 전제 조건인 고독을 갈구한다.

몸으로 견디기 어려운 일을 통해 수행을 쌓는 일을 고행이라고 한다. 자신의 운명을 찾아 떠나는 길은 고행이다. 우리 몸이 견뎌낼 수 있는 극단까지 자기 자신을 몰고 갈 때 비로소 우리는 자신의 몸을 느낀다. 그렇지만 어떻게 몸이 극단의 고통과 수난을 견뎌낼 수 있을까? 바로 사유를 통해서다. 몸의 고통이 심해질수록 생각의 힘은 커진다. 니체에게 사유한다는 것은, 그것도 모든 것을 철저하게 뿌리까지 깊이 생각한다는 것은 육체적 고통을 이겨낼 수 있는 힘을 얻는 것이다.

순간순간 찾아오는 죽음의 전조를 강렬한 삶의 자극으로 받아들이는 것은 쉽지 않다. 니체는 죽음의 그림자가 짙어질수록 더욱 더 삶을 갈구한다. 죽음으로부터 삶으로의 반전. 해를 거듭할수록 니체는 더욱 진실하고, 갈망할 만하고, 비밀스러운 삶을 발견했다고 고백한다.

언제라고 특정할 수는 없지만 니체는 방랑의 길을 걷는 어느 순간 죽음의 공포로부터 멀어진다. 그 정신적 치유의 시기가 바로 니체가 차라투스트라의 영감을 얻고 영원회귀Ewige Widerkunft라는 위대한 사상을 발전시킨 시기와 일치한다는 것은 니체의 삶과 사상 사이의 연관관계를 웅변한다. 고통을 통한 위대한 사상의 출산과 사상을 통한 고통의 극복. 니체의 고행은 삶이 고통스러울수록 더 깊이 생각하라고 우리에게 말한다.

니체는 삶의 고통과 직면하여 고통을 극복하기 위해 고통을 사유의 자극으로 삼는 전략을 구사한다. 육체적 삶이 비참해지면 정신적 깊이로 균형을 맞춰야 한다. "좋은 것은 삶으로 유혹한다. 모든 좋은 일들은 삶의 강력한 자극제다. 삶을 반박하기 위해 쓴 모든 좋은 책들마저도 그렇다."(『인간적인 너무나 인간적인 II』)

치유와 쇠퇴의 주기적인 반복, 건강과 질병의 영원한 회귀를 통해 그의 사상은 연마되었다. 니체가 영원회귀 사상을 선포하는 순간에 자신을 승리자처럼 건강하다고 느끼는 것은 당연한 일인지도 모른다. 그가 발작을 일으키기 직전에 쓴 『이 사람을 보라』에서 자기 자신을 건강한 자로 묘사하는 것은 그리 놀라운 일이 아니다.

지성의 온갖 병적인 장애, 심지어 열광을 수반하는 반마취 상태는 나에게는 오늘날까지도 낯설며, 그런 상태의 본성과 빈도에 대해서는 나는 먼저 여러 가지 알려져 있는 방식에 의해 알아보지 않으면 안 되었다. 나의 피는 천천히 흐른다. 어느 누구도 내게서 열광을 확인해낼 수는 없었다. 나를 오랫동안 신경 질환자로 치료해왔던 어느 의사는 결국에는 이렇게 말했다. "아닙니다! 당신의 신경에는 이상이 없습니다. 나 자신이 신경과민이오." 내 몸에서 어떤 부분적인 퇴화도 결코 입증될 수 없다. 내 위의 통증은 그것이 아무리 극심하다고 하더라도 몸 전체가 소진한 결과이고, 내장 조직 전체가 극도로 약화되어서이지 위 그 자체만이 원인인 것은 아니다. 때때로 실명할 정도의 위험에 이르기도 하는 내 눈의 통증도 단지 결과일 뿐이지 그런 위험의 원인은 아니다. 내 생명력이 증대됨에 따라 시력 또한 다시 좋아졌으니 말이다.

니체는 생명력의 증대로 온갖 육체적 질환을 극복했다고 믿는다. 물론 이것은 착각일 수 있다. 니체는 끊임없이 위통, 실명에 이를 정도의 시력 저하, 지독한 두통과 구토를 한탄하지 않았는가. 그러나 1889년, 광기와 함께 그의 고통은 모두 사라진다.

찰나에 새긴 영원

니체는 사비로 출간해 친구들에게 보낸 『차라투스트라는 이렇게 말했다』의 넷째 부분을 너무 이른 시기에 출간했다고 생각하면서 이 책을 돌려받기를 바란다. "내가 그것을 수십 년 동안의 세계사적 위기, 즉 전쟁을 치른 후에 출간했다면 오히려 적기였을 것이다."(『니체 서간집』) 니체는 광기로 몰락하기 직전에도 여전히 수십 년이나 더 살기를 바라고 있는 것이다. 예수 그리스도가 지난 천 년의 시기를 지배할 가치를 설파했다면, 니체는 다음의 수천 년을 관통할 새로운 가치 목록을 세우고자 했다. 삶이 짧을 수밖에 없지 않은가?

니체는 짧은, 너무나 짧은 삶의 순간에 영원의 낙인을 찍고자 했다. 삶을 긍정할 수 있는 짧은 순간을 위한 긴 여행, 그것이 니체의 유목민적 방랑의 길이다. 그 길의 시작과 끝에는 고통을 당하는 '나'와 고통을 통해 본래의 자기를 찾고자 하는 '나'가 있다. 우리는 그 여정에서 우리가 무한히 반복되는 수많은 존재 중 하나라는 비극적인 인식을 할 수밖에 없을지도 모른다. 그것은 우리에게 축복일까 아니면 저주일까? 우리가 이 땅에 존재한다는 사실은 하나의 축복일까 아니면 비극일까?

니체에게 살고자 하는 '생명력'과 삶을 사유하는 '철학 작품' 사이에는 긴밀한 연관관계가 있다. 삶의 힘이 소진되면 더는 사유할 수 없는 것처럼 사유가 그 끝에 이르면 삶도 저절로 붕괴된다. 니체가 사유의 절정에서 정신적 죽음을 맞이하는 것은 놀라운 일이 아니다.

1889년 1월 첫 주에 니체는 정신이상 징조를 보였다. 1월 3일, 카를로 알베르토 광장에서 정신을 잃은 며칠 뒤에 다시 토리노 거리에서 쓰러진다. 맹렬하게 사유하던 니체는 이때 죽었다. 그는 더이상 '왜'라고 질문하지 않는다. 정신적 암흑기가 시작된 것이다.

니체는 매독 감염으로 인한 진행성 마비라는 진단을 받고 정신병원에 수용되었다가 1900년까지 어머니와 여동생의 도움으로 그저 목숨을 연명할 뿐이었다. 어머니가 사망한 후 여동생 엘리자베

독일 뢰켄의 니체 묘

1900년 니체의 육신이 사망하자 여동생 엘리자베트는 바이마르의 니체 기록보관소 내에 유해를 안치하고자 했지만 결국 고향 뢰켄의 가족묘에 안장했다. 그러나 이미 니체는 1889년, 정신이상으로 사유를 중단했다. 사유하지 않는 니체는 더 이상 니체가 아니었다. 그러나 이 정신적 암흑기에 니체를 따르는 사람이 생겨나기 시작한다. 그때 그는 과연 죽었던 것일까, 죽지 않았던 것일까.

트Elisabeth Förster-Nietzsche가 니체 기록보관소Nietzsche Archive를 이전하면서 니체를 데려간 곳 바이마르에서 그는 세상을 떠났다. 니체는 뢰켄Röcken의 아버지, 어머니, 남동생의 무덤 옆에 묻혔다.

'프리드리히 니체의 생가이자 마지막 안식처'라는 뢰켄 마을 표지판을 보면서 들었던 궁금증은 여전히 의문으로 남아 있다. 사람들은 자신이 존경하는 위대한 인물을 이해하기 위해 왜 무덤부터 찾는 것일까? 왜 죽음의 표지에서 삶의 흔적을 찾으려 하는 것일까? 니체는 생애의 마지막 10년을 고향 근처에서 보냈지만 정작 자신은 고향으로 돌아왔다는 사실조차 알지 못했다. 바젤에서 시작하였던 정신적 삶은 1889년 1월 10일 목요일 아침 광인으로 다시 바젤로 돌아왔을 때 이미 끝난 것이다.

그가 광기의 나락으로 떨어졌을 때 세상이 그를 발견하였다는 것은 하나의 역설이다. 니체라는 사람이 삶과 존재의 내면을 너무 깊이 들여다보다가 결국은 이성을 잃어버렸다는 소문이 급속도로 퍼져나갔다. 『즐거운 학문』에서 '신은 죽었다'고 외치는 사람을 광인으로 명명한 니체가 스스로 미쳐버렸다는 소식은 많은 사람들의 상상력을 자극하였다. 니체는 이제 삶의 비밀을 엿본 정신의 순교자가 된 것이다. 니체가 그토록 철저하게 사유하였던 '삶' 또는 '생生'은 이때부터 신비롭고 매력적인 색을 띠게 되었다. 1890년부터, 니체의 사상은 '생철학'이라는 이름으로 광범위하게 퍼져나갔다. 니체가 정신적으로 죽어 있을 때 이미 니체는 새롭게 태어난 것이다.

그에게 또 다른 재능이 있다면, 자신의 몸과 정신에 알맞은 장소를 찾는 것이었다. "항상 잘못된 장소, 실제로 내게 금지된 장소에서 살았다는 섬뜩한 사실"(『이 사람을 보라』)에서 느낀 공포가 그를 유랑하게 했다. 이제 나도 니체의 가장 빛났던 9년 반의 시간을 따라 여행을 시작한다.

02

FRIEDRICH NIETZSCHE

희극이 되어버린 비극

니체의 사람들

스위스 루체른 카펠 다리

바그너라는 휴양지

산이 높아야 계곡이 깊다. 높은 산에서 흘러내리는 물줄기는 아무리 가물어도 마르지 않는다. 높은 산이 자신을 드러내는 도도한 물줄기는 대지의 가슴을 후벼 파듯 깊은 계곡을 만든다. 수많은 계곡이 호수를 이루고, 검푸른 심연에 임한 높은 산정의 만년설은 마치 거인처럼 우리를 내려다본다.

우리는 자기 자신을 찾는다는 명분으로 가장 고독하고 정체를 알 수 없는 자연 속으로 길을 떠난다. 우리의 산천은 이미 이런 사람으로 식민지화된 지 오래다. 우리가 애타게 찾는 고독과 정적이 거기엔 더 이상 없다. 산은 이미 자아 탐색의 시장터가 되었다. 사람들은 자연에서 받지 못한 활력을 되찾기 위해 이젠 대도시로, 수많은 사람 속으로 나간다.

이렇게 쳇바퀴 도는 순회의 삶이 지겨워질 때면 나는 스위스를 떠올린다. 오르기 힘든 높은 산과 한번 들어가면 다시 나올 수 없을 것만 같은 깊은 계곡, 그리고 그 바닥을 알 수 없는 짙푸른 호수를 느끼고 싶다. 니체도 교수직을 그만두고 바젤을 떠날 때 이런 기분이었을까? 바젤에 있을 당시 니체의 마음은 온통 음악에 있었다. 그는 기회가 있을 때마다 자신의 전공 분야인 문헌학과 음악을 결합하겠다고 마음먹는다. 철학적 글쓰기의 논리성과 체계성과는 거리가 먼 니체의 문체가 운문적인 잠언의 형식인 것은 이러한 발상의 결과다.

그러나 니체가 진정으로 편안하게 생각한 곳은 당대의 음악 거장인 바그너의 집이었다. 니체가 진심으로 숭배한 여성도 바그너의 부인 코지마Cosima Wagner였다. 니체가 1868년 라이프치히에서 바그너를 알게 된 이후 본격적으로 친교를 맺은 것은 루체른Luzern 근교 트립셴의 바그너 빌라를 드나들면서부터였다. 당대 최고의 음악가 바그너와 떠오르는 최고의 사상가 니체의 친교는 이렇게 시작한다. 모든 일상사를 꼼꼼하게 적은 코지마의 일기에 1869년부터 1877년까지의 기간 동안 니체가 200여 차례나 등장할 정도니 두 사람의 관계가 사적으로 친밀했음은 분명하다.

왜 니체는 바그너를 그토록 숭배한 것일까? 루체른과 트립셴이라는 장소는 이 물음에 대한 대답처럼 보인다. 니체가 바그너에게서 발견한 것은 '음악과 삶의 관계'였다.

모든 관습의 적, 즉 사람과 사람 간의 모든 예술적인 소외와 불가해성의 적이라고 할 수 있는 올바른 감성이 울려 나오는 것이다. 그러한 음악은 자연으로의 회귀이며 마찬가지로 자연의 순화이자 변화이기도 하다. 그러한 회귀의 필요성은 극도로 사랑에 충만한 사람들의 마음속에서 흘러나오고 있으며, 사랑으로 변화된 자연은 그들의 예술 속에서 울려 나온다.

　　　　—『바이로이트의 리하르트 바그너』

　높은 산과 깊은 호수가 만나는 곳에 위치한 트립셴은 관습을 타파하고 삶을 새롭게 성찰할 수 있는 최적의 장소다. 루체른에서 트립셴을 찾아가는 길에는 알프스의 파노라마가 펼쳐진다. 호수 건너편 언덕에 점점이 박혀 있는 아름다운 집들보다는 물위에 비친 높은 산의 이미지가 눈에 들어온다. 높은 산이 깊은 물속으로부터 서서히 솟아오르는 것 같다. 루체른 남쪽 호숫가를 따라가다 보면 호수 쪽으로 뾰족하게 뻗은 곶[ⵗ]에 바그너 박물관이 있다. 바르테그 정류장에서 버스를 내려 바그너 길을 10분 정도 걸으니 호숫가에 위치한 바그너의 집이 나타난다.

　바그너가 1866년 3월 30일부터 1872년 4월 22일까지 살았던 빌라는 조그만 궁전처럼 보인다. 앞으로는 호수가 내려다보이고 뒤로는 숲에 둘러싸인 빌라의 분위기는 음악적이고 동시에 철학적이다. 오랜 사색의 결과가 저절로 콧노래로 흘러나올 것 같은 착각이 든다. 니체의 여동생 엘리자베트가 기억하고 있는 트립셴에서의 산보를 상상해본다. 호수와 그 위에 그림처럼 선명하게 드리워진 산들이 점점 더 엷은 안개에 싸여 부드럽게 모습을 드러내기 시작하면 활기찼던 대화는 갑자기 멎고 모두 꿈결 같은 침묵의 세계로 빠져든다.

스위스 루체른 근교 트립셴의 바그너 박물관

바그너는 이 빌라에서 거주하는 동안 걸작 〈신들의 황혼〉〈지크프리트〉를 완성했다. 1층엔 바그너의 피아노와 악보가, 2층엔 오래된 악기가 전시되어 있다. 니체는 1869년 오순절 휴일에 약속도, 예고도 없이 바그너를 찾은 이후 3년간 스물세 번이나 그를 방문했다. 니체와 바그너는 어떤 대화를 나누었을까? 두 사람은 서로에게 어떤 존재였을까? 기대와 실망, 헌신과 거부는 비단 이 두 거장의 친교에만 해당하는 말은 아닐 것이다.

니체와 바그너는 어떤 대화를 하면서 그 길을 걸었을까? 두 사람은 서로에게 어떤 기대를 했던 것일까? 두 거장 사이의 친교가 처음부터 애증 관계였음은 분명하다. 정신적 호감과 친화력으로 맺어진 철학자와 작곡가의 관계는 위대하지만 한편으로는 기이하다. 전적인 헌신으로 시작한 관계는 결국 실망과 거부로 끝난다. 바그너는 대가와 제자의 관계를 기대했지만, 니체는 거장 대 거장의 관계를 원했다. 바그너에 대한 찬양 일색인 니체의 책 『바이로이트의 리하르트 바그너』의 첫 문장은 이미 많은 것을 암시한다. "하나의 사건이 위대함을 얻기 위해서는 두 가지 점이 서로 일치해야 한다. 하나는 사건을 실행한 이들의 위대한 감각이며, 다른 하나는 사건을 체험한 이들의 위대한 감각이다."

니체는 바그너의 음악이 정말 위대한 사건이 되기 위해서는 이를 진정으로 체험하고 이해할 수 있는 철학이 필요하다고 여긴 것이다. 바그너 음악에 필적하는 철학을 세우는 것, 니체가 꿈꾼 것은 바로 이것이었다.

우리의 삶은 한편의 연극이다. 연극으로서의 삶을 음악적으로 사유하고자 한 사상가 니체가 악극의 거장 바그너를 만나는 것은 거의 필연에 가깝다. 니체는 삶의 실마리인 아리아드네를 찾았던 트립셴으로 떠난다.

미로와 실마리의 여인, 코지마

니체는 사교 모임을 피했지만 음악 모임만큼은 즐겼다. 여성과 관계가 좋지 않았다고 알려졌지만, 음악을 좋아하는 동료 교수 부인들과 정도를 넘지 않는 선에서 에로틱한 분위기를 즐겼던 것 같다. 니체는 목요일 밤에는 친구들과 만나 함께 음악을 논하고, 금요일 밤에는 어떤 부인의 노래 연습에 반주를 해준다. 이 시기에 니체를 흠모하여 여자들이 떼를 지어 모여들었다고 하니 이러한 아이러니도 없을 것이다.

바그너와 니체의 관계를 한 편의 희비극으로 만든 것은 바로 코지마 바그너다. 코지마는 왜 니체가 바그너에게 열광하고 동시에 좌절할 수밖에 없었는지를 선명하게 말해주는 상징이다. 코지마는 바그너 추종자들에게서 '귀부인Hohe Frau'으로 통했다. 함부로 가까이 다가갈 수 없는 존재이지만 결코 거부할 수 없는 매력을 풍기는 코지마는 바그너를 둘러싼 모든 관계를 통제했다. 코지마는 대장부처럼 자기 주관이 뚜렷한 독립적인 여성이었지만, 바그너에게만은 헌신적이고 순종적이었다. 니체는 이런 이중적인 코지마에게 묘한 매력을 느낀다.

니체가 자신을 대하는 바그너의 태도에 분명 거부감이 들었을 텐데도 트립셴을 자기 집처럼 드나든 것은 어쩌면 코지마 때문이었는지도 모른다. 니체는 촉망받는 바젤 대학의 교수였지만, 바그너에게는 자신의 음악을 철학적으로 전파하는 훌륭한 조수로, 코지마에게는 친절한 신사 정도로 여겨질 뿐이었다. 니체는 바그너의 아이가 갖고 놀 장난감을 마련하고, 바그너의 원고를 읽고 수정하는 일도 마다하지 않는다. 그 대가로 니체가 받은 것은 바그너의 집 방 두 칸이었다. 니체는 연락만 하면 언제든지 이 방들을 자기 집처럼 이용할 수 있었다. 게다가 니체가 말하거나 쓴 것은 트립셴에서 낭독되고, 해설되었다. 바그너는 편지로 니체에게 칭찬과 조언을 했는데, 이 편지 왕래를 관리하고 주도한 사람이 바로 코지마다. 그는 편지에서 대가의 의견을 전달하고, 때때로 자신의 생각을 덧붙이기도 했다.

이렇게 그들 사이에 묘한 삼각관계가 시작된다. 니체는 코지마에게 성적으로 끌린 것일까? 코지마와의 에로티시즘은 자신의 사상적 우상인 바그너를 배반하는 것이다. 만약 니체가 코지마를 한 여자로서 사랑한 것이 아니라면, 그가 바그너에게 느끼는 모든 흠모의 감정을 어쩌면 코지마에게 덧씌운 것인지도 모른다. 만약 그렇다면, 코지마는 니체와 바그너 사이의 동성애적 관계를 은폐하는 가면에 불과하다.

니체는 코지마를 그리스의 신화적 인물 '아리아드네Ariadne'로 미화한다. 현실에서의 성적 대상이 신화적 인물로 변신한다. 이러한 미화와 변신은 물론 니체의 여성관을 감추고 있다. 고대 그리스 신화에서 아리아드네는 크레타의 왕 미노스의 딸로서 아테네의 왕자 테세우스가 괴물 미노타우로스를 죽이는 것을 돕는다. 테세우스가 미노타우로스가 살고 있는 동굴에 들어설 때 아리아드네는 그에게 동굴 입구를 찾을 수 있는 실타래를 준다. 미노타우로스를 죽인 테세우스는 실타래 덕분에 미로를 무사히 빠져나와 아리아드네를 낙소스 섬으로 유혹하지만, 결국 그를 버리고 떠난다. 이때 도취와 에로티시즘의 신 디오니소스가 나타나 해변에 잠들어 있는 아리아드네를 발견한다. 사랑에 빠진 디오니소스는 아리아드네와 결혼하여, 그를 지하의 세계에서 올림포스 신들의 세계로 끌어올린다. 이 신화에서도 테세우스, 아리아드네, 디오니소스의 삼각관계가 발견된다.

언뜻 바그너, 코지마, 니체의 현실적 삼각관계가 신화적 삼각관계와 일치하는 것처럼 보인다. 테세우스는 코지마, 즉 아리아드네에 의해 구원되지만 충실하지 못하고 은혜를 모르는 바그너다.

코지마를 궁극적으로 구원해줄 강력한 인물은 두말할 나위 없이 니체가 자신과 동일시하는 디오니소스다. 이런 비교와 비유는 흥미롭지만 아리아드네의 역할과 니체의 여성관에 관해서는 아무것도 말해주지 않는다.

니체의 아리아드네는 누구인가? 니체는 아리아드네와 디오니소스를 동일시한다. 니체가 삶을 구원해줄 실마리를 음악에서 찾았다면, 아리아드네는 이 실마리의 상징이다. 이 시기에 니체는 『비극의 탄생』 작업에 몰두한다. 니체는 이 책의 구상을 「비극적 사상의 탄생」이라는 글로 써서 1870년 성탄절에 코지마에게 선물한다.

트립센을 산책하면 이렇게 삶, 음악, 그리고 비극의 분위기가 겹겹이 느껴진다. 음악의 정신으로 보면 우리의 삶이 비극이고, 이 비극을 구원할 수 있는 길도 음악에 있는 것은 아닐까?

루체른 호숫가에 누워 테세우스에게 버림받고 낙소스 섬에 잠

코지마 바그너와 리하르트 바그너

바그너를 찬양했던 니체는 점차 바그너에 대해 회의를 품기 시작해 그가 기독교에 굴복했다고 공격하기에 이른다. 그러면서 바그너의 부인 코지마와도 멀어졌다. 코지마는 니체가 바그너에게 느끼던 흠모의 감정을 덧씌운 대상이었는지도 모른다. 마찬가지로 바그너에 대한 경멸 역시 코지마에게로 향했을 것이다(프리츠 루크하르트 촬영, 1872).

들어 있다가 깨어나 탄식하는 아리아드네를 나는 상상한다. 니체의 『디오니소스 송가』 중에서 「아리아드네의 탄식」은 "누가 아직도 나를 따뜻하게 하는가, 누가 아직도 나를 사랑하는가?"로 시작한다. 이 말은 결코 코지마의 말처럼 들리지 않는다. 여성의 사랑을 갈구하지만 결코 여성을 사랑하지 못했던 니체의 말임에 틀림없다. 사랑하는 사람이 없는 사람은 사랑받지 못한다. 번갯불이 치더니 디오니소스가 아름다운 에메랄드빛으로 나타나 아리아드네의 귓속에 속삭인다. "자기에게서 사랑해야 하는 것을 먼저 미워해서는 안 되지 않겠는가? 나는 너의 미로다."

나를 구원해줄 미지의 신은 동료이자 적이다. 고문이자 기쁨이며, 고통이자 행복이다. 디오니소스의 관점에서 바라보면 우리의 삶은 바로 이러한 이중성을 지닌다. 남성과 여성, 고통과 기쁨의 비극적 이중성을 높은 산과 깊은 계곡이 만나는 루체른 호숫가에서 느끼지 못한다면, 그것이 오히려 이상한 일이다. 코지마는 니체에게 성적인 욕망과 정신적인 동경의 이중성을 지녔던 것일까?

니체는 관계에서 좌절할 때마다 자신의 내면으로 들어가고, 그 내면의 미로에서 자신의 낯선 면을 발견한다. 아리아드네는 바로 우리를 내면으로 들어가도록 유혹하는 '미로'이고, 동시에 이 미로에서 구원해줄 '실마리'다. "미로 같은 인간은 결코 진리를 추구하지 않고 항상 오직 그의 아리아드네를 찾을 뿐이다. 그가 우리에게 무엇을 말하든지."(『유고(1882년 7월~1883/84년 겨울)』) 이렇게 우리는 자신을 찾아 미로로 들어간다.

도취와 각성의 시간

음악은 니체가 삶의 내면을 들여다보는 통로다. 빛의 예술인 회화 미술이 우리에게 드러나는 현상을 분명하게 보여준다면, 음악은 드러나지 않는 삶의 어둠을 느끼도록 해준다. 예술의 영역에서 모든 생성과 창조의 활동은 한밤중에 일어나야 한다. 우리는 별빛도 삼켜버린 깜깜한 밤중에 모든 것이 하나가 되는 황홀과 도취를 경험해야 한다. 이러한 무아지경을 경험하지 않고서는 그 어떤 진정한 창작 행위도 일어나지 않는다. 니체는 이러한 예술의 전형을 고대 그리스의 디오니소스 축제에서 발견한다.

니체가 처음에는 바그너의 음악에서 이런 삶의 비극성을 발견한 것처럼 보인다. 이성이 과도하게 지배하는 시대에 바그너의 존재는 자연으로 되돌아갈 수 있는 실마리, 즉 아리아드네다. 자연으로 돌아가 어두운 내면의 힘을 강렬하게 느끼고 그 고통스러운 자연을 직시할 수 있도록 순화하는 것이 바로 음악이다. 니체가 바그너에게서 기대한 것은 삶의 비극성에서 흘러나오는 진정한 감성이었다. 진정한 감성은 깊이를 알 수 없는 어두운 계곡과 같은 우리의 내면에서 나온다.

나는 꼬인 실타래처럼 풀리지 않는 코지마를 남겨두고 트립셴을 떠나 높은 산으로 길을 떠난다. 루체른에서 가장 높은 산은 2,128미터의 필라투스 산이지만 이름 때문인지 리기 산이 더 끌렸다. 관광안내 책자에는 리기Rigi라는 이름이 '산의 여왕'이라는 라틴어 '레기나 몬티움Regina Montium'에서 유래한다고 적혀 있다. 루체른 항구에서 배를 타니 1,797미터의 리기 산이 트립셴의 코지마처럼 도도하게 자태를 드러냈다. 리기 산은 루체른을 둘러싸고 있는 피어발트슈테터 호수(루체른 호수), 추크 호수, 라우에르츠 호수의 한복판에 우뚝 서 있다. 리기 산을 찾은 것은 바로 이 때문이다. 호수 한가운데서 솟아오른 것 같은 리기 산에 오르면 니체가 말하는 삶의 이중성을 이해할 수 있지 않을까?

니체는 "바그너의 삶을 아주 가까이서 애정 없이 볼 경우 (…) 그의 삶은 상당히 많은 점이 코미디, 그것도 하나의 기이할 정도로 그로테스크한 코미디의 요소를 갖고 있다"(『바이로이트의 리하르트 바그너』)고 했다. 삶의 비극성을 표현하리라 생각했던 바그너의 음악이 알고 보니 희극이라는 것이다. 니체는 훗날 『바그너의 경우』에서 바그너를 연출에 능통한 대단한 배우로 묘사한다. "바그너가 도대체 음악가였단 말입니까? 확실히 그는 그 이상의 어떤 다른 존재였습니다. 말하자면 비할 바 없는 배우, 가장 위대한 연기자, 독일인이 소유했던 가장 경탄스러운 극장의 천재, 전형적인 우리의 연출가였습니다."

연출가는 삶을 진정으로 느낀 사람이 아니라 느낀 것처럼 보여주는 사람이지 않은가. 연출이 아무리 웅장하며 위엄 있고 엄숙하더라도 우리가 느끼는 감정이 단지 자극된 것이라면, 그것은 진정한 감성이 아니다. 이런 생각에 잠겨 창문 밖의 알프스의 풍경을 흘려보내니 어느덧 비츠나우Vitznau였다.

비츠나우에서 1871년 유럽에서 최초로 운행되었다는 산악 열차를 타고 리기 쿨름Rigi Kulm 역으로 올라간다. 철로 한가운데 톱니

바퀴로 올라가는 아프트식 열차가 신기하기도 했지만, 한편으로는 높은 산을 올라가는 고통과 즐거움을 빼앗긴 것 같아 이상한 기분이 든다. 산 아래에는 봄꽃이 만발한데 정상은 눈으로 덮여 있다. 호수 위로는 융프라우Jungfrau를 비롯한 알프스의 고봉들이 하얗게 빛나고 있다. 만년설로 호수는 더욱더 어두워진다. 어찌 보면 하늘과 맞닿아 있는 하얀색 높은 산이 아래로 내려갈수록 연둣빛 초원으로 잠시 변했다가 검푸른 호수의 심연 속으로 빨려 들어가는 것 같고, 또 어찌 보면 호수의 기운이 알 수 없는 검은 미로에서 빠져나와 하늘로 솟구치는 것 같다. 산에 오르지 않으면 이 절묘한 색의 조화를 어떻게 보고 느낄 수 있겠는가?

디오니소스적인 것과 아폴론적인 것의 대립과 조화. 높은 산과 깊은 계곡이 충돌하고 조화를 이루는 알프스를 실제 체험하지 않고서는 니체의 철학을 오롯이 이해하지 못할 것 같다는 생각이 든다. 니체에게 디오니소스는 자연의 생명이다. 고대 그리스의 디오니소스 축제는 관습에 억눌렸던 개인들이 자연의 힘을 다시 느끼고 회복하는 의식이었다.

리기 산 정상의 벤치에 앉아 따뜻한 햇볕에 몸을 맡기고 니체와 함께 이 축제에 참여하는 상상의 세계로 빠져본다. 축제가 무르익으면 나는 도취 속에서 나 자신을 잊는다. 내가 흥분한 축제의 무리와 하나가 되면 될수록 나의 개성과 의식은 점점 더 옅어진다. 마치 거대한 무리가 집단 최면에 걸린 듯 사람들은 환영을 보고 환청을 들으며 서로를 감염시키면서 축제의 무아경에 빠져든다. 디오니소스의 축제에 열광하는 사람들은 같은 것을 보고 듣는다고 믿으며 형용할 수 없는 일체감을 체험한다.

그러나 도취의 시간이 지나면 의식이 다시 깨어나는 순간이 다가온다. 술에서 깨어날 때처럼 냉정해지고 다시 정신을 차리는 각성의 시간은 위험하고 고통스럽다. 나를 도취시킨 저 힘은 도대체 무엇이었던가? 의문이 꼬리를 문다. 자기 자신을 되찾는 각성을 통해 나는 다시 다른 사람과 구별되는 하나의 개인이 된다. 이러한 변신과 전환의 과정은 고통스럽기에 이를 완화해줄 하나의 의식이 필요하다. 디오니소스 축제의 막바지에 이루어지는 비극의 공연은 바로 도취에서 각성으로 넘어가는 의식이다. 사람들이 집단적 최면과 도취에서 깨어나 다시 도시의 일상으로 돌아갈 수 있도록 도와주는 예술적 의식이 고대 그리스의 비극이었다.

진정한 의미의 예술이 탄생하려면 이처럼 디오니소스적 자연의 체험이 선행되어야 하는 것일까? 자연을 있는 그대로 체험하지 않고서는 자연을 예술로 승화할 수 없다. 그런데 자연은 저 아래 입을 벌리고 있는 호수처럼 어둡고 신비롭지 않은가. 고대 그리스의 연극은 자연의 체험을 연출해야 한다. 집단적 도취에서의 '개인의 해체'와 각성을 통한 '개인화'라는 이중적 체험을 무대 위에서 보여주어야 한다. 니체는 고대 그리스 비극의 디오니소스적 합창이 이 역할을 담당한다고 보았다.

비극 합창단의 이러한 과정은 연극의 근원적 현상이다. 그것은 바로 자신 앞에서 스스로 변신한 것처럼 생각하고, 마치 실제로 다른 사람의 몸으로, 다른 인물 속으로 들어간 사람처럼 행동하는 것이

『비극의 탄생』 속 디오니소스 _ 니체가 발견한 예술의 전형

그리스 신화에서 아폴론은 빛과 태양, 이성과 예언을 관장하는 신으로 머리에 월계관을 쓰고 손에 리라를 든 젊은이로 묘사된다. 디오니소스는 풍요와 황홀경의 신으로 여러 미술 작품 속에서 포도주를 들고 있거나 포도 덩굴을 두르고 있다. 디오니소스를 따르는 추종자들 역시 술과 쾌락에 취해 있는 모습으로 등장한다.

니체는 『비극의 탄생』(1872)에서 이 디오니소스를 미학 용어로 바꾸어놓았다. 아폴론이 질서와 조화를 주재하는 합리성의 신이라면 디오니소스는 자유분방함을 주재하는 광란의 신이라고 할 수 있다. 니체는 아폴론을 수학적 비례에 입각한 조형예술에, 디오니소스를 감명과 도취를 추구하는 음악에 유비했다. 그리스 비극이 오늘날까지도 가장 위대한 예술 작품 중 하나로 추앙받는 이유는 디오니소스적인 요소가 풍부하게 함유되어 있기 때문이라고 니체는 말했다. 이성의 강한 통제 아래서는 광기가 제대로 발현되기 어렵다.

니체는 이성과 합리성만 강조하고 열정과 도취, 쾌락을 잃어버린 탓에 유럽 문명이 병들었다고 여기고 생명력을 회복하기 위해 디오니소스적인 열정을 불러일으켜야 한다고 주장했다. 바그너를 디오니소스적인 예술의 창조자로 추종했던 것도 이 때문이다.

부그로의 〈디오니소스의 젊음〉 (1884)

다. 이러한 과정이 연극 발전의 초기에 일어났다. (…) 디오니소스 송가의 합창단은 변신한 사람들로 구성된 합창단이며, 이들에게서는 그들의 시민적 과거와 사회적 지위가 완전히 망각된다. 그들은 모든 사회적 영역의 밖에서 생활하는, 시간을 초월한 디오니소스 신의 시종들이 되어버린 것이다.

—『비극의 탄생』

비록 꿈속에서 경험한 것이기는 하지만 니체의 디오니소스를 이해할 것도 같다. "마법은 모든 예술의 전제 조건이다." 변하길 바라지만 변할 수 없다. 우리는 예술을 통해 순간적이나마 다른 사람이 될 수 있다는 것을 체험한다. 그렇다면 삶 속에서도 디오니소스적 예술이 필요한 것이 아닐까? 자기 자신을 찾아 변화시키려면 우선 자기 자신을 잊어야 한다. 이제까지의 나는 망각해야 한다. 니체는 이렇게 자기 자신을 잊게 만드는 것을 '디오니소스적인 것', 자기 자신의 개성을 다시 찾는 것을 '아폴론적인 것'이라고 부른다.

니체가 디오니소스와 아폴론을 삶의 두 원칙으로 사용한 것은 「디오니소스적 세계관」(1870)이 처음이었다. 아폴론적인 것과 디오니소스적인 것이 빛과 어둠처럼 서로 대립하지만, 상호 대립과 충돌을 통해 삶을 창조한다. 고대 그리스의 세계관은 이처럼 우리의 삶이 모순적이라는 인식에 기초한다. 삶은 모순적이고 무의미하다. 우리는 무의미한 삶을 어떻게 견뎌내는가? 자연과 완전히 하나가 되는 도취와 망각을 통해 나 자신을 잊을 때 우리는 이 무의미한 삶에서 벗어날 수 있다. 술에 취한다, 우리는 디오니소스의 지배를 받고, 디오니소스적 예술을 창조한다.

우리가 빛의 신인 아폴론의 영향권에 들어가면 정반대의 다른 가능성이 열린다. 우리는 자기 망각보다는 자기 인식, 자기 상실보다는 자기 창조의 길을 선택한다. 우리는 스스로를 더 분명하게 드러내길 원한다. 우리는 자신을 드러낼 허구와 가상을 만들어내고, 이 허구적 가상을 다른 사람과 구별하는 경계석으로 삼는다. 우리의 목표는 이제 개성의 상실이 아니다. 개성을 신격화하는 것이다. 술에서 깨어난다, 우리는 아폴론의 지배를 받고, 질서와 조화를 높이 평가하는 아폴론적 예술을 창조한다.

우리에게 우리 자신이 미로인 것은 이 두 가지 원칙이 우리의 내면에서 대립하고 있기 때문이다. 도취의 신 디오니소스와 꿈의 신 아폴론. 삶의 모순을 견뎌내기 위해 때로는 디오니소스적 도취에 빠지지만, 각성을 통해 돌아온 세계도 사실 꿈의 세계일 뿐이다. 우리는 이 모순을 가슴에 품고 삭여야 한다.

그런데 현대인은 이러한 모순조차 느끼지 못하는 것처럼 보인다. 현대인은 과도하게 깨어 있다. 술도 계산하에 마신다. 진정한 도취와 무아경으로 이끄는 축제는 어디에서도 보이지 않는다. 우리는 자연과의 합창은커녕 다른 사람과의 경계를 허무는 합창을 부르지 않는다. 현대 사회의 로고스가 비극의 파토스를 압도한다. 음악에서 해방된 언어는 논리적이고 합리적이다. 니체가 동경한 고대 그리스의 음악은 '존재'를 말하는데, 현대의 언어는 계산하는 '의식'을 반영한다. 니체는 어쩌면 바그너의 음악이 도취와 무아경마저 계산했기 때문에 희극적이라고 생각한 것은 아닐까? 이런 의

문을 품으며 아지랑이가 피어오르는 리기의 산길을 내려간다.

디오니소스적 수수께끼, 살로메

나는 산을 떠나 다시 도시로 들어간다. 자연의 힘을 깊이 들이마셨다면 우리의 내면 저 깊숙이 감춰져 있던 생명이 꿈틀거릴 것임에 틀림없다. 우리는 그렇게 믿고 도시와 자연 사이의 순환 운동을 반복한다. 삶들이 우글대는 도시에서 수천수만 명의 사람들이 무감각한 표정이나 초조한 표정으로 지나가는 모습을 관찰하면 나도 모르게 니체처럼 중얼거린다. 그들은 분명 기분이 나쁘다. 현대 사회에서 우리가 너무나 많은 감상적 자극에 노출되어 있기 때문인지도 모른다. 현대 예술은 우리를 더 이상 자연으로 이끌지 않는다. 예술로 치장된 수많은 매체는 우리를 더욱 성급하고 탐욕스럽게 만든다. 과도한 감성 자극으로 우리를 오히려 둔감하게 만든다. 나는 니체가 말한 '부적절한 감성'의 도시로 들어간다.

루체른 시내는 사람들은 많지만 오히려 한적한 느낌을 준다. 몇 년 전 처음 루체른을 방문했을 때는 거리에서 '러브 퍼레이드'가 열리고 있었다. 반쯤 입고 반쯤 벗은 수많은 사람이 일렉트로닉 음악에 맞춰 흥겹게 춤을 추며 행진하는 모습이 마냥 신기했다. 우리나라 사람들의 감성을 억압하고 있는 고루한 유교적 가치의 사슬을 끊으려면 저런 퍼레이드를 들여오는 것도 좋겠다는 생각도 잠깐 들었다. 그렇지만 반쯤 개방적이고 반쯤 관습적인 러브 퍼레이

드는 계산된 디오니소스 축제다. 인간의 숨겨진 감성을 방출하는 것처럼 보이지만, 실제로는 정해진 관습의 틀 안에서 이루어지는 페스티벌에는 디오니소스적인 것이 결여되어 있다.

디오니소스의 복음을 열정적으로 전파한 니체 자신도 디오니소스적이지 않은 것은 마찬가지다. 그는 사랑을 간절히 원하지만 사랑을 하지 못한다. 그의 주위에는 항상 여자들이 있지만, 그는 여자라는 존재를 불편해한다. 니체는 나움부르크Naumburg에서의 어린 시절부터 항상 여자들에 둘러싸여 생활했다. 그는 바젤 대학을 그만두고 떠난 낯선 방랑길에서도 항상 여자들 가까이에 있고 싶어 했다. 니체의 삶에서 여자는 결코 애인이 될 수 없는 것인가? 니체는 한 번도 사랑과 결혼을 생각하지 않았는가? 이런 질문이 제기될 때마다 또 다른 신비로 가득한 한 여인의 이름이 등장한다. 루 안드레아스 살로메다.

니체가 살로메를 처음 만난 것은 1882년 로마 바티칸의 성 베드로 성당에서였다. 신은 죽었다고 선언하게 될 철학자를 만나는 장소로서 바티칸의 성당보다 더 그로테스크한 곳도 없을 것이다. 만나기 전부터 서로에게 끌린 두 사람은 이렇게 신의 장소에서 만난다. 성당 안에서 기다리던 살로메는 자신을 향해 걸어오는 서른여덟의 중년 남자를 바라보며 말한다. "어느 별에서 떨어져 우리는 여기서 서로 만나게 되었는가?" 살로메는 당시 스물한 살이었다. 이 매력적인 여인을 소개한 친구 파울 레에게 니체는 편지를 썼다.

나는 이런 종류의 영혼을 가진 사람을 열망합니다. 그래요. 나는 머지않아 그 사람을 약탈하러 나갈 겁니다. 내가 다음 10년 동안 할 것을 고려하면 나는 그가 필요합니다. 결혼은 전혀 다른 문제입니다. 나는 기껏해야 2년짜리 결혼은 생각해볼 수 있습니다.

—『니체 서간집』

결혼은 전혀 생각지 않던 니체는 살로메에게 청혼을 한다. 니체의 뜻을 전달하는 중매인 역할을 한 친구 파울 레도 살로메에게 청혼한다. 이렇게 니체는 운명적인 삼각관계를 또다시 시작한다. 남자에 대해, 특히 남자와의 성적인 관계에 대해 부정적이었던 살로메는 이 청혼을 모두 거절한다. 바그너, 코지마, 니체의 삼각관계에서도 그랬던 것처럼 살로메는 니체와 레의 중심에 있다.

니체는 빈사의 사자상이 있는 공원에서 살로메에게 한 차례 더 청혼하지만 역시 거절당하고 만다. 이후에도 니체는 정신적 관계를 지속하길 원하지만 오래가지 못한다. 자연의 어두운 힘을 체험하지 못한 감정이 그릇된 것처럼 성애에 뿌리를 내리지 못한 관계는 지속적이지 못하다. 니체에게 여자는 성적 대상으로서의 존재가 아니라 온갖 어둠을 품고 있는 디오니소스적 자연이다. 니체는 살로메에게서 삶의 심연으로 이끌 실마리를 발견하고 싶어 했는지도 모른다. 이런 생각을 하며 니체의 『비극의 탄생』을 읽어본다.

디오니소스적인 것의 마력하에선 인간과 인간 사이의 연합만이 다시 이루어지는 것이 아니다. 소외되고, 적대적이거나 억압된 자연 역시 자신의 잃어버린 탕아, 즉 인간과의 화해의 제전을 다시 축하

살로메, 파울 레, 니체

세 사람은 1882년 5월 루체른에서 만나 삼각관계를 사진으로 남겼다. 회초리를 들고 마차 위에 앉은 살로메, 채를 잡은 두 남자라는 구도는 니체가 연출했다. 이 사진은 남녀의 성적 관계에 대한 패러디다. 회초리는 차라투스트라의 말을 연상시킨다. "여자들에게 가려는가? 그러면 회초리를 잊지 말라!" 니체는 왜 살로메에게 회초리를 쥐여준 것인가? (에른스트 포다흐 촬영, 1837)

하게 된다. 대지는 자발적으로 선물을 제공하고, 암벽과 황야의 맹수들은 온순하게 다가온다. 디오니소스의 수레는 꽃과 화환으로 뒤덮이고, 그 멍에를 지고 표범과 호랑이가 걸어간다. (…) 인간은 노래하고 춤추면서 보다 높은 공동체의 일원임을 표현한다. 그는 걷는 법과 말하는 법을 잊어버리고, 춤추며 허공으로 날아오르려 한다. 그가 마법에 걸려 있음이 그의 몸짓에 나타난다. 이제 짐승이 말을 하고 대지에는 젖과 꿀이 흐르는 것처럼, 그로부터도 초자연적인 것이 울려 퍼진다. 그는 스스로를 신으로 느끼며, 마치 꿈속에서 신들이 소요하는 것을 본 것처럼 그 자신도 황홀해지고 고양되어 돌아다닌다. 인간은 더 이상 예술가가 아니다. 그는 예술 작품이 되어버린 것이다.

살로메, 파울 레, 니체의 삼각관계를 표현한 사진 위에 디오니소스의 수레가 겹쳐 클로즈업된다. 서로 대립하는 모든 것을 하나로 융해하는 디오니소스는 남성성과 여성성마저 하나로 결합한다. 아폴론이 남자라면 디오니소스는 여자이지 않을까? 여자는 니체에게 디오니소스적 수수께끼다. 이 수수께끼를 붙들고 씨름하는 니체의 모습이 저 공원의 '죽어가는 사자'처럼 보인다. 살로메와의 관계가 끝나고 2주가 지난 뒤 니체가 열흘 동안 일종의 도취 상태에서 『차라투스트라는 이렇게 말했다』를 미친 듯이 썼다는 것은 결코 우연이 아니다.

살로메 _ 니체, 릴케, 프로이트의 영혼을 자극한 지성

살로메는 흔히 니체, 릴케, 프로이트를 매혹한 뮤즈로 일컬어진다. 이들 외에 당대 유명 지성들이 그를 흠모했고, 그로부터 창조적 영감을 얻었다. 니체와의 관계를 살펴보면, 살로메는 니체의 친구이자 철학자 파울 레의 청혼을 거절하면서 니체와 함께 학문적 공동체로서의 동거를 제안한다. 하지만 이 기묘한 삼각관계는 살로메가 니체 대신 파울 레를 선택하면서 파국으로 치닫는다. 두 번이나 청혼을 거절당한 니체는 질투심에 사로잡혀 『차라투스트라는 이렇게 말했다』의 집필에 매달리고, 후에 파울 레는 살로메의 변심을 견디지 못하고 자살했다. 그러나 이런 표피적인 에피소드로만 살로메를 그리기엔 부족하다.

　살로메는 의심할 여지없이 그 시대 가장 똑똑한 여성 중 한 명이었다. 문학적 재능이 넘쳤던 작가이자 명석한 정신분석학자였다. 살로메는 남녀의 로맨틱한 사랑이 아닌 상대방의 학문적 성취에 더 관심이 있었다. 결혼을 평등한 남녀의 공동생활로 생각했던 살로메는 카를 안드레아스라는 언어학자와 결혼을 한 후에도 시인 릴케와 만남을 이어가며 조언을 해주었다. 정신분석학에도 관심을 가져, 프로이트와 함께한 연구에 깊이 천착했다. 프로이트는 정신적 연인이자 후원자로서 살로메와의 관계를 지속했다. 살로메의 지적 매력과 관계를 주도하는 당당함이 당대 지성들을 자극했을 것이다.

파스테르나크의 〈릴케〉(1928)　　　크라우츠의 〈프로이트〉(1936)

03

FRIEDRICH NIETZSCHE

음험한 바다와
냉혹한 고산

사유의 공간

이탈리아 리바

사물의 뒷면을 바라보다

　기존의 모든 관습에서 벗어나는 길, 나를 옭아매는 모든 구속에서 벗어나는 길, 이 길을 가는 사람은 궁극적으로 혼자일 수밖에 없다는 사실을 니체는 곧 깨닫는다. 나가는 방향도 알지 못하고, 동반자도 없다. 이런 길을 어떻게 걸을 수 있을까?

　니체는 이 길에서 모든 사물을 반대편에서 바라본다. 빛과 그림자는 다르게 펼쳐진다. 그것은 마치 역광으로 사물을 바라보는 것과 같다. 모든 것이 낯설고 생소하게 보이는 이 길에서 그는 어떻게 사물을 인식할까? 자신이 바라보는 것이 현실인지를 어떻게 알 수 있을까? 모든 인식에는 대화 상대자가 필요하다. 내가 보는 것이 맞는지, 나의 말이 사실인지를 확인해줄 파트너가 필요하다.

　니체는 1879년 여름, 사유와 글쓰기의 새로운 형식을 발견한다. 그는 플라톤의 『대화편』처럼 자신의 인식과 통찰에도 대화의 옷을 입힌다. 혼자서 사유의 모험을 시작한 니체는 도대체 누구와 대화한단 말인가?

여기서 니체는 탁월한 발상으로 반전을 꾀한다. 자기 자신의 그림자를 대화 상대자로 설정한 것이다. 그래서 니체가 1879년 여름에 얻어낸 잠언적 단상과 통찰들은 '방랑자와 그의 그림자'라는 제목을 달고 있다. 350개의 잠언으로 이루어진 이 책은 처음에는 독립적으로 발간되었다가 나중에 「혼합된 의견과 잠언들」과 함께 『인간적인 너무나 인간적인』 제2권 두 번째 장으로 통합된다. 니체가 새롭게 방랑의 길을 떠나면서 쓴 이 책은 니체의 전기 철학과 후기 철학의 징검다리 역할을 담당한다.

이때부터의 니체 철학은 자기 자신과의 대화라고 해도 과언이 아니다. 불현듯 그를 찾아오는 사건과 사상의 그림자들. 니체는 이들과 어떻게 대화를 나눌 수 있을까? 이들과 대화를 나누려면 니체는 외면적으로 고독해야 한다. 그러나 니체가 사유하기 위해 필요한 고독은 상대적이다. 사유의 열정에 불을 붙일 수 있는 대상과 문제들이 필요하기 때문이다. 그에게는 논쟁적인 대화 상대자가 필요하다.

그렇다면 니체는 왜 자신을 '방랑자'로 이해하고 자신의 대화 상대자를 '그림자'로 이해한 것일까? 그림자는 일반적으로 "물체가 빛을 가려서 그 물체의 뒷면에 드리워지는 검은 그늘"을 의미한다. 그림자가 말을 건다. "우리 이성의 활동이 언젠가 정지하게 되면 우리는 똑같이 서로에게 관대해질 거야."(『인간적인 너무나 인간적인 Ⅱ』) 동서고금을 막론하고 이성은 빛으로 여겨졌다. 빛이 있어야 사물을 볼 수 있는 것처럼 이성이 있어야 세계를 인식할 수 있다.

빛을 가로막아야 그림자가 생긴다. 빛이 정수리 위로 내리쬐는 정오에는 그림자가 생기지 않는다. 이성의 활동이 정지해야 진정한 대화가 이루어질 수 있다는 그림자의 말은 그래서 의미심장하다.

방랑자가 길을 떠난 까닭은 인생의 그림자, 세계의 그림자를 보기 위함이다. 사물을 제대로 알려면 정면뿐만 아니라 이면을 봐야 한다. 표면에 나타나지 않는 내부의 사실은 눈에 보이지 않는다. 그림자는 사람이나 사물의 진정한 속내인 셈이다.

> 내가 빛을 사랑하는 것처럼 그림자도 사랑하고 있다는 것을 알게 될 거야. 얼굴의 아름다움, 말의 명료함, 성격의 선량함과 건실함이 존재하기 위해서는 그림자도 빛만큼이나 필요한 것이지. 그들은 적이 아니야. 오히려 그들은 정답게 손을 잡고 있으면서 빛이 사라지면 그림자도 뒤를 따라 사라지는 것이지.
>
> ─『인간적인 너무나 인간적인 II』

그림자가 없다면, 우리는 사물을 올바로 인식할 수 없다. 그림자가 없는 사물, 그것은 유령일 뿐이다. 그런데 우리는 이제까지 오직 이성만을 중시하지 않았던가. 그림자 없는 사물만이 진리라고 생각하고 그림자를 지우려고 무던히 애쓰지 않았던가. 빛이 강할수록 그림자도 짙어진다는 사실을 우린 망각했는지도 모른다. 니체는 이제 그림자를 재발견한다. 빛이 아무리 강해도 그림자가 사라지지 않는다면, 사물의 진정한 속내를 드러내는 것이 그림자라면, 우리는 이제 사물을 앞에서가 아니라 뒤에서 보는 법도 배워야 한다.

남쪽으로의 유배

극심한 육체적·정신적 고통에 시달려온 니체에게는 마음을 안정시키는 기후와 풍경을 찾는 것이 급선무였다. 니체가 왜 남쪽을 선택했는지는 의문이다. 태양을 동경해서였을까? 차가운 이성보다는 따뜻한 감성을 그리워해서였을까?

몸이 괴로울수록 남쪽 나라로의 유혹은 더욱 강해진다. 남쪽에 대한 막연한 동경에 불을 지핀 것은 니체를 추종했던 작곡가 쾨젤리츠Heinrich Köselitz가 1879년 베네치아에서 보낸 편지였다. "이리 오시는 게 불가능한지요? (…) 만약 선생님께서 리도에 정주해서 여름 동안 바다에서 불어오는 이상하리만치 시원한 바람을 향유하실 수 있다면 어떨까 생각하였답니다." 쾨젤리츠는 며칠 후 베네치아와 관련해 조금 더 상세한 내용을 적어 보낸다.

이곳 아드리아 해에서의 해수욕은 당연히 자랑할 만합니다. 발바닥을 다칠 수 있는 리보르노의 돌투성이 해안과는 달리 이곳 모래밭은 또 어떤지요. (…) 바닷가 산책은 이렇습니다. 파도가 막 물러난 모래 위로 발을 적시지 않고 디딜 수 있습니다. (…) 섬이 여럿 있는 석호, 베네치아, 알프스 산, 물위에 깔려 있는 정적을 바라보는 풍경. 여기보다 더 창조적인 기분에 젖어 있을 수 있는 곳이 어디인지 바로 알 수 없습니다.

어떤 경우엔 글이 그림보다 훨씬 더 시각적인 상상을 자극한다.

스위스

질스 마리아

프랑스

베네치아

• 제노바

아드리아 해

니스

리비에라 해안

이탈리아

니체의 사유 공간

북으로는 질스 마리아가 속한 고지 엥가딘, 남으로는 서쪽의 제노바와 니스로 연결되는 리비에라 해안과 동쪽의 베네치아의 아드리아 해안을 경계로 삼은 공간은 니체의 후기 사상에 결정적인 영향을 미친다. 공간이 바뀌면 삶과 사람이 바뀔까? 니체는 계절의 리듬에 따라 추운 겨울에는 지중해의 바닷가로, 그리고 더운 여름에는 알프스의 산으로 옮겨 다닌다. 니체는 산과 바다 사이에서 고독이라는 철학적 양생법을 실험했다. 단순한 고독이 아닌, 위험을 동반한 정적을 찾아다녔다.

나는 니체가 석양에 물든 베네치아 바닷가를 산책하는 모습을 그려본다. 쾨젤리츠가 니체에게 함께 보낸 수채화보다 훨씬 더 선명하고 강렬하다.

니체는 산에서 바다로 간다, 자신의 그림자와 함께. 금방 떠나진 않았지만 늘 가슴에 품고 있었음에 틀림없다. 불현듯 떠나는 것처럼 보이는 모든 여행도 사실은 오랜 기간 가슴속에서 숙성을 거친 것이다. 니체가 남쪽으로 길을 잡은 것은 1880년 초다. 니체는 볼차노Bolzano에 머물면서 1880년 2월 14일 여동생에게 편지를 쓴다. "어제 리바Riva에 도착했다. 볼차노에서 이틀간 앓아누웠어. 오늘도 우울하다. 난 도시에서 떨어진 호숫가의 상록의 정원에 묵고 있어. 주소: 리바 호텔. 남부 티롤." 니체는 독일 라이프치히에서 뮌헨과 인스부르크를 거쳐 이탈리아 볼차노에 들렀다가 가르다 호수 북쪽 끄트머리에 있는 조그만 마을 리바에 도착한 것이다.

정신적으로 사망할 때까지 머물게 될 공간에 니체는 이렇게 들어선다. 그의 실존에 적합한 기후와 문화의 공간 속으로 길을 떠난 것이다. 니체의 후기 사상에 결정적인 영향을 미친 공간으로는 고지高地 엥가딘Engadin과 티롤의 알프스 남쪽 계곡, 서쪽으로는 제노바와 니스로 연결되는 리비에라 해안의 알프스 남부 지역과 동쪽으로는 베네치아의 아드리아 해안으로 경계를 삼는다.

니체의 사유 공간을 지배하는 핵심적인 요소는 '산'과 '바다'다. 니체가 이 시기에 남겨놓은 유고 쪽지를 보면 단서는 확실하다. "나는 위험이 없는 어떤 인식도 더 이상 원하지 않는다. 탐구자의 주위에는 항상 음험한 바다나 아니면 냉혹한 고산이 있을 것이다!" 산과 바다는 니체의 사유를 동반하는 위험의 공간이다.

니체가 방랑의 철학자임에는 틀림없지만 그렇다고 그가 아무런 계획도 없이 정처 없이 돌아다닌 것은 아니다. 그는 고향에서 쫓겨난 것이 아니다. 고향에서 쫓겨난 사람은 어디에서도 새로운 고향을 만들지 못한다. 고향을 자의로 떠난 사람만이 낯설고 이질적인 곳에서 새로운 고향을 발견한다. 물론 어느 곳에도 묶이지 않는다는 것은 자유를 의미하지만, 어느 정도는 우리를 묶어놓는 것이 있어야 고향이 된다. 니체가 멕시코나 튀니지처럼 아주 먼 곳으로의 이주를 꿈꾸지 않은 것은 아니지만, 그는 조망할 수 있는 이곳에서 머문다. 산과 바다 사이에서. 계절의 리듬에 따라 추운 겨울에는 지중해의 바닷가로, 그리고 더운 여름에는 알프스의 산으로 옮겨 다닌다. 자신의 그림자를 찾아서.

병에 걸리지 않도록 건강관리를 잘하여 잘 살기를 꾀하는 방법을 '양생법養生法'이라고 한다. 니체는 이곳에서 철학적 양생법을 추구한다. '영혼의 양생법'이라고 해야 할까. 무엇인가에 의해 과도한 영향을 받아 영혼이 피폐해지면 우리는 '정신'을 빼야 한다. 무엇이 니체의 영혼을 불구로 만들었던 것일까? 우리는 여기서 다시한 번 바그너의 이름을 떠올린다. 그가 만나는 사람은 대개 바그너 추종자들이었고, 그 역시 바그너를 따르는 철학자로서만 알려졌다. 그는 아직 자신의 이름을 온전히 찾지 못했다. 자기 자신을 되찾으려면 정신적 삶의 경계를 재설정해야 했다. 교제하는 사람들의 범위도 제한해야 했다. 그가 정신의 건강을 위해 선택한 양생법은 바로 고독이었다.

나는 독립을 열정적으로 바란다. 나는 그것을 위해 모든 것을 희생한다. 어쩌면 내가 매우 의존적인 영혼을 갖고 있어서 다른 사람들이 쇠사슬에 고통을 당하는 것보다 훨씬 더 아주 작은 밧줄에도 괴로워하기 때문일 것이다. (…) 나는 고독의 경향에 굴복한다. 달리 어찌할 수 없다. 사람들이 말하는 것처럼 내가 그것을 설령 필요치 않다고 하더라도. 그러나 나는 고독이 필요하다. 나는 스스로를 귀양 보낸다.

알프스 산과 지중해 사이는 니체의 유배지다. 이 기간 동안 니체의 사회적 교제는 극히 제한된다. 서신도 가족과 가까운 친지 사이에서만 주고받는다. 기분을 그르칠 체험이나 만남을 회피한다. 니체는 여행 계획을 세울 때 이탈리아에서 우연이라도 바그너와 마주치는 일이 없도록 거듭 확인했다. 바그너가 세인의 주목을 받으며 화려하게 이탈리아를 여행했다면, 니체는 조용히 움직였다. 바그너는 1879년 12월 31일 가족과 함께 여행을 떠나 이듬해 1월 4일 나폴리에 도착했다. 사람들은 바그너가 나폴리에 머물고 있으며, 1880년 4월 3일 로마에서 그의 작품 〈로엔그린〉이 대성공을 거두었다는 사실을 잘 알고 있었다. 숨이 턱턱 막히는 이탈리아 남부의 여름 더위를 생각하면 바그너가 여름에 북쪽으로 이동할 것이라는 것은 쉽게 짐작할 수 있었다.

베네치아는 바그너가 무척 좋아하는 곳이다. 때문에 남쪽으로 내려오는 니체와 더위를 피해 북쪽으로 움직이는 바그너가 만날 위험이 있는 곳이기도 했다. 니체는 봄에 베네치아에 머물고, 여름에 다시 북쪽으로 갔다가 10월에는 남쪽으로 내려왔다. 그때 선택한 곳이 제노바였다. 물론 바그너를 피하려는 의도와 고독 자체가 목적은 아니었다. 니체에게 중요한 것은 삶에 대한 사유였다.

니체는 1880년 3월 14일 베네치아에 도착하여 6월 29일 다시 북으로 떠날 때까지 쾨젤리츠의 집에 머문다. 쾨젤리츠는 베네치아에서 궁핍에 가까울 정도로 상당히 검소하게 살고 있었지만 두 사람은 거의 넉 달 동안 잘 지낸 듯하다. 지중해의 바닷바람이 니체의 몸에 좋았는지는 알 수 없지만, 어디를 가나 니체의 상태는 좋았다가 나빠지고 또 나빴다가 좋아지기를 반복했다. 베네치아는 오버베크에게 보낸 편지에서 "나의 건강은 베네치아에서 나움부르크나 리바에서보다 훨씬 더 좋은 상태입니다. 그 외에는 예전과 똑같습니다", 그 부인에게 보낸 편지에서 "비와 바람, 그리고 어두운 골목길의 도시"로 묘사된다. 당시의 문인들처럼 베네치아를 극찬하지는 않지만, 니체도 베네치아의 정적과 아름다운 포장도로는 최고라고 생각한다.

베네치아는 니체가 자신의 주권을 다시 되찾은 도시다. 우리는 주권을 정치적으로만 이해하지만 엄밀히 말하면 실존적 개념이다. 주권은 통상 대내적으로는 다양한 세력을 통제하는 최고의 절대적 힘을 가지고 대외적으로는 자주적 독립성을 가짐으로써 국가의 의사를 최종적으로 결정하는 권력을 가리킨다. 실존적으로 말하면, 주권을 갖는다는 것은 자기 자신의 주인이 된다는 것을 뜻한다. 다른 사람에게 의존하지 않고 자기 자신의 방식대로 사유하는 것만큼 주권적인 것이 어디 있겠는가.

베네치아를 방문한 니체는 바로 『인간적인 너무나 인간적인』을 쓴 철학자였다. 더 이상 바그너풍의 신화적 예술에 매달리지 않고 자신의 철학을 갖기 시작한 사상가가 나타난 것이다. 이제까지 멀리 떨어져 있으면서도 니체의 원고를 정리하는 일을 도맡았던 쾨 젤리츠에게조차 니체는 전혀 다른 인물이 되어 나타났다. 처음에는 존경하는 스승과 함께 지낸다는 것이 그지없이 기뻤지만 함께 지내는 것이 쉽지만은 않았다. 그것은 니체에게서 느껴지는 열정적인 문제의식 때문이었다. 삶의 문제를 사유하려면 그 문제를 온전히 드러내야 한다. 니체의 존재 자체가 문제를 대변하는 것처럼 보였기 때문이다. 니체는 베네치아에 머물면서 쾨젤리츠에게 『아침놀』의 잠언들을 받아쓰게 했다. 기존의 관습과 규범, 인식과 사상에 커다란 물음표를 붙이면서 새로운 사유의 영역을 탐색하는 탐험가처럼 그는 베네치아의 골목길을 걷고 또 걸었다.

주권 회복을 위한 무기

걷는 자는 방랑자다. 정한 곳 없이 이리저리 떠돌아다니지만 그것 자체를 목적으로 삼는 자가 바로 방랑자다. 니체의 사상은 이렇게 길 위에서 태어난다. 바젤에서 베네치아로 가는 길은 『인간적인 너무나 인간적인』에서 『아침놀』에 이르는 길이다. 여기서 우리는 책 제목에 주목할 필요가 있다. 내가 니체에게 관심을 갖게 된 계기 중 하나도 이 책의 제목 때문이었다. '인간적인 너무나 인간적인.' 무엇이 과연 인간적인 것인가? 니체는 왜 제목을 이렇게 정했을까? 인문학의 기본 관심과 문제를 알아보겠다고 '인간적인 너무나 인간적인'이라는 제목에 홀려 이 책을 들춰본다면 대부분 낯선 형식과 내용에 놀랄 것이다.

이 책은 사실 바그너와의 결별을 야기한다. 어쩌면 니체가 자신의 독립을 위해 의도적으로 쓴 책인지도 모른다. 이 책을 받아본 코지마와 바그너의 반응은 경악과 증오 그 자체였다. 10년 뒤 니체는 『이 사람을 보라』에서 이 책이 야기한 상징적 사건을 인상적으로 서술한다. 니체는 두 권을 당시 바그너가 머물던 바이로이트로 보냈는데, 기적처럼 우연히 바그너의 최후의 음악극인 〈파르지팔〉의 텍스트를 받았다. 그렇지만 두 책의 교환은 소통과 화해의 상징이 아니다. 오히려 오랫동안 벼렀던 결투와 같다. 어느 누구도 자신의 생각을 솔직하게 털어놓지 않았다. 바그너가 죽고 나서 니체가 『바그너의 경우』라는 저서에서 일격을 날릴 때까지 두 사람의 적대감은 안으로 곪아가고 있었다.

『인간적인 너무나 인간적인』은 니체가 주권 회복을 위한 방랑의 길을 떠나기 위해 준비한 무기였다. 니체는 어느 누구에게도 알리지 않은 채 이 책을 순식간에 썼다. 그만큼 충격은 컸다. 마치 늑대의 얼굴을 보여주기 위해 친근한 양의 가면을 벗어던진 것처럼 이 책은 사람들을 혼란에 빠뜨렸다. 니체의 여동생 엘리자베트는 이 책의 영향을 매우 정확하게 서술한다. "친구와 친지들이 이 새로운 책을 읽었을 때 어떤 사람이 열대의 종려나무가 있는 집으로 인도할 것이라고 믿고 문을 열었는데 갑자기 차가운 북극의 풍경을 마주한 것처럼 느꼈을 것이다."

『비극의 탄생』과 『반시대적 고찰』을 쓴 저자와는 전혀 다른 저자였다. 니체의 관점과 사상은 180도 바뀐다. 찬사를 늘어놓는 사람에서 폭로자로, 열정적인 파우스트에서 냉소적인 메피스토로 바뀐 것이다. 얼마 전까지만 해도 니체가 대가라고 칭송했던 바그너와 코지마의 반응을 상상해보라. 그들은 니체가 보내준 책을 마지못해 받아들인다.

코지마가 자신의 친구인 백작부인에게 보낸 편지는 그들의 입장을 분명하게 드러낸다. "나는 니체의 책을 읽지 않았어요. 대충 훑어보니 몇몇의 명확한 문장들로 충분했어요. 나는 그 책을 치워버렸어요." 바그너 부부가 할 수 있는 반격은 니체의 책을 읽지 않는 것이었다. 그들은 결국 니체가 정신적으로 온전하지 않다는 결론에 도달한다. 그들은 『인간적인 너무나 인간적인』을 쓴 니체가 심신 쇠약으로 인해 책임 능력이 없다고 생각한 것이다. 자신을 따르지 않으면 비정상적이고 병든 것인가.

니체는 거꾸로 생각한다. 코지마와 바그너가 부정적으로 반응할수록 니체는 오히려 해방감을 느낀다. 니체는 스위스의 역사가 부르크하르트Jacob Burckhardt가 자신의 책을 '주권적Sovereign'이라고 평했다고 친구들에게 말하면서 '주권'과 '독립'이라는 낱말을 즐겨 사용한다. 다른 사람의 판단에 의존하지 않고 자신의 사상을 펼친다는 것, 그것이 바로 주권자의 특성이다. 니체가 『인간적인 너무나 인간적인』에서 해낸 것이 바로 이것이다. 자신의 길을 갈수록, 방랑을 하면 할수록 니체의 결심은 더욱 굳어진다. "나는 여전히 나의 길을 갈 것이다. 나는 그 길을 막는 모든 것을 포기할 것이다."

니체는 자기 자신과 온전히 혼자 있을 때 강한 생명력을 느낀다. 고독이 치료법이었다. 자기 자신의 내면을 들여다보고, 자기 자신과 끊임없이 대화를 나누는 고독을 향유할 때 비로소 사람은 자기 자신의 주인이 된다. 주권자가 된다. 이런 고독을 느낄 수 있는 곳이 산과 바다다. 산은 모름지기 혼자 올라야 하고, 대양은 반드시 혼자 바라봐야 한다. 그러기에 니체는 『인간적인 너무나 인간적인』을 쓸 때 산을 즐겨 올랐는지 모른다. 니체는 당시 친구에게 이런 편지를 쓴다. "내가 삶의 이상을 설정하고 난 뒤에 내가 느끼고 있는 것을 느끼니, 나를 둘러싸고 있는 신선한 고산 공기와 부드러

『인간적인 너무나 인간적인』_형이상학의 굴레를 벗어나다

니체는 1878, 1879, 1880년에 각각 출간한 『인간적인 너무나 인간적인』『혼합된 의견과 잠언들』『방랑자와 그의 그림자』를 '인간적인 너무나 인간적인'이라는 제목으로 묶어 1886년 두 권짜리 책으로 재출간했다. 제1권은 646개, 제2권은 765개의 단편으로 이루어져 있다. 부제 '자유정신을 위한 책'이 암시하는 것처럼, 형식에서만 변화가 있었던 것이 아니라 그의 사유 방향이 예술에서 학문으로 바뀌었다. 즉 바그너의 영향에서 벗어나 독창적인 사유를 시작했다고 할 수 있다. 『인간적인 너무나 인간적인』는 니체가 잠언과 단편의 형식으로 쓴 최초의 책으로서, 니체의 전기 철학과 후기 철학의 징검다리 역할을 담당한다.

운 따뜻함을."『인간적인 너무나 인간적인』은 이렇게 따뜻함과 차가움이 혼합되어 있는 삶을 체험하기 위해 장엄하고 숭고한 신화의 세계에서 인간 세계로 내려온다.

그림자의 반격

왜 '인간적인 너무나 인간적인'인가? 니체가 주권을 회복하기 위한 새로운 방랑의 길을 떠나면서 이 제목을 선택한 데에는 특별한 이유가 있음에 틀림없다. 니체가 기존의 전통과 철학을 비판하기 위한 이정표는 '인간적인 너무나 인간적인 것'이다. 그렇다면 무엇이 인간적이란 말인가? 여기서 나는 방랑자의 영원한 동반자에 주목한다. '그의 그림자.' 사람들은 그림자를 무시하고 비방하고 헐뜯는다, 빛을 가린다고. 빛이 이성을 상징한다면, 순수이성인 신神은 그림자 없는 빛이다. 신을 숭배하는 우리 인간은 빛을 보려고 그림자를 간과하고 경멸했다. 여기서 니체의 반전이 시작된다. 신이 빛이라면, 인간은 그림자가 아닌가. 빛을 바라볼 수 있는 능력이 신적인 것이라면, 그림자는 인간적인 너무나 인간적인 것이 아닌가.

니체의 철학은 이제 그림자의 철학이 된다. 이제까지 그림자처럼 간과되고, 경시되고, 배척되었던 모든 것을 새로운 관점에서 되살리는 것, 그것이 바로 니체 철학의 핵심이다. 그렇다면 무엇이 인간의 삶에서 '그림자'인가?

그림자 네가 말한 모든 것 중에서 하나의 약속보다 더 내 마음에 들었던 것은 아무것도 없네. 즉 너희가 가장 가까이 있는 것들과 좋은 이웃이 되려고 한다는 약속 이외에는. 이것은 가련한 우리 그림자들에게도 도움이 될 것이네. 왜냐하면 굳이 고백하자면, 너희는 지금까지 우리를 즐겨 비방해왔기 때문이지.

방랑자 비방했다고? 그런데 왜 너희는 한 번도 변명을 하지 않았는가? 너희 가까이 우리의 귀가 있는데도 말일세.

그림자 우리 자신에 대해 이야기하기에는 우리가 너희들과 너무 가까이 있는 듯이 여겨졌지.

　　—『인간적인 너무나 인간적인 II』

　햇빛이 비추는 곳에 반드시 그림자가 생긴다면, 인식의 빛이 우리의 내면을 비출 때도 우리 내면에는 그림자가 생긴다. 우리는 결코 그림자에게서 벗어날 수 없다. 그런데 우리는 그림자를 배척하며 주의를 기울이지 않는다. 가장 가까이 있는데도 말이다. 우리의 삶에서 그림자 취급을 받는 것은 수없이 많다. 합리적인 삶을 최선의 방식이라고 생각하면 충동, 본능, 열정은 그림자다. 고상한 삶을 꿈꾸는 사람에게는 일상적인 생활이 그림자와 같다. 신적인 삶을 살고자 하는 사람에게는 세속적인 모든 것은 그림자다. 그러나 니체는 이렇게 말한다.

　사람들이 가장 가까이 있는 것들, 예를 들어 의, 식, 주, 교제 등을 편견 없는 보편적 반성과 개선의 지속적인 대상으로 삼는 것이 아니라 품위를 떨어뜨리는 것으로 간주하여, 그것에 대해 자신의 지적·예술적 노력을 쏟으려고 하지 않는 점이다.

—『인간적인 너무나 인간적인 II』

입고, 먹고, 사는 것에 신경을 쓰지 않는 것이 철학적으로 사는 것이 아니라면, 우리는 오히려 의, 식, 주를 편견 없이 바라봐야 하지 않을까. 사람들은 모두 자유로운 삶을 꿈꾼다. 자유의 그림자는 두말할 나위도 없이 구속이다. 우리의 삶은 수많은 종류의 구속임에도 불구하고 사람들은 구속으로부터 해방되면 자유롭다고 생각한다. 이런 편견에 빠져 있으면 결코 구속을 새로운 관점에서 바라보지 못한다.

어떠한 새로운 사슬도 느끼지 않는 것. 우리가 그 어떤 것에 의존하지 않는다고 느끼는 한, 우리는 자신을 독립적이라고 간주한다. 이것은 인간이 얼마나 교만하고 지배욕을 가지고 있는지 보여주는 오류 추리다.

—『인간적인 너무나 인간적인 II』

구속의 제거가 자유를 가져오지 않는다면, 우리는 구속을 전혀 다른 관점에서 생각해야 한다. 우리를 옭아매는 구속이 있다면, 우리를 자유롭게 만드는 구속도 있지 않을까? 자유와 구속이 대립적인 것이 아니라면 우리는 이렇게 생각할 수도 있다. 니체는 적어도 이렇게 생각한다.

내 글들의 공기를 호흡할 줄 아는 사람은 누구든 그것이 높은 곳의 강렬한 공기라는 것을 안다.

―『이 사람을 보라』

인간은 항상 여러 가지 구속을 받으며 살고 있지만, 오랜 습관으로 인해 사슬의 무게를 더 이상 느끼지 않을 때에만 자신을 자유롭다고 간주한다면 어떻게 될까? 다만 새로운 사슬에서만 인간은 여전히 구속감을 느낀다.

— 『인간적인 너무나 인간적인 II』

니체에게 자유는 사슬의 무게를 느끼지 않는 구속일 뿐이다. 이런 관점에서 보면 우리가 자유로워진다는 것은 한 구속에서 다른 구속으로 옮겨감을 의미한다. 우리를 구속하는 것은 수없이 많다. 생각조차 제대로 할 수 없게 만드는 '열정', 다른 삶은 꿈조차 꾸지 못하게 만드는 '습관', 행동을 끊임없이 제약하는 '양심', 주어진 것에서 부단히 벗어나려는 일탈의 '쾌감' 모든 것이 구속이다. 이들은 가장 사소한 것처럼 여겨지지만 우리에게 가장 가까이 있는 것들이다. 사람들은 자신의 자유를 '열정', '습관', '양심', '쾌락'을 통해 실현하고자 한다. 그렇다면 우리가 어떻게 자유의 통로라고 할 수 있는 이러한 구속을 허투루 볼 수 있단 말인가.

니체는 이렇게 삶의 방랑자가 되어 자신의 그림자와 대화한다. 이제까지 열등한 것, 하찮은 것, 가치 없는 것으로 여겨져 배척되어온 것을 새로운 빛으로 바라본다. 자기 자신과 마주한다는 것은 자신의 그림자를 바라본다는 것을 의미한다. 그림자는 자아를 비춰볼 수 있는 거울과 같은 타자이기 때문이다. 나이면서 내가 아닌 것, 이 자아의 타자를 보려면 우리는 우선 "오히려 가장 가까이 있는 것들이 대부분의 사람들에 의하여 전적으로 잘못 간주되고, 거의 관찰되지 않고 있다는 사실을 인정해야 한다." 이렇게 니체는 산과 바다 사이를 떠돌아다니면서 자신의 이면을 들춰낸다. 바그너에 대한 동경으로 가려졌던 삶의 현실을 직시하면서 니체는 이렇게 말한다. "우리는 또다시 가장 가까이 있는 것들의 좋은 이웃이 되어야만 한다."

04

FRIEDRICH NIETZSCHE

선악의 저편에서
다채로운 정적을 듣다

베네치아의 아침놀

이탈리아 베네치아 리알토 다리

가면을 사랑하는 심연

아직 밝아오지 않은 수많은 서광이 있다. 사람은 살아가면서 매일 새날을 기대하고 밝은 미래에 대한 희망의 징조를 보고 싶어 하지만 새벽에 동이 틀 무렵의 아침놀을 본 적은 별로 없다. 날이 저물고 달빛마저 나뭇잎 사이로 사라질 때까지 밤을 지새워보지 못한 사람은 서서히 밝아오는 아침놀의 황홀함을 경험하지 못한다. 서광을 원한다면 황혼의 처절한 아름다움을 견뎌내야 한다.

니체의 『아침놀』을 손에 들고 베네치아로 떠난다. 물의 도시, 바다 위의 도시, 바닷가 해안도로에서 바라보는 황혼이 아름다운 도시. 베네치아라는 이름이 갖가지 환상의 세계로 안내한다. 하지만 이번 여행에서는 사실 아무런 생각도 들지 않는다. 베네치아에 들어가기 위해 인접한 육지의 도시 메스트레에 내렸을 때 숨이 턱 막힐 정도로 뜨거운 공기가 갑자기 몰려왔다. 작렬하는 태양에 이글거리는 도로, 텅 빈 거리. 베네치아에 대한 동경은 이미 증발해버리고 교외의 조그만 도시에 주저앉고 싶을 정도의 무더위였다.

니체는 왜 이런 도시를 좋아했을까. 니체는 1880년과 1887년 사이에 다섯 번이나 베네치아를 방문한다. 통틀어 163일이니 거의 반년을 베네치아에서 보낸 셈이다. "자신이 오로지 사랑하는 도시"에 있는 것이 행복하다고 고백한다. 1885년 5월 7일 여동생에게 "베네치아를 제외하면 내가 기꺼이 있고 싶은 곳이 없어. 단지 습도가 90퍼센트가 될 정도로 너무 높은 것이 나를 학대할 뿐이야"(『니체 서간집』)라고 편지 쓴다.

웬만한 더위는 참아낼 수 있다고 자부했는데도 베네치아의 더위는 내게 고문이었다. 내가 베네치아를 방문했을 때는 니체가 불평한 5월을 지나 7월 중순으로, 무더위는 가히 살인적이었다. 자신을 스스로 치유하기로 한 니체가 유독 베네치아를 좋아했다면 이 도시에는 무엇인가 특별한 것이 있음에 틀림없다. 니체가 바젤 대학 교수직을 그만두고 여행을 떠나기 시작한 1880년대 초반 그의 관심은 자기 자신이었다. "나 자신을 철저하게 탐색한다Edizesamenemeouton." 고대의 그리스 철학자 헤라클레이토스는 이렇게 말했다. 델피의 신탁에서 비롯한 이 서양 철학의 화두는 여러 가지로 변주된다. "너 자신을 알고 싶은가, 그렇다면 다른 사람들이 어떻게 하는가를 보라. 다른 사람들을 이해하고자 하는가, 그렇다면 너 자신의 마음을 들여다보라." 우리 자신을 오랫동안 인도하고 동시에 억압해온 가치와 도덕을 이해하기 위해서는 우선 자기 자신의 내면을 성찰해야 한다.

이런 자기 탐색의 실험을 시작한 니체를 유혹한 곳이 바로 베네치아다. 베네치아를 방문하는 자는 반드시 자기만의 질문과 화두를 갖고 떠나야 한다. 그렇지 않으면 베네치아의 강렬한 인상과 이미지의 늪에 빠져 헤어 나오지 못할 것이다. 나의 화두는 가면이다. 한겨울에 열리는 베네치아의 가면 축제를 한여름에 떠올렸다.

> 모든 심오한 정신은 가면을 필요로 한다. 더 나아가 모든 심오한 정신에는 모든 말 한마디 한마디, 모든 발걸음, 그가 부여하는 모든 생의 기호를 끊임없이 잘못, 즉 천박하게 해석하는 덕분에 가면이 계속 자라난다.
>
> ─『선악의 저편』

이런 인식에 도달하는 길에 베네치아가 있다. "깊이 있는 모든 것은 가면을 사랑한다." 깊은 것은 그 끝을 알 수 없는 심연이다. 사람들은 세상을 잘 알 수 없다고 한탄한다. 하지만 가장 잘 모르는 것은 자기 자신 아닐까? 니체가 몸에 좋지 않은 기후에도 불구하고 거듭 베네치아를 찾은 이유가 여기에 있을 것이다. 자기 자신의 내면을 염탐하기 좋은 곳, 그곳은 어쩐지 가면의 도시 베네치아일 것 같다.

세상에는 준비하지 않고 우연히 찾아야 제 모습을 드러내는 곳이 있다. 30년 전 베네치아를 처음 방문했을 때는 모든 것을 철두철미하게 계획했었다. 어느 곳을 들르고, 어디에서 식사를 하고, 언제 쉴지를 처음부터 끝까지 짜놓은 치밀한 일정표. 베네치아에서 받은 인상 어느 하나도 놓치지 않겠다는 목적과는 달리 나의 기

베네치아 카니발 _ 깊이 있는 모든 것은 가면을 사랑한다

산마르코 광장을 중심으로 베네치아 전역에서 매년 1월 말에서 2월 사이에 시작해 사순절 전날까지 10여 일 동안 열리는 이탈리아 대표 축제로 '세계에서 가장 우아한 축제'로 불린다. 베네치아 공화국Serenissima Repubblica di Venezia이 1162년 아퀼레이아Aquileia와의 분란에서 승리한 기념으로 사람들이 춤을 춘 것에서 비롯되었으며 르네상스 시대 내내 지속됐다. 1797년에 오스트리아가 세운 롬바르도베네토 왕Regno Lombardo–Veneto이 베네치아를 지배하면서 축제는 중단됐다. 소규모로 명맥을 이어가던 중 1930년대 무솔리니의 파시스트 정권에 의해 다시 금지되었다가 1970년대 후반 베네치아 역사와 문화 복원 과정에서 부활했다. 카니발 기간에는 음악, 연극, 미술을 비롯한 다양한 문화 행사가 열리며, 특히 마지막 주말에 개최되는 가면 경연 대회는 축제를 대표하는 중심 행사다.

카니발이 곧 가면 축제로 여겨질 만큼 축제 기간 내내 사람들은 화려한 가면과 옷을 차려입고 베네치아 곳곳을 돌아다닌다. 오늘날 베네치아의 대표적인 기념품이기도 한 베네치아 가면은 종류도 다양하고 모양도 독특하다. 13세기부터 보편화되기 시작해 크게 유행했고, 가면을 쓰고 범죄를 저지르는 등 사회문제가 발생하자 한때 가면을 일정 기간만 착용하도록 통제하기도 했다.

베네치아 카니발을 위해 전시된 가면들

억에 남은 것은 미리 공부한 것뿐이었다. 베네치아 고딕 양식의 대표적인 건물인 두칼레 궁전Palazzo Ducale, 산마르코 광장Piazza San Marco, 카날 그란데Canal Grande(대운하)를 따라 열병식을 하듯 늘어서 있는 각양각색의 건물들, 이 건물들 뒤로 복잡하게 뻗어 있는 골목길들. 꼭 봐야 할 것을 미리 정하면 아무것도 보지 못한다. 석양의 산마르코 광장과 운하에 비친 이미지들의 축제에는 계획하지 않는 사람들만이 참여할 수 있다.

이번엔 아무 준비 없이 베네치아에 와 있다. 숨 막히는 무더위가 현기증을 일으킨다. 이미지의 현기증. 베네치아는 갑자기 하나의 이미지로 다가오고, 수많은 변신을 통해 새로운 이미지를 창조한다. 니체가 처음 베네치아를 방문하기 1년 전에 가졌던 소망을 떠올려본다. 바젤에서 쾨젤리츠에게 쓴 편지다.

> 나는 우연이 아니면 아무것도 보지 않을 겁니다. 그렇지만 산마르코 광장에 앉아서 햇볕을 쬐며 군악을 들을 겁니다. 휴일에는 산마르코 성당의 미사를 듣겠지요. 그리고 나는 남몰래 조용히 공원을 거닐 겁니다. 맛 좋은 무화과를 먹을 겁니다. 그리고 굴도. (…) 매우 고요한 정적. 몇 권의 책을 갖고 갑니다.
> ―『니체 서간집』

니체는 『이 사람을 보라』에서 베네치아를 음악의 도시로 그렸다. "음악을 표현할 다른 단어를 찾다보면, 나는 언제나 베네치아라는 단어만을 발견하게 된다." 계절에 관계없이 정적은 관광객의

이탈리아 베네치아의 곤돌라와 곤돌리에리

니체는 베네치아를 음악을 대체할 단어라고 생각했다. 100개가 넘는 인공 섬들을 누비는 곤돌라의 사공 곤돌리에리의 노래에 영혼이 사라진 지 오래지만 물위로 내려앉는 석양은 감각적이다. 니체의 말처럼 베네치아를 음악으로 느끼려면 이 도시가 만들어내는 기묘한 이미지의 늪에 빠져야 한다.

소음에 자리를 내주고, 산마르코 광장에 은은하게 울려 퍼지던 아름다운 음악은 그친 지 오래다. 관광객 무리를 상대하는 베네치아의 사공 곤돌리에리Gondolieri의 노래에 이제 영혼은 없다.

노래는 사라졌지만 베네치아를 감싸고 있는 강렬할 이미지는 여전하다. 광장과 카날 그란데의 떨리는 물결 위에 비치는 석양의 빛은 교회의 종소리와 곤돌리에리의 노랫소리 못지않게 감각적이다. 기대와 현실이 어긋날 때는 더욱더 우연에 맡겨야 한다. 니체의 말처럼 우연히 보는 것 외에는 아무것도 보지 않으려 한다면 오히려 더 많은 것을 볼 수 있다. 베네치아를 음악으로 느끼려면 우선 이 도시가 만들어내는 기묘한 이미지의 늪에 빠져봐야 한다. "나의 사상은 색채다. 나의 색채는 노래다."(『유고(1882년 7월~1883/84년 겨울)』) 니체의 이 말을 머릿속에 새기며 바포레토라는 수상버스를 타고 무더운 입김을 내뿜는 베네치아 동굴 속으로 들어간다.

이미지의 힘은 세다

정수리에 내리꽂히는 강렬한 햇볕을 피하려면 재빨리 골목을 찾아야 한다. 태양을 직시하면 인간은 시력을 잃는다. 생명의 근원으로 태양을 숭배하는 문명이 많고 서양 철학에서도 태양을 항상 절대적 진리의 상징으로 여겼지만, 우리 인간은 결코 태양을 바로 볼 수 없다. 태양은 항상 그 빛으로 빚어지는 수많은 이미지로만 나타나기에 태양을 보려면 이미지가 필요하다. 이미지는 골목에서 태어난다. 베네치아의 강력한 마력은 어쩌면 태양 빛을 굴절시키는 골목에 있을지도 모른다. 골목에 들어가 태양 빛의 충격으로 잃었던 시력을 서서히 되찾고 오묘한 이미지들에 익숙해지면, 세계를 더듬는 우리의 맹목과 맹인의 모색은 비로소 우리가 본 태양의 힘을 이야기할 것이다.

니체는 베네치아를 방문할 때마다 이미지의 힘에 열광했지만 동시에 범람하는 인상의 물결을 민감하게 방어한다. 니체가 처음 머물렀던 베를렌디스 궁전Palazzo Berlendis은 산마르코 광장 북쪽 해안에 빗겨 있다. 산미켈San Michele 섬의 공동묘지가 보이는 북쪽 해안도로 폰다멘타 누오베Fondamenta Nuove는 광장의 소음과 강렬한 이미지를 피해 조용히 산책할 수 있는 거리다. 니체는 강렬한 햇볕을 피해 그늘 속에서 산책하는 것을 즐겼다.

아치형 다리 너머로 보이는 바다와 하늘에 빛이 사라지고 새로운 이미지들이 영롱하다. 빛이 사라져야 사물이 더 또렷이 보인다. 니체가 머물렀던 베를렌디스 궁전은 벽의 색이 바래고 군데군데 떨어져 나갔어도 여전히 고풍스럽고 당당하다. 니체가 머물렀던 방은 가로 620센티미터, 세로 650센티미터, 높이 620센티미터의 직육면체였다고 한다.

그런 방을 상상해보라. 공간은 삶의 양식뿐만 아니라 사유의 방식도 결정한다. 작은 것에 익숙한 우리는 이렇게 휑하게 큰 방에서는 잠을 이루지 못할 것이다. 니체는 "세상의 끝자락처럼 정숙한" 이곳에서 잠을 잘 잤다고 고백한다. 높은 공간이 주는 정적은 사람들이 북적이는 광장의 소란이 있어야 제대로 느낄 수 있다.

니체가 1884년 4월 21일부터 6월 12일까지 두 번째 머물렀던 쾨젤리츠의 집은 복잡하게 얽힌 미로 같은 골목의 한가운데에 있다. 황토색 회벽이 벗겨져 적벽 돌이 민낯을 드러낸 건물들 사이의 좁은 골목은 묘한 정취를 자아낸다. 니체는 베네치아에 네 번째 왔을 때도 이곳에서 지냈다. 하지만 주거 환경에 만족한 것 같지는 않다. 그는 여전히 산마르코 광장의 정적과 북쪽 해안도로 폰다멘타 누오베 거리의 산책을 좋아했다.

나는 미로 같은 골목길을 벗어나 니체가 세 번째 머물렀던 리알토Rialto 다리를 찾아 나선다. 니체가 세 번째 베네치아 여행에 동반한 것은 기쁨이 아니었다. 멜랑콜리와 불신이 따라다닌다고 니체는 고백한다. 예술의 도시, 음악의 도시를 방문하면서 우울하고 의심에 가득 찬 것은 무엇 때문이었을까? 니체는 1885년 봄, 이곳을 방문하기 전 쾨젤리츠에게 특별히 부탁한다. "내가 이번에 가면, 카날 그란데 옆에 방을 구해주면 좋겠습니다. 그래서 다채로운 정적 속에서 오랫동안 창문 밖을 내다볼 수 있게요."(『니체 서간집』) 고요한 정적도 알록달록할 수 있단 말인가? 이 모순적인 표현이 계속 머릿속에 맴돌았다. 어깨를 부딪치며 지나가는 관광객이 짜증스럽지 않았던 것은 니체의 이상한 표현 덕택이었다.

인파에 밀려 드디어 리알토 다리에 도착했다. 노랫소리, 외침, 왁작 떠드는 관광객. 도착하자마자 빨리 이 어수선한 곳을 떠나고 싶다. 밤의 휴식은 포기해야 한다는 경고에도 불구하고 니체는 리알토 다리 근처에 숙소를 구한다. 그렇지만 니체에게도 소란과 어수선함은 견디기 힘든 소음이었던 모양이다. 며칠 지나지 않아 니체의 인내심도 한계에 도달한다. 자신이 마치 "창녀 집에 살고 있다는 생각이 든다"고 쾨젤리츠에게 불평한다.

『차라투스트라는 이렇게 말했다』의 집필 완성을 이렇게 악마 같은 집에서 기념해야 한다는 부조리가 단순한 우연일까. 니체를 괴롭혔던 시장 바닥의 소란은 여전하다. 니체가 머물렀던 건물에는 오늘날 '알 부소AI Buso'라는 식당이 들어섰다. 이 단어는 베네치아 방언으로 '구멍'을 뜻한다. 리알토 다리와 시장 곁 사창가를 연상시킨다. 니체가 말하는 다채로운 정적이 알 듯 모를 듯 다가온다.

> 다리에 서 있다.
> 최근 갈색의 밤에
> 멀리서 들려오던 노랫소리.
> 떨고 있는 수면 위로 솟구치던
> 황금빛 물방울인가.
> 곤돌라, 등불, 음악—
> 취하여 황혼으로 헤엄쳐 갔다.
> 내 영혼, 하나의 현악,
> 보이지 않는 손길에 닿아 노래를 불렀다,
> 곤돌라도 은밀히 노래를 불렀다,
> 찬란한 행복감에 떨면서.
> —누군가 귀 기울여 들었을까?
> —『니체 서간집』

니체가 알프스 저편의 남쪽 베네치아를 공포의 전율로 느끼면서 지었던 시 한 구절은 우리를 혼란스럽게 한다. 우리의 영혼을 움직이는 정적이 이곳에서는 보이지 않기 때문이다. 니체의 흔적을 느끼기 위해 알 부소로 들어갈까 망설이다 안에 앉아 있는 손님들이 대부분 관광객인 것 같아 서둘러서 자리를 뜬다. 리알토 다리의 소란스러움이 등 뒤로 조금씩 사라지고 작은 운하들이 빚어내는 빛의 향연이 눈에 들어오자 니체의 말을 이해할 것 같았다.

> 우리가 단지 지각한다고 생각하는 곳에서도 언제나 우리의 상상력은 이미 가세해 창작을 한다. 이렇게 하면 수많은 것들을 개별적으로 지각하는 수고를 덜게 된다. (…) 우리는 다른 사물들이 우리에게 영향을 미치기 때문에 고통받는 것이 아니다. 우리는 외부의 영향에 대항해서 즉각 우리의 힘을 내세운다. 사물들이 우리의 현을 울리지만, 우리는 그것으로 선율을 만든다.
>
> ─『유고(1880년 초~1881년 봄)』

　우리가 지각하는 사물들의 인상이 너무 강렬할 때 우리는 상상으로 맞서야 한다. 인상이 우리의 환상을 자극하지 못하면, 우리는 범람하는 이미지의 물결에 익사하고 만다. 니체가 마지막으로 방문하여 1887년 9월 21일부터 10월 21일까지 한 달간 머물렀던 곳은 베네치아 골목의 정취를 가장 극명하게 드러낸다. 산마르코 광장이 가까이 있지만 동시에 그곳의 번잡함으로부터 조금은 벗어나 있는 이곳은 그야말로 이미지의 축제가 벌어지는 곳이다. 지중

그는 자신이 결국 무엇에 도달하게 될지를 알고 있기 때문에,
즉 자신의 아침, 자신의 구원, 자신의 아침놀에 도달하게 될 것을 알고 있기 때문에
자신의 긴 암흑과 이해하기 어렵고 은폐되어 있으며 수수께끼 같은 일을 감수하는 것이 아닐까?

—「아침놀」

해의 강렬한 빛은 골목을 통하면서 다양하게 굴절되고 운하의 물결 위에서 춤을 춘다. 모든 빛깔을 다 보려고 하면, 우리는 사물을 제대로 보지 못한다. 사물을 있는 그대로 드러내려면, 사물을 몇 가지 색깔의 이미지로만 감싸야 한다.

> 사상가는 자신의 세계와 모든 사물을 존재하는 것보다 더 적은 수의 색깔로 그리며 또한 몇 가지 색을 서로 구분할 수 없는 색맹이다. 이것은 결함만이 아니다. 그들은 이러한 접근과 단순화를 통해 색들의 조화를 사물들 안으로 투입한다. 이러한 조화는 큰 매력을 가질 수 있으며 자연을 풍부하게 만들 수 있다. 아마 이것을 통해 인류는 존재를 보는 데서 처음으로 즐거움을 배웠을 것이다. 즉, 이러한 존재는 우선 하나 또는 두 가지 색조로 그리고 이를 통해 조화된 형태로 인류에게 제시되었다.
>
> ─『아침놀』

건물이 햇볕을 가려주는 그늘에 앉아 운하에 발을 담그고 들고 나온 니체의 책 『아침놀』을 들추니 이 글귀가 눈에 들어온다. 저녁놀이나 아침놀이 아름다운 것은 장렬한 붉음 때문이 아니다. 다양한 빛깔의 사물들을 한두 가지 색조로 단순화해 조화롭게 보여주기 때문이다. 베네치아의 마력은 이처럼 강렬한 이미지와 이를 한 단계 죽이는 분위기가 동시에 공존하는 데 있다.

우연이 아니라면 아무것도 보지 않겠다

니체는 아카데미아 미술관에서 16세기 베네치아 미술을 보고 감동을 받는다. 나 역시 산마르코 광장 남쪽 운하 건너 아카데미아 미술관과 구겐하임 미술관에 들어섰을 때 엄청난 양의 작품에 놀랐다. 아니, 질린다는 표현이 더 정확할 것이다. 베네치아 미술의 3대 거장들의 작품, 티치아노Vecellio Tiziano의 〈아순타〉와 〈세례 요한〉, 베로네세Paolo Veronese의 〈레비가의 향연〉, 틴토레토Tintoretto의 〈천국Paradiso〉 등을 감상하려면 이들이 우리에게 영향을 미칠 수 있는 시간을 주어야 한다. 특히 세계에서 가장 큰 유화 〈천국〉에 니체도 감동받았다.

그 크기도 놀랍지만 어느 부분 하나도 포기하지 않으려는 과장된 사실주의는 우리를 혼란스럽게 만든다. 세세한 것들이 너무나 과도하게 표현되어서 불합리해 보인다. 작은 특성들을 하나하나 지나치게 강조한 데서 위대한 양식을 창조하겠다는 예술가의 의지가 읽힌다. 양식maniera을 과장하는 기교주의는 인위적이고 부자연스러운 '매너리즘'으로 이어진다. 이런 매너리즘 예술에 대한 니체의 비판은 가혹하다. "여기서의 양식은 양식을 만들 수 없음이라는 의미로 사용된다."(『유고(1887년 가을~1888년 3월)』)

이미지가 너무 강렬하면 감동은 오래가지 않는다. 영혼을 울리는 떨림이 적다. 니체가 베네치아 미술의 마력을 경계하는 이유가 여기에 있다. 외국의 미술관과 박물관을 방문할 때마다 느끼는 것이지만, 너무 많은 것을 보면 결국 아무것도 남지 않는다. 하나만,

이탈리아 베네치아 두칼레 궁전 벽화, 틴토레토의 〈천국〉

679년부터 1797년까지 1,100년 동안 베네치아 총독 120명의 공식 거처였던 두칼레 궁전에는 접견실, 투표실, 재판정 등의 방이 있다. 3층의 '10인 평의회의 방' 한쪽 벽면을 가득 채운 유화 〈천국〉은 가로 24.65미터, 세로 7.45미터에 이른다. 이 과장된 사실주의 때문에 혼란을 느끼면서, 아름다울수록 가치가 줄어든다는 니체의 말을 떠올린다.

아니면 몇 개만 보는 것이 좋다. 한자리에 오래 앉아 관람자들이 오가는 것을 신경 쓰지 않고 하나의 작품을 오랫동안 바라보면 이루 말할 수 없는 상상의 세계가 펼쳐진다.

> 나는 그 의기 왕성한 가슴을, 세속적인 것을 내려다보는 그 미소를, 그 뜨거운 흐름을, 그 자부심의 발자취를, 그 불타오르는 것 같은 경멸과 희망에 가득 찬 눈빛을 안다.
>
> —『유고(1880년 초~1881년 봄)』

> 더 아름답지만 가치는 더 적다. ―그림처럼 아름다운 도덕, 이것은 급격하게 용솟음치는 감정의 도덕이고 극히 변덕스러운 도덕이며, 격정적이고 치열하며 끔찍하고 장엄한 태도와 음조의 도덕이다. 그것은 도덕의 반半야만적인 단계다. 미적인 이 매력에 의해 오도되어 이것에 보다 높은 지위를 인정해서는 안 된다.
>
> —『아침놀』

우리를 엄습하는 저 예술 작품의 강렬한 인상을 어떻게 묘사할 수 있을까? 미술관에서의 경험을 몇 마디의 말로 표현하려고 애쓰지만 나의 노력은 번번이 허공을 가른다. 베네치아 예술에 대한 니체의 표현은 간결하지만 핵심을 찌른다. "부풀어 오른 가슴." 장엄하지만 우리를 내려다보는 오만함. 우리에게 미치는 영향은 격정적이고 치열하며 끔찍하고 장엄하다. 니체는 현실 세계를 넘어서는 저편의 세상으로 우리를 유혹하는 아름다움을 폭로한다. 우리를 무엇으로부터 유혹하는 것인가? 신의 이미지는 우리가 현실의 고통을 망각하도록 만드는 환상에 불과하다. 니체의 예술 비판은 종교 비판에 맞닿아 있다.

> 오늘날에는 예술 작품이 피로하고 병든 가엾은 자들에게 쾌락의 한순간을 제공함으로써 인류의 커다란 고통의 길에서 잠시 벗어나도록 길옆으로 유혹하는 수단이 되고 있다. 그들에게 작은 도취와 열광을 제공하는 것이다.
>
> ─『즐거운 학문』

니체는 삶을 증진하고 강화하는 실존적 예술과 삶의 고통을 무디게 만드는 마취제로서의 예술을 구분한다.

> 보다 높은 저 예술, 축제의 예술이 우리에게서 멀어진다면, 우리의 일체의 예술 작품이 무슨 의미가 있겠는가! 예전에 모든 예술 작품은 고귀하고 축복받은 순간을 기리는 징표나 기념비로서 인류의 위대한 축제의 길에 세워져 있었다.
>
> ─『즐거운 학문』

단순한 감상의 대상인 데카당스의 예술은 이처럼 삶을 표현하는 축제로서의 예술과 대립한다. 니체는 베네치아 예술의 과도한 이미지를 거부한다. 이것은 니체가 바그너를 데카당스 예술가라고 비난한 것과 맥을 같이한다. 니체는 기독교적 구원을 강조하며 거대한 무대 장치, 화려한 선율 등의 기교로 대중을 잠시 유혹할 뿐인 활동은 말 그대로 '퇴락'에 불과하다고 보았다.

미술관을 나오면서 "우연이 아니면 아무것도 보지 않겠다"는 니체의 말이 저절로 이해된다. 이미지가 제대로 전달되려면 이를 감출 수 있는 가면이 필요하다. 강한 이미지는 상상을 방해한다. 과도한 자극은 우리에게 기쁨보다는 오히려 고통을 야기한다. 단청을 알록달록하게 새로 칠한 사찰보다는 무채색으로 색 바랜 절간이 오히려 기도하기 좋은 것은 이 때문이다. 채도가 없고 명도만으로 구별되는 이미지가 영혼을 훨씬 더 잘 울린다. 베네치아는 모순의 도시다. 궁전, 빌라, 미술관 안의 이미지들은 유채색이고, 운하와 골목이 빚어내는 바깥의 이미지들은 무채색이다. 베네치아의 분위기를 제대로 느끼려면 무채색으로 보아야 한다.

도덕은 없다

니체가 베네치아를 방문할 때 가졌던 관심은 사실 예술이 아니었다. 그의 관심은 도덕이었다. 이번 여행의 동반자인 니체의 책 『아침놀』의 부제는 재미있게도 '도덕적 편견에 대한 사상'이다. 아름다움과 도덕성은 어떻게 연결될 수 있을까? 강렬해서 오히려 영향력이 없는 매너리즘 예술처럼 서양의 기독교적 도덕은 너무나 구속적이라서 가치를 상실한 것인가?

니체는 삶에 적대적인 전통적 도덕에 대해 전쟁을 선포한다. 니체가 전통 도덕과 싸우는 방식은 매우 독특하다. 그는 도덕을 단순히 부정하기보다는 도덕의 근원을 파헤친다. 그는 도덕의 근원을 폭로함으로써 모든 도덕의 구속으로부터 벗어나 이제까지 이 도덕에 의해 금지되고 경멸되고 저주받았던 것을 긍정한다.

우리가 다른 사람을 이해하려면 자기 자신의 마음을 들여다봐야 하듯 도덕의 기원을 탐색하려면 우리 자신의 내면을 파헤쳐야 한다. 나는 무엇을 원하고, 무엇을 원하지 않는가? 나는 도대체 누구인가? 무엇 때문에 우리는 행동하는가? 니체는 이렇게 자신의 내면의 '두더지'가 된다.

> 이 책에서 사람들은 '지하에서 작업하고 있는 한 사람'을 보게 될 것이다. 그는 뚫고 들어가고, 파내며, 밑을 파고들어 뒤집어엎는 사람이다. 그렇게 깊은 곳에서 행해지는 일을 보는 안목이 있는 사람들이라면 그가 얼마나 서서히, 신중하게 부드럽지만 가차 없이 전진하는지 보게 될 것이다. 그는 오랫동안 빛과 공기를 맛보지 못하면서도 한마디 고통도 호소하지 않는다. (…) 그는 자신이 결국 무엇에 도달하게 될지를 알고 있기 때문에, 즉 자신의 아침, 자신의 구원, 자신의 아침놀에 도달하게 될 것을 알고 있기 때문에, 자신의 긴 암흑과 이해하기 어렵고 은폐되어 있으며 수수께끼 같은 일을 감수하는 것이 아닐까?
>
> —『아침놀』

아침의 서광을 보려면 저녁의 황혼을 견뎌내야 한다. 가슴 아프게 아름다운 저녁놀을 볼 수 있어야 한다. 이 글을 읽다 보면 베네치아의 골목들이 두더지가 파놓은 수천 갈래의 땅굴처럼 보인다. 길게 이어진 숨겨진 길들은 마치 이해하기 어렵고 은폐된 자신의 수수께끼 같다. 베네치아의 골목길로 들어서면 강렬한 태양이 다양한 이미지들로 사라지듯이 우리 내면에서 움직이는 수많은 힘을 인정하면 도덕은 스스로 부정된다는 것이다.

니체는『아침놀』의 서문에서 이렇게 말한다. "이 책은 도덕에 대한 신뢰를 철회한다. 왜냐고? 도덕에 충실하기 위해서!" 그리고 또 이렇게 덧붙인다. "우리가 더 이상 믿지 않는 것을 숭배하라고 우리를 설득하고 싶어 하는 예술가의 향락주의와 예술가들의 양심 결여에 대해 적대적이어야 한다. 왜냐하면 우리는 예술가이기 때문에."

니체의 사상을 포착하려면 그의 역설을 이해해야 한다. 우리가 진정으로 도덕적이라면, 우리는 도덕을 부정해야 한다. 우리가 진정한 예술가라면, 우리는 예술의 심미주의를 거부해야 한다. 도덕과 예술이 본래 삶에 기여해야 함에도 그렇지 못하다면 그것은 도대체 무엇 때문일까?

삶을 위로하기 위해 필요한 것이 도덕은 아니다. 도덕은 본래 삶을 강화해야 한다. 그러나 인생은 본래 고통이라는 전제로부터 출발한 기존의 전통 도덕은 이를 위로할 목적으로 도덕이라는 치료제를 제공한다. 니체 철학의 핵심은 이러한 치료제가 병을 고치기보다는 더욱 악화시킨다는 것이다. 왜 그럴까?

『아침놀』『선악의 저편』『도덕의 계보』_도덕의 몰락을 선언하다

『선악의 저편』『도덕의 계보』에서 선보인 도덕 분석과 비판은 『아침놀』(1881)에서부터 시작됐다. 575편의 잠언으로 구성된 『아침놀』은 "아직 빛나지 않은 수많은 아침놀들이 있다"는 말처럼, 전통 철학과 도덕의 한계를 넘어 새로운 사유의 지평을 연다. 니체는 이 책에서 삶이 어떻게 나타나는가를 철저하게 탐색하면서, 이것을 "땅을 뚫고 들어가고, 파내며, 밑을 파고들어 뒤집어엎는" 두더지의 작업에 비유한다. 즉, 두더지가 땅을 파고드는 것처럼 은폐된 것을 파내는 사람만이 자신의 아침놀을 발견할 수 있다는 것이다. 이 책의 부제 '도덕적 편견에 관한 사상'이 말해주듯 우리가 수천 년 동안 확고한 토대로 여겼던 것, 즉 도덕에 대한 신뢰를 철저하게 파헤쳤다.

『선악의 저편』(1886)은 『차라투스트라는 이렇게 말했다』 이후에 잠언의 형식으로 쓴 첫 번째 책으로, '미래 철학의 전주'라는 부제처럼 니체 후기 철학의 시작을 알렸다. '미래 철학'은 니체가 주저로 구상한 바 있는 '권력에의 의지'를 뜻한다. 니체는 전통 형이상학의 근본이라고 할 수 있는 진리에의 의지를 철저하게 해부한다. 특히 근대 철학의 핵심인 '주체' 개념을 해체시킴으로써 포스트모더니즘의 길을 열었다고 평가받는다. 기독교가 권위를 부여한 기존 가치 체계를 부정하고 선악 관념의 피안에서 발견되는 자연적인 생을 충실히 하고 발전시키는 방향에서 새로운 가치를 구할 것을 역설하였다.

『선악의 저편』을 보완하기 위해 쓴 『도덕의 계보』(1887)에서 「선과 악, 좋음과 나쁨」「죄, 양심의 가책, 그리고 그와 유사한 것들」「금욕주의적 이상이란 무엇인가」라는 세 논고로 도덕 개념의 기원과 전개 과정을 밝히면서 도덕적 가치 자체를 적나라하게 비판했다. 니체는 가치를 창조하고 평가하는 것은 '권력에의 의지'이기 때문에 선한 것은 본래 강한 것, 고귀한 것, 귀족적인 것을 의미하였는데, 도덕에서의 노예 반란이 일어나 약한 것, 이타적인 것, 대중적인 것이 선이 되었다고 주장한다. '주인 도덕', '노예 도덕', '원한 감정', '금욕주의'와 같은 주제들을 통해 인간의 도덕이 어떻게 생성되는가를 선명하게 보여준다.

니체에 따르면 지금까지 삶에 대한 해석을 장악한 것은 기독교였다. 현실적 쾌락을 악으로, 내세에 대한 믿음을 선으로 보는 기독교적 가치관은 운명을 저주하고 신에 의한 구원을 바라는 병든 해석에 다름 아니다. 니체의 도덕 비판은 지금의 삶을 긍정하고 오늘이 내일 또 반복되어도 좋을 만큼 하루하루를 제대로 개척하는 태도를 가질 때만 인간 본래의 창조성을 발휘할 수 있다는 당부로 수렴된다.

무지하기 때문에 사람들은 순간적인 효과는 있지만 마비시키고 도취시키는 약, 이른바 위안이 치료의 힘을 갖는다고 생각했다. 더 나아가 사람들은 이러한 즉각적인 진통 효과에 대한 대가로 전반적으로 자주 고통이 심각하게 악화되는 결과가 초래된다는 사실을 깨닫지 못했다. 즉 병자들이 도취의 부작용 때문에 나중에는 도취를 더 이상 맛볼 수 없었고 더 나중에는 불안, 신경 장애, 나쁜 건강과 같은 짓누르는 감정 때문에 고통에 시달려야 했다는 사실을 사람들은 깨닫지 못했다. 어느 정도까지 병이 깊어지면 사람들은 더 이상 회복하지 못했다. 이러한 상태는 널리 신뢰받고 숭배되었던 사람들, 즉 영혼의 의사들에 의해 야기되었다.

─『아침놀』

　나의 시선은 얼마 전부터 펼쳐든 니체의 잠언을 맴돌고 있다. 아니, 더 이상 글을 읽고 있지 않다. 니체의 이 말보다 우리의 현실을 예리하게 꼬집는 말도 없을 것이다. 100여 년이 지났음에도 그의 말은 생명력이 있다. 얼마 전 우리 사회를 휩쓸고 간 위로와 치유의 물결은 파문을 남겼다. 누가 우리를 위로하는가? 내가 나 자신의 삶의 주인이 되지 못한다면, 누가 나에게 도덕을 명령하는가? 신에서 비롯한 초월적인 도덕규범은 사람들의 무력감과 비겁함에서 발생한다. 신은 사라졌음에도 신이 차지하고 있던 자리에는 여전히 도덕규범이 버티고 서 있다. 우리가 삶과 현실을 직시하지 못하게 만드는 것들은 진정한 도덕이 아니다.

　우리는 여전히 영혼을 치유할 새로운 의사들을 찾는가? 중요한 것은 자신의 운명을 스스로 짊어질 수 있는 능력이지 않은가? 우리가 고통스러운 삶을 견뎌낼 수 있을 정도로 건강하고 강인하기 위해서 필요한 것은 과연 무엇인가? 그것이 무엇일지는 모르지만 우리는 그 치료제를 우리의 바깥이 아닌 안에서 찾아야 한다.

우리의 영혼을 치유할 의사는 우리 자신이다. 우리는 이곳에 오면 다채로운 삶의 아름다움을 발견할 수 있다고 생각했는지 모른다. 여유 없는 현실로부터 도피하고자 하는 사람들은 여유를 상징하는 수많은 이국의 도시를 꿈꾼다. 그곳은 이탈리아의 베네치아일 수도 있고, 핀란드의 헬싱키, 또는 알래스카일 수도 있다. 그러나 그곳에도 여유는 그 자체로 존재하지 않는다. 여유를 모르는 사람은 그 어느 곳에서도 여유를 찾을 수 없다.

> 그 자체로 선한 것, 그 자체로 아름다운 것, 그 자체로 고상한 것, 그 자체로 악한 것은 존재하지 않지만 우리가 우리 외부와 내부의 사물들에 이러한 말을 부여하게 되는 영혼의 상태는 존재한다고.
>
> ─『아침놀』

우리는 이제껏 본래 존재하지 않는 것을 마치 존재하는 것처럼 찾았던 것은 아닐까? 자기 자신을 철두철미하게 탐색하다 보면 결국 이 세상에 의미를 부여하는 것은 자신이라는 것을 깨닫는다. 이 세상 어느 곳에도 '그 자체'는 존재하지 않는다. 사람들은 여유 자체, 아름다움 자체, 풍요로움 자체를 위해 여행을 떠나지만 그것은 환상에 불과하다.

사물들에게서 찾으려는 의미가 사실은 우리 스스로가 부여한 것에 불과하다면, 우리는 의미를 스스로 창조해야 한다. 환상과 허구 없이는 이 세상이 있는 그대로 드러나지 않는다. 깊이 있는 모든 것에 가면이 필요한 까닭이 여기에 있지 않을까? 이미지의 도시 베네치아를 떠나면서 이미, 앞으로 다가올 가면의 축제가 기대된다.

허무주의의 탄생

렌처 하이데의 하늘

장크트 갈렌 베네딕트 수도원

신화의 노래를 들어라

사람들은 우연이 아닌 필연을 찾고자 하지만, 필연이라고 믿었던 것에서 오직 우연의 편린만을 발견한다. 우연이 아니면 찾지 못했을 수많은 인연과 아름다움이 있다. 우연이 아니면 도달하지 못할 인식의 깊이라는 것도 있다. 우연이 아니었으면 우리의 삶과 실존이 의미가 있었을까?

나는 어제 아무것도 보이지 않는 칠흑같이 깜깜한 한밤중에 스위스 그라우뷘덴Graubünden 주의 주도 쿠어Chur에 도착했다. 아무것도 볼 수 없었기에 비로소 보이는 것이 있다는 듯 아침에 일어나니 알프스의 산으로 둘러싸인 도시의 정경이 눈에 들어온다. 쿠어는 오늘날 조용한 여행을 선호하는 사람들에겐 꽤나 알려져 있다. 주도라기에는 우리나라의 조그만 읍처럼 검소하다. 이 도시는 골짜기에 자리 잡고 있는데 교회를 중심으로 빨간 지붕의 집들이 옹기종기 모여 있는 구도심은 신비스러운 분위기를 자아낸다.

얼굴을 간질이는 아침 햇살과 함께 눈에 들어온 것은 눈이 시리도록 파란 하늘빛이었다. 아침 산책 삼아 동네나 한 바퀴 돌아야겠다고 나선 참이었다. 서로 맞닿을 것처럼 붙어 있는 지붕들 사이로 보이는 하늘색이 유난히 파랗다. 난생처음 보는 것 같은 빛깔이 인적이 드문 골목길에 신비로움을 더했다. 어제 낮에 도착해 이 도시의 풍경을 바로 보았더라도 이런 기분을 느낄 수 있었을까?

유럽 여행을 하다 보면 볼 수 있을 법한 조그만 도시이지 않은가. 빨간 지붕, 햇살을 받아 연하게 빛을 발하는 건물 벽들, 그 사이로 갈래갈래 이어진 골목길, 갑자기 나타나는 탁 트인 광장과 그 앞의 교회 건물. 어디를 가나 색 바랜 그림엽서처럼 펼쳐지는 낯익은 풍경이다. 여행을 하고 돌아와 사진을 보면 그곳에 있었다는 사실을 조롱하듯 그곳 이름조차 생각나지 않을 때가 있다. 낡고 진부한 풍경으로 사라질 수 있는 이곳의 이미지에 생동감을 불어넣은 것은 바로 우연이었다. 낮이 아니라 밤에 도착한 덕분에 아무것도 미리 볼 수 없었던 우연이었다. 골목을 따라 떠도는 알프스 숲 내음과 함께 니체의 글귀가 떠오른다.

새로운 그 무엇을 먼저 보는 것이 아니라 낡은 것, 이미 알고 있는 것, 그리고 누구나 보고 지나쳐온 것을 마치 새로운 것처럼 보는 것이 독창적 두뇌의 특징이다. 최초의 발견자는 대체로 저 아주 평범하고 재기도 없는 공상가, ― 즉 우연이다.

―『인간적인 너무나 인간적인 II』

어제 이곳에 늦게 도착한 데는 이유가 있었다. 니체라는 이름
과 결합된 신비로운 장소 질스 마리아Sils Maria를 빨리 보고도 싶었
지만, 다른 한편으론 그곳으로 가는 도중에 있는 장크트 갈렌Sankt
Gallen의 베네딕트 수도원 도서관을 방문하고 싶었다. 수도원은 이
도시의 분위기처럼 정갈하다. 장크트 갈렌이 비교적 큰 도시이면
서도 고즈넉한 느낌을 주는 것은 이 도시가 해발 700미터에 위치
하고 있기 때문이기도 하겠지만 이 수도원의 분위기 때문일 수도
있겠다는 생각이 들었다.

중세의 희귀본을 많이 소장하고 있는 도서관에 들어서면 다시
한 번 놀란다. 도서관에는 바그너의 대표적인 악극 〈니벨룽겐의
반지Der Ring des Nibelungen〉와 마지막 악극 〈파르지팔Parsifal〉의 소재이
기도 한 게르만 설화의 고문서가 보관되어 있다. 늦어도 719년에
건립된 것으로 알려진 이 도서관은 초기 중세의 문헌을 다수 소장
하고 있어 유네스코 문화유산으로 지정되었다.

아름다운 천장 벽화와 장중한 서가로 가득 찬 바로크풍의 방은
방문객을 압도한다. 낯설지만 익숙한 느낌은 도대체 어디에서 오
는 것일까. 중세의 희귀본에서 풍기는 독특한 내음 탓일 수도 있
다. 수많은 서랍으로 이루어진 약장이 있는 한약방에 들어설 때의
기분과 거의 비슷하다. 이러한 추측이 그리 틀리지 않았음은 정문
의 기둥 장식에 새겨져 있는 그리스어(ΨΥΧΗΣΙ ΑΤΡΕΙΟΝ)가 말해
준다. '영혼의 요양소' 또는 '영혼의 약국'이라는 뜻의 이 그리스어
처럼 도서관 안의 사람들은 모두 조용히 자신의 내면에 귀를 기울
이는 것처럼 보인다. 〈파르지팔〉 〈니벨룽겐의 반지〉처럼 오래된

전설과 신화의 고서는 꼭 이런 곳에 있어야 할 것만 같다. 요즘은 모든 자료가 디지털화되어 도서관마다 서가는 점점 줄어들고 컴퓨터가 그 자리를 대신하지만, 중세의 사람들은 자신의 내면을 읽듯 책을 읽고, 영혼을 탐색하듯 글을 썼을 것이다. 정보는 많지만 정작 지식은 없고, 잡다한 지식은 많지만 삶의 지혜는 얻지 못하는 현대인이 자신의 바쁜 삶에 면죄부를 주기 위해 이런 곳을 찾는다.

바그너와 니체에게 신화는 무의미한 삶에 의미를 부여하는 창조적 행위다. 니체는 신화를 '압축된 세계상'으로 정의한다. 우리는 세계에 관한 다양한 이미지를 갖는다. 이 이미지들이 하나로 압축되고 통합되지 않는다면, 우리의 삶은 파편화된다. 압축된 세계상은 비로소 우리의 삶에 보다 고귀한 의미를 부여한다. 현대인은 신화를 상실했다. 신화를 잃어버린다는 것은 삶의 의미를 잃어버린다는 것을 뜻한다.

> 충족되지 못한 현대 문화의 강렬한 역사적 욕구, 무수한 이질 문화 수집벽, 불타는 인식 욕망이 신화의 상실, 신화적 교양과 신화적 모태의 상실을 가리키지 않는다면 무엇을 가리키겠는가?
>
> —『비극의 탄생』

많이 안다고 결코 잘 사는 것이 아니다. 이 평범한 상식을 되살리기 위해 니체는 신화를 파괴한 서양 문명을 거슬러 신화가 살아 숨 쉬던 고대로 돌아가 신화의 뿌리를 캐고자 한 것이다. 바그너가 1874년에 완성하여 1876년에 바이로이트의 극장에서 나흘에 걸

신들의 몰락과 자유로운 인간의 탄생 _〈니벨룽겐의 반지〉

바그너의 악극 〈니벨룽겐의 반지〉는 중세의 영웅 서사시 〈니벨룽겐의 노래〉를 소재로 삼아 각색한 것으로, 독일 북부에 살았다는 소수 족속 니벨룽겐이 불을 뿜는 용 파프너에게서 황금과 보물을 되찾는 이야기다. 이 황금과 보물 중 가장 귀중한 것은 무궁한 힘을 가진 반지다. 반지를 차지하는 사람은 세상의 모든 권력을 갖지만, 반지를 꼈던 사람은 저주받은 운명을 맞이한다고 한다. 영웅 지크프리트는 운석으로 직접 만든 무적의 칼로 용을 물리치고, 불길 속에 잠들어 있던 아이슬란드 여왕 브룬힐트를 깨워 아내로 맞이한다. 지크프리트가 색슨 왕 군터와 그의 간악한 신하 알베리히 등의 간계에 빠져 세상을 떠나자 브룬힐트도 스스로 목숨을 끊는다. 지크프리트는 바이킹식 배에서 화장된다. 그 배에 실려 있던 황금 반지와 니벨룽겐의 반지는 강으로 가라앉는다.

〈니벨룽겐의 반지〉는 서곡 '라인의 황금'(1869), 제1극 '발퀴레'(1870), 제2극 '지크프리트'(1876), 제3극 '신들의 황혼'(1876)으로 구성되어 있으며, 오페라 역사상 가장 중요한 걸작 가운데 하나로 평가된다. 반지를 둘러싸고 펼쳐지는 인간의 욕망, 사랑, 배신, 복수, 종말을 통해 권력의 허망함, 인생의 덧없음 등 보편적인 주제를 다루면서 신들의 세계가 몰락한 후 인간의 세계가 새로이 탄생되는 과정을 묘사하고 있다.

라우퍼의 〈지크프리트 관 옆의 브룬힐트〉(1892)

쳐 전체 4부작을 공연한 〈니벨룽겐의 반지〉의 핵심 주제는 간단하다. 이 악극은 신들의 몰락과 자유로운 인간의 탄생을 이야기한다.

신들은 자신들의 권력 의지 때문에 몰락한다. 그들은 삶의 두 가지 원리인 사랑과 권력을 서로 화해시킬 수 없었기에 처음부터 세계를 부패시켰다. 신들은 이제 적대적으로 대립하는 힘들, 삶의 힘들의 싸움에 얽힌 것이다. 그들은 새로운 시작을 간절히 원하지만, 이것은 오직 신들이 몰락하여 그들의 힘이 인간의 자유로 전환될 때에만 가능하다. 신들의 황혼기에 살고 있는 우리는 어떻게 사랑과 권력을 결합해낼 수 있는가? 이런 의문을 갖고 바그너의 음악을 들으면 나흘이라는 시간을 견뎌낼 수 있을까?

강 속으로 빠진 반지처럼 권력이 사라지고 나면, 인간의 자유는 비로소 시작될 수 있을까? 이런 의문을 갖고 해가 저물 무렵 장크트 갈렌을 빠져나왔다. 바젤 대학에 사직서를 내고 자연의 품으로 돌아가는 니체의 심정도 이와 비슷하였을 것이다.

신화를 잃어버렸지만 삶의 의미를 되찾으려면 신화를 다시 써나가야 한다. 도시와 문명을 뒤로하고 알프스 산의 깊은 골짜기로 길을 떠나는 방랑자처럼 나는 어제 장크트 갈렌을 떠나 이곳 쿠어에 도착했다.

질병을 허락하지 않는 푸름

나는 골목길 위로 바라본 쿠어의 파란 하늘을 뒤로하고 질스 마리아로 떠난다. 신화를 상실한 시대에 자기만의 새로운 신화를 쓰기 위해 고산 지대의 신선한 공기가 필요했던 것일까. 니체가 바젤 대학을 그만두고 바로 찾아간 곳이 스위스의 알프스다. 마치 사상이 태어난 지대의 높이에 따라 사상 자체의 높이를 가늠할 수 있는 것처럼 니체는 더 높은 곳으로 올라간다. 건강 상태는 등산을 허락하지도 않았고, 니체는 등반을 좋아하지도 않았다. 사실 얼마만큼 높이 올라갈 수 있는가가 문제가 아니라 건강한 삶을 위해 우리의 몸이 이를 견뎌낼 수 있는가가 문제다. 경험을 위해 등산하는 것과 삶을 위해 산을 체험하는 것은 별개의 문제다. 니체는 이렇게 사색을 통해 자신의 몸을 느끼며 이 길을 걸었을 것이다.

인류 역사상 가장 도전적인 사상가 중의 한 명인 니체를 위해 마련된 장소는 쉽게 길을 열어주지 않는다. 쿠어에서 질스 마리아로 가려면 렌처 하이데Lenzer Heide를 거쳐 율리어 고개Julierpass를 넘어 질바플라나Silvaplana로 넘어가야 한다. 렌처 하이데는 니체가 질스 마리아로 가면서 처음 만난 고산 지대 마을이다. 오늘날에는 알프스스키의 오아시스로 불릴 정도로 유명하지만, 당시만 해도 인적이 드물었다. 렌처 하이데로 가는 길은 쿠어의 골목길을 자연에 펼쳐 놓은 것처럼 보였다. 높은 산 사이로 뚫려 있는 길은 그야말로 협곡이다. 높은 산들은 어깨를 맞대고 있는 건물들처럼 보여서 그 사이로 보이는 파란색 하늘은 쿠어의 골목길에서 보았던 하늘과 크게 다르지 않았다.

계곡을 몇 차례나 돌았을까. 갑자기 공기의 냄새가 바뀐다. 알프스 숲의 짙은 향기가 전해진다. 고개를 쳐드니 하늘빛도 조금씩 변하기 시작한다. 하늘은 여전히 파랗지만 기다랗게 흩뿌려진 하얀색 구름들로 그 색이 옅어진다. 니체는 이 길을 따라 처음에는 비젠Wiesen과 그 당시에도 유명했던 장크트 모리츠Sankt Moritz, 그리고 오늘날 세계경제포럼으로 유명해진 다보스Davos에 머물렀다. 쿠어에서 3번 국도를 타고 달리다 알불라Albula에서 북동쪽으로 꺾으면 비젠을 거쳐 다보스에 다다른다. 비젠의 겉모습은 산골 마을처럼 평온했다. 알프스 어느 곳을 가든 니체는 그 기후가 건강에 좋은지 꼼꼼히 챙겼던 것 같다.

> 이곳은 너무 아름답구나, 그렇지만 오빠의 몸 상태는 좋지 않단다. 알프스를 넘어 부는 건조한 열풍 푄. 오늘 점심은 먹지 않는다. 내가 원하는 숲이 여기엔 없구나. 도대체 어디에 있을까!
> ──『니체 서간집』

니체가 이 편지를 썼던 벨뷰 호텔에서 바라보는 알프스의 정경은 정말 아름답다. 이런 곳에서 사람이 어떻게 아플 수 있단 말인가. 그 어떤 질병과 퇴폐도 허락하지 않을 것 같은 풍경이다. 돌아다니다 보면 어떤 병도 나을 것 같은 장소와 경치를 경험하기 마련이다. 처음 이곳을 방문했을 때 니체의 기분은 오락가락했던 듯하다. 며칠 뒤 어머니에게 보낸 편지에서는 이곳이 매우 좋은 곳이라고 적고 있다. "몸 상태가 다시 최고예요. 온화한 숲과 산 공기도 좋고 호텔의 식사도 아주 훌륭해요."

그것도 잠시뿐 다시 몸이 나빠진다. 니체가 기대하는 것은 오직 하나뿐이다. "몸이 좋아지고 나빠지고 하는 가운데서도 자신의 내면의 목소리를 듣고, 모든 본질적인 것들을 듣는 것." 그러나 계곡에서 불어오는 푄 바람은 견딜 수 없는 두통을 가져오고, 눈은 계속 나빠진다. 자신의 내면은커녕 바깥의 자연을 느낄 수 없을 정도로 고통을 느끼는 사람에게 자연의 아름다움은 오히려 낯설고 차갑다. 비젠, 다보스, 장크트 모리츠의 치명적인 아름다움을 제대로 느끼려면, 우리는 때로는 암울한 골짜기가 되었다가 때로는 높은 산이 되는 니체의 기분으로 감정을 이입할 필요가 있다.

> 나는 서른다섯 해의 끝자락에 있다. '삶의 한가운데'라고 사람들은 1,500년 동안 이 시기를 불렀다. 단테는 이 나이에 자신의 비전을 가졌고, 그의 시 첫 구절에서 이 시기를 말한다. 그런데 나는 삶의 한가운데에 '죽음에 둘러싸여 있어서', 죽음이 매시간 나를 엄습할 수 있다. 내가 겪고 있는 종류의 고통에서는 난 발작으로 인한 갑작스러운 죽음을 생각해야 한다. 설령 내가 친구들과 여전히 얘기할 수 있는 맑은 정신 가운데 천천히 찾아오는 죽음을 선호하지만 말이다. 이 점에서 나는 아주 늙은 사람과 같은 것처럼 느껴진다. 그렇지만 나는 나의 삶이라는 작품을 완수했다.
> ―『니체 서간집』

니체는 삶의 한가운데서 고통을 느끼는 동시에 '삶의 작품'을 완수하고 싶다는 의지를 예리하게 벼린다. 이런 생각을 하는 사이 차는 몇 차례 계곡을 감아 돌더니 벌써 렌처 하이데라는 표지판이 있

는 작은 마을에 도착한다. 이제까지 끊임없이 이어졌던 협곡이 풍
선처럼 산을 향해 부풀려진 것처럼 광활한 초원이 펼쳐진다. 계곡
은 호수를 만들고, 호수는 산을 조금씩 물러서게 만든다. 푸름이
더해진 경사진 초원은 더 짙은 색깔의 숲을 경계로 하늘과 이어지
고, 다른 편을 바라보니 스키 리프트들이 나란히 달려 내려온다.
온화한 빛깔의 조그만 호수와 어우러진 알프스의 숲은 묘한 분위
기를 연출한다.

차를 주차장에 세워놓고 산책하기로 했다. 청명한 하늘이 왜 니
체가 그토록 갈망했던 명랑함을 가져오지 못했던 것인가? 아주 가
까운 사람을 갑자기 잃거나 오랫동안 병상에 누웠다가 간신히 기
력을 차려 주위의 자연과 하늘을 바라본 사람은 다 안다. 눈이 부
시도록 파란빛으로 물든 저 청명한 하늘이 얼마나 무심한지를. 견
딜 수 없는 고통을 겪을 때면 하늘이 무너질 정도로 절망적이라고
우리는 말한다. 죽음을 마주하고 있는 사람에게는 하늘이 무너져
내린 것처럼 보여서 저토록 깊은 빛깔을 하고 있을 수도 있다. 하
늘이 너무 파래서, 햇살이 너무 눈부셔서, 얼굴을 스치는 바람결이
너무 신선해서 삶의 허무를 느끼는 이 역설을 니체는 이곳 렌처 하
이데에서 온몸으로 체험했던 모양이다.

니체는 '서양 허무주의'라는 제목을 단 단편을 1887년 6월 10일
렌처 하이데에서 썼다. 이성의 발전 과정이라고 이해한 서양의 역
사 인식을 정면으로 반박하면서 서양의 역사는 필연적으로 허무주
의로 이어진다는 니체의 인식이 렌처 하이데에서 탄생한 것이다.

나는 렌처 하이데가 도대체 어떤 곳이기에 니체에게 허무주의

스위스 렌처 하이데의 하이드 호수

렌처 하이데는 호수 주위를 따라 호젓하게 산보할 수 있는 최적의 장소다. 파란 하늘, 눈부신 햇살, 시원한 바람이 있는 아름다운 자연 한가운데에서 삶의 허무를 느끼는 역설을 니체는 렌처 하이데에서 온몸으로 체험했다. 삶의 한가운데서 고통을 느끼는 동시에 삶으로서의 작품을 완성하고 싶다는 의지를 예리하게 벼렸던 것이다.

의 영감을 불러일으켰을까 오랫동안 궁금했다. 렌처 하이데는 호수 주위를 따라, 산 위의 높은 숲속으로 호젓이 산보를 할 수 있는 최적의 장소다. 너무나 아름다워 낯설게 느껴지고, 너무나 고요하여 무서움을 느낄 수 있는 아이러니의 장소이기도 하다. 호수에 다다르기 위해서는 길고 어두운 숲을 지나야 한다. 숲길 가장자리에는 시민들이 기증한 의자들이 띄엄띄엄 놓여 있다. 그중 하나가 눈에 들어온다. 의자에는 '카르페 디엠Carpe Diem'이라는 호라티우스의 라틴어 시구가 새겨져 있다. 내일이라는 말은 최소한만 믿고 '현재를 잡아라Seize the day'는 명제는 매 순간 죽음을 느끼는 니체를 사로잡았을 것만 같다. 자신의 구체적 삶과 동떨어져 있는 것처럼 보이는 자연의 한가운데서 허무를 사유하는 것도 현재의 지금 순간을 향유할 수 있는 방법일 수도 있겠다는 생각이 밀려온다.

고통으로 빚은 예술 작품, 삶

니체는 삶이 아무리 고통스럽더라도 그 고통을 통해 삶을 하나의 예술 작품처럼 완성하고자 한다. 그가 이곳 렌처 하이데와 다보스 인근을 찾은 것도 내면의 소리를 듣기 위해서였다. 자신을 채우려면 우선 비워야 하기 때문에 니체는 허무를 발견한 것일까. 죽음을 기억하며 삶의 무상함을 철저하게 느껴야만 자신의 삶을 사랑할 수 있어서일까. 니체는 이 아름다운 자연의 한가운데서 허무를 발견한다. 사람들은 흔히 허무를 모든 것이 무가치하고 무의미하게 느껴지는 심리적 상태로 이해한다. 모든 것이 찬란하게 빛나지만 아무것도 존재하지 않는 텅 빈 마음 상태.

물론 허무는 꽃병에 꽂아놓은 꽃들이 시들어 말라버린 것처럼 이제까지 의미 있었던 많은 것들이 의미를 잃고 무가치해지는 것을 의미한다. 그러기에 허무주의자는 종종 인생을 어둡게만 보아 슬퍼하거나 절망스럽게 여기는 염세주의자로 오해된다. 그러나 니체는 결코 이런 종류의 염세주의자가 아니다. 그는 수동적으로 삶을 회피하기보다는 능동적으로 살려고 한다.

> 삶에 대한 우리의 강인한 의지에 대해서, 내가 당시 삶의 권태가 가지고 있는 염세주의에 대항하여 나 자신과 했던 긴 투쟁에 대해서, 삶의 가장 작고 가장 희미하고 가장 덧없는 선물도 놓치지 않는 우리의 감사함이 던지는 모든 주의 깊은 눈길에 대해서도 삶은 그 자체로 우리에게 보답해준다.
> —『인간적인 너무나 인간적인 II』

니체는 고뇌하는 사람에게는 염세주의에 대한 권리가 없다고 딱 부러지게 말한다. 염세주의에 빠져 이 삶이 고통으로 가득 차 있어 살 만한 가치가 없다고 생각하는 것은 삶에 대해 더 이상 고뇌하지 않는다는 것이다. 고뇌하는 사람에게 너무 염세적이 되지 말라는 것은 쓸데없는 말이다. 삶의 의미를 철저하게 탐색하기 위해서 필요한 고뇌의 공간은 어디일까. 삶에 낯설고 적대적이기까지 한 환경을 겪지 않고서는 우리는 삶의 저 심오한 밑바닥을 인식할 수 없다.

> 의사가 환자에게 '지금까지'의 모든 것, 즉 걱정, 친구, 소식, 의무, 어리석은 일, 추억의 고통을 제거해주기 위해 그리고 새로운 영양, 새로운 태양, 새로운 미래를 향해 손과 감각을 뻗쳐나가는 것을 배우도록 해주기 위해 그를 완전히 낯선 환경에 처하게 하는 것과 같이, 한 사람 속에 의사와 환자를 동시에 지니고 있는 나는 지금까지 시도된 적이 없는 정반대의 영혼의 풍토로, 즉 낯선 고장과 낯선 것 속으로 물러서는 방랑과 모든 종류의 낯선 것에 대한 호기심을 나 자신에게 강요했다.
>
> ─『인간적인 너무나 인간적인 II』

　지금까지의 모든 것을 마무리하고 새롭게 시작하지 않으면 결코 자기 자신을 만나지 못한다. 익숙하고 쾌적한 일상을 뒤로하고 길을 떠나는 이유는 바로 이 때문이다. 익숙한 모든 것을 지워버려야 일상의 두꺼운 껍질 속에 숨어 있는 낯선 것을 만난다. 그렇다면 이제까지 가치 있고 의미 있던 모든 것이 가치와 의미를 상실해가는 과정을 의식하는 허무주의는 자기를 인식하는 데 필수적이다. 사람들은 세상의 이치를 깨달으면 비로소 삶을 제대로 살 수 있다고 착각한다. 이러한 착각은 인류 문명을 동반한 형이상학적 믿음이다. 그것은 사물의 근원을 통찰해야 인간의 삶이 구원될 수 있다는 믿음이다. 사람들은 이 근원이 우리의 삶에서 없어서는 안 될 궁극적 가치를 담고 있다고 생각한다.

우리의 삶이 아이러니한 것처럼 근원도 이중적이다. 우리는 근원이라고 일상적으로 믿어왔던 삶의 모든 가치와 의미를 하나씩 지워나간다. 그렇게 근원에 다가갈수록 우리가 삶과 세상에 부여했던 모든 관심과 가치는 빛을 잃고 의미를 상실하기 시작한다. 높은 산에 올라가 살다 보면 저 밑 속세의 온갖 고뇌와 번뇌는 한갓 거짓과 망령에 지나지 않는다.

왜 그토록 성공에 집착했던 것일까? 아무도 읽지 않는 논문 한 편 더 쓰겠다고 왜 그렇게 밤낮으로 매달렸던 것일까? 도대체 무엇을 위해 자신을 돌보지도 않으면서 아등바등 살았던 것일까? 이렇게 계속 이어지는 질문의 끝자락은 삶의 근원에 대한 믿음의 상실이다. 우리는 더 이상 역사의 진보도, 삶의 의미도, 사회의 정의도 믿지 않는다. 이제까지 우리의 삶과 사회에 의미를 부여했던 거대 서사에 대한 믿음의 상실을 20세기 후반기에 유행했던 포스트모더니즘이라고 한다면, 니체는 분명 이 사상적 조류의 선구자다. 그는 그 어떤 의미도 근본적으로 의심한다.

반전이 없으면 니체가 아니다. 의미를 하나씩 지워가다 보면 궁극적으로 남는 것은 무엇인가? 거기에는 그 어떤 실체와 진리도 허락하지 않는 허무만 남는 것인가? 니체는 의미의 상실조차 삶의 관점에서 바라본다. 진정한 허무주의자라면 의미의 상실로부터 삶을 위한 새로운 의미를 발견할 수 있어야 한다는 것이다.

니체는 허무주의를 결코 부정적으로 생각하지 않는다. 모든 것이 텅 빈 허무는 모든 것을 채울 수 있는 시작이다. 모든 파괴는 새로운 창조를 잉태한다. 새로운 것이 창조되지 않는다면, 그것은 진정한 파괴가 아니다. "근원에 대한 통찰과 함께 근원의 무의미성이 증대한다."(『아침놀』) 니체의 이 명제만큼 허무주의를 간단하게 설명할 수 있는 말은 그리 많지 않다. 근원을 파고들면 들수록 우리는 그것이 우리 자신이 만들어 집어넣은 것임을 깨닫는다. 근원을 아무런 의심 없이 받아들이던 사람들은 자신의 삶을 직접적으로 구성하는 많은 것을 하찮게 생각하는 경향이 있다. 그러나 근원의 무의미성을 깨달으면 우리는 비로소 주위의 수많은 사물에 관심을 기울일 수 있다.

> 근원에 대한 통찰과 함께 근원의 무의미성이 증대된다. 이에 반해 가장 가까이 있는 것들, 즉 우리 주위의 것들과 우리 내부의 것들은 옛날 사람들이 꿈에도 상상하지 못했던 색채와 아름다움, 그리고 수수께끼와 의미의 풍요로움을 점차 드러내기 시작한다.
>
> ―『아침놀』

니체가 말하는 것처럼 '가장 가까이 있는 것', '우리 주위의 것', '우리 내부의 것'이 비로소 눈에 들어온다. 이런 친숙한, 그러나 있지도 않은 근원에 대한 믿음으로 이제까지 망각한 사물들을 재발견하지 못하는 사람은 설고 허무주의자가 아니다.

파란 하늘에 떠다니듯 점점이 떠오르는 생각을 쫓아다니다 보니 벌써 하이데 호수를 한 바퀴 돌았다. 처음에는 분명 아름다운 풍경에 감탄하며 걸었는데 생각의 단상에 빠져 걷는 것조차 잊어버린 모양이다. 푸른 산을 머금은 호수, 호숫가에 붙어 있는 울창한 숲, 수목 한계선 위의 바위산이 교묘하게 어우러져 주위의 풍경은 더욱더 신비롭게 빛난다. 청명한 하늘이 쓸쓸하고 외롭다.

허무주의에 찬사를

호숫가를 걷다 얼굴을 들어 하늘을 보면 높이 솟은 산이 금방이라도 쏟아질 것만 같았다. 사람의 손길을 용납하지 않는 경계선을 넘고 싶은 강렬한 욕망이 솟구쳤다. 욕망은 다른 욕망을 끄집어내나 보다. 정신없이 걷다 보니 다리는 조금씩 뻐근해오고, 배는 자신을 채워주길 바라는 욕망을 강렬한 소리로 표현한다. 쌉싸래한 커피의 첫 모금으로 속을 달래기도 전에 강렬한 의심 하나가 역류한다.

왜 니체는 허무주의 앞에 '서양'이라는 낱말을 덧붙인 것일까? '서양 허무주의.' 렌처 하이데 단편으로 불리는 니체의 글은 이런 제목을 달고 있다. 니체는 허무주의를 심리적 상태보다는 역사적 상태로 이해한다. 이성을 발견한 고대 그리스로부터 시작하여 중세의 기독교를 거쳐 현대에 이르기까지 서양의 역사를 근본적으로 허무주의의 역사로 이해한다.

나는 다가오는 것을 기술한다. 허무주의의 도래. 내가 여기서 기술할 수 있는 이유는 여기서 필연적인 어떤 것이 시작되고 있기 때문이다. 그것에 대한 징후는 도처에 있고 이 징후를 보는 눈들만이 아직 결여되어 있다. 나는 여기서 허무주의가 다가오는 것에 찬사를 보내지, 그것을 탓하지 않는다. 나는 가장 큰 위기들 중의 하나, 즉 인간이 가장 깊은 자기반성을 하는 한 순간이 있다는 것을 믿는다. 인간이 과연 이 위기에서 회복되는지, 인간이 과연 이런 위기를 지배하는지가 바로 그의 힘에 관한 문제다.

— 『유고(1887년 가을~1888년 3월)』

허무주의는 역사적 논리다. 허무주의는 명사가 아니라 동사다. 수동적이고 부정적인 지금 상태를 표현하는 것이 아니라 그런 상태를 도래하게 만든 과정의 논리이기 때문이다. 어떤 것에 대한 이야기도 마찬가지다. 이야기는 만들어지는 것이지 주어진 것이 아니지 않은가. 내가 할머니 등에 업혀서 듣던 동화나 전설과 같은 이야기도 입에서 입으로 전해질 때마다 어떤 것은 생략되고 어떤 것은 살이 덧붙여진 것처럼 문명의 이야기도 완성된 텍스트가 아니다. 니체는 서양 문명을 발전시킨 역사적 과정의 논리가 필연적으로 허무주의를 야기한다고 진단한다. 그렇기 때문에 허무주의는 우리가 피하고 싶다고 해서 피할 수 있는 것이 아니다. 물론 허무주의하에서는 모든 것이 의미를 상실하기 때문에 분명 위기임에 틀림없다.

이 위기를 대하는 태도에 따라 허무주의는 수동적 허무주의와 능동적 허무주의로 나뉜다. 수동적 허무주의는 정신력의 하강과 퇴행을 표현한다. "약함의 징후로서 정신력이 지칠 대로 지쳐버리고 고갈되어버릴 수 있다. 그래서 기존 목표나 가치들이 이것에 적합하지 않게 되며, 더 이상 신뢰받지 않는다."(『유고(1887년 가을~1888년 3월)』) 우리 시대는 이러한 약함을 아무런 부끄럼 없이 적나라하게 표출하고 있다. 니체식으로 표현하면 현대의 약자들은 좋은 의미로든 나쁜 의미로든 자신의 특수한 가치를 인정하지 않고 스스로를 약자라고 느낀다. 이들은 한 술 더 떠서 자신의 약함에 대해 고통스러워하기는커녕 이러한 약함의 징후에서 오히려 기쁨을 발견한다. 왜냐하면 다른 사람도 자신과 크게 다를 바 없다고 굳게 믿기 때문이다.

니체가 예언한 것처럼 오늘날에는 이런 허무주의가 너무 널리 퍼져 평범해진 것처럼 보인다. 허무주의는 21세기의 문화적 전염병이다. 다른 사람을 절대 믿지 못할뿐더러 자신조차도 믿지 못한다. 사람들은 서툰 인간관계 때문에 어떤 일이든 지속하는 데 어려움을 겪는다. 하지만 사실은 자신과도 관계를 잘 맺지 못해 그 어떤 관계도 회피하려고 한다. 세상이 공연히 무서운 사람들은 쉽게 상처받고 스스로를 살아갈 가치가 없다고 여긴다. 이들은 남도, 사회도 책망하지 않고 오로지 자신을 책망한다. 그렇지만 이런 사람들조차 살아가기 위해서는 위로가 필요하다.

> 원기를 북돋우고, 치료하고, 안정시키고, 마취시키는 모든 것이 종교적·도덕적·정치적·미적 등으로 다양하게 위장하고서 전면에 부각된다.
>
> —『유고(1887년 가을~1888년 3월)』

현대의 약자들은 자기계발 서적을 통해 자기를 발전시킬 수 있다고 믿고, 여행을 통해 이국적 경험을 함으로써 자신을 실험할 수 있다고 확신하는 것처럼 보인다. 현대 사회에는 수동적 허무주의를 위장하는 도구로 이용되는 수많은 문화적 마취제가 흘러넘친다.

니체가 말하는 허무주의의 위기는 인간이 심오한 자기반성을 하는 순간이다. 우리가 이 위기를 지배하고, 이 위기를 통해 회복할 수 있는지의 문제를 제기하면 우리는 능동적 허무주의와 맞닥뜨린다. 능동적 허무주의는 강함의 징후일 수 있다. 정신력은 기존 목표들이 그에게 더 이상 적합하지 않게 될 정도로 증대될 수 있다. 허무주의이기는 한데 강한 허무주의가 가능한 것인가?

기존의 가치가 힘과 권위를 상실할 때는 두 가지 이유가 있을 수 있다. 하나는 믿었던 가치가 의미를 상실하여 우리가 어떻게 해야 할지를 모르게 되는 경우이고, 다른 하나는 우리가 추구하는 가치가 너무 새롭고 고귀하여 기존의 가치를 무의미하게 만드는 경우다. 우리의 삶에는 가치와 의미가 필요하다. 가치와 의미는 삶의 조건이기는 하지만 근본적으로 우리가 만들어가는 것이다. 그러기에 능동적 허무주의는 기존 가치와 기득권 세력에 대해 공격적일 수밖에 없다.

그렇지만 능동적 허무주의도 허무주의인 것은 사실이다. 그것은 힘이 특정한 목표나 특정한 이유, 특정한 믿음을 다시 생산적으로 설정할 정도로는 강하지 않다는 것에 대한 징후다. 우리는 지금이 두 극단 사이에 옴짝달싹하지 못하게 갇혀 있는 것처럼 보인다.

인간은 본래 의미 없는 존재이지만 스스로 의미를 부여할 수 있기에 의미가 있다고 했던 어느 철학자의 말이 떠오른다. 의미 없는 존재의 의미 부여. 그것이 곧 인간의 삶이다. 물론 태어나면서부터 삶의 무상함을 느끼는 것은 아니지만 우리가 진정한 의미에서 생각하기 시작하면 삶과 이 세상의 덧없음은 함께 묻어나기 마련이다. 허무에 밀려 떠난 이 길도 사실 니체에 기대어 허무를 극복하기 위함이 아니었던가. 현실과 사상의 세계를 오가며 자신의 생각을 예리하게 담금질하여 자아를 찾겠다고 하지만 우리는 이미 특정한 가치가 지배하는 일상의 쇠창살에 갇혀 있다. 우리는 어떻게 이 쇠창살에서 벗어나 자유롭게 살 수 있을까?

우리에게 유교가 그런 것처럼 니체에게는 기독교가 견고한 쇠창살이었다. 살아야 할 목적과 가치를 이미 기독교가 정해놓았다. 목사의 아들로 태어나 기독교적 가풍에서 성장한 니체가 어렸을 적에는 '꼬마 목사'로 불렸다는 것이 전혀 이상하게 들리지 않는다. 오히려 자연스럽다. 정작 놀라운 것은 기독교적 가치에 의해 교육된 이 아이가 나중에는 '신의 죽음'을 설파했다는 사실이다. 도대체 어떤 인식이 목사가 되고 싶어 했던 아이를 안티크리스트로 변화시킨 것일까?

이런 엄청난 변화를 겪으려면 그것은 외부가 아닌 내부에서 일어나야 한다. 니체는 기독교적 가치를 수동적으로만 받아들인 것이 아니다. 그는 오히려 기독교에 내재하고 있는 논리를 파헤침으로써 그 근원을 탐색한다. 니체는 기독교를 단순히 부정하는 것이 아니다. 그는 기독교가 한때 인간의 삶에 대단한 이점을 주었다고 생각한다. 생성과 소멸을 반복적으로 보여주는 대자연에서 우리

스위스 알프스 알불라 산의 율리어 고개

쿠어에서 질스 마리아로 가려면 반드시 넘어야 하는 해발 2,284미터의 마지막 고갯길이다. 이곳에 대서양으로 흘러드는 라인 강과 흑해로 흘러가는 도나우 강이 갈라지는 유럽의 분수선分水線이 있다. 기독교적 가치관에 의해 굳어진 선과 악의 저편에서 새로운 도덕을 만들고자 하였던 니체는 이 상징적인 고개를 넘었다.

가 흔히 느끼는 것처럼 인간은 아무리 고귀한 가치를 추구하더라도 죽을 수밖에 없는 의미 없는 존재다. 이런 인간의 왜소함과 우연성에도 불구하고 인간에게 절대적 가치를 부여한 것이 바로 기독교다. 신이 창조했기에 인간의 삶은 졸지에 신격화되는 것이다. 기독교는 한 걸음 더 나아가서 우리가 겪는 수많은 악과 고통에도 불구하고 이 세계는 완전하다는 망상을 심어준다. 우리의 삶 자체가 허무인데 이 허무를 망각하게 만든 것이 바로 기독교다. 이보다 더 큰 이점이 어디 있겠는가?

> 그것은 인간이 스스로를 인간으로서 경멸하지 못하게 하며, 삶을 반대하는 편에 서지 않고 인식으로 인해 실망하지 않도록 예방한다. 그것은 하나의 보존 수단이었다. 요약해 말하자면, 도덕은 실천적이고 이론적인 허무주의에 대한 커다란 치료제였다.
>
> ─『유고(1885년 가을~1887년 가을)』

허무에 빠졌던 사람들이 종종 독실하다 못해 광신적으로 돌변하는 경우를 본다. 자신들이 당하고 있는 온갖 악, 고통과 허무가 하느님의 뜻이라는 것이다. 치료제를 과다 복용하면 독이 된다. 한때 인간의 삶에 유익했던 기독교는 이제 삶에 적대적이 된다. 우리는 허무주의에 대한 치료제 없이 허무를 극복할 수는 없는 것인가? 우리는 종교에 기대지 않고 스스로 우뚝 설 수는 없는 것인가?

이런 질문을 던지면 우리는 이미 허무주의자다. 신이 세속화되고 평범해져서 한낱 문화적 쇼핑 품목쯤으로 전락한 현대 사회는

'신이 죽은 사회'다. 니체는 기독교의 논리 안에는 신의 죽음을 가져올 씨앗이 이미 심어져 있다고 생각한다. 그것은 바로 진실성이다.

> 도덕을 성장시킨 힘들 중에는 진실성이 있었다. 이 진실성은 마침내 도덕을 향해 방향을 바꿔서, 도덕의 목적론과 이해관계에 얽매인 관찰 방식을 발견한다. 그리고 사람들이 절망적으로 떨쳐버리고 싶은 오랫동안 뇌리에 새겨진 이 거짓에 관한 통찰은 바로 자극물로 작용한다. 허무주의에 대하여. 지금은 우리에게 허위에 대한 욕구로 나타나는, 그렇지만 오랜 도덕 해석을 통해 심어진 욕구들을 이제 우리 자신에게서 확인한다. 다른 한편으로 가치의 관건으로 보이는 것이자 또 우리로 하여금 삶을 견뎌내게 하는 것이 바로 이 욕구들이다. 우리가 인식하는 것을 평가하지 않고, 또 우리가 스스로에게 거짓말을 하고 싶어 하는 것을 더 이상 좋게 평가해서도 안 되는 이 대립 관계는 해체의 과정을 야기한다.
>
> ─『유고(1885년 가을~1887년 가을)』

니체는 기독교가 우리에게 가르친 진실성을 기독교 자체에 적용한다. 오랫동안 진리로 일컬어졌던 기독교적 도덕은 사실 인간의 덧없음을 망각하게 만들어 삶에 살 만한 가치를 부여하려는 허위적 의도를 갖고 있다. 니체는 오랫동안 무비판적으로 받아들인 이 거짓을 꿰뚫어본 것이다. 기독교적 도덕에 의해 우리의 뇌리에 심어진 '진리에의 의지'는 사실 '거짓에의 의지'인 셈이다. 우리는 딜레마에 빠진다. 삶을 견뎌내기 위해서는 거짓이 필요한데 이 거짓을 인정할 수는 없는 모순은 결국 허무주의를 가져온다. 신은 죽었다는 사실을 인정할 수밖에 없는 허무주의 시대가 찾아온 것이다.

니체가 말한 것처럼 신은 정말 극단적인 가설일까? 우리가 견뎌 낼 수 없는 허구이지만 살기 위해서는 반드시 필요한 거짓은 아닐까? 이런 생각에 빠져 있는 사이 차는 율리어 고갯길을 힘겹게 오르고 있다. 율리어 고개는 마치 이 세상과 저 세상을 가르는 경계선처럼 음산하고 기묘하게 산을 휘감는다. 여러모로 상징적이다. 기독교적 가치관에 의해 굳어진 선과 악의 저편에서 새로운 도덕을 만들고자 하였던 니체는 이 상징적인 고개를 넘었다. 고갯마루에서 잠시 쉬면서 두 세계를 갈라놓는 강을 보려 내려가니 갑자기 니체의 말이 차가운 바람과 함께 전해온다.

우리 이 사상을 가장 두려운 형식으로 사유해보자. 의미와 목표도 없는, 그렇지만 피할 수 없이 회귀하는, 무에 이르는, 피날레도 없는, 존재하는 그대로의 실존. 영원회귀.

—『유고(1885년 가을~1887년 가을)』

06

FRIEDRICH NIETZSCHE

영원회귀의 통찰

질스 마리아의 차라투스트라

스위스 질스 호수

지구에서 가장 사랑스러운 은신처

율리어 고개를 넘으면 선과 악의 아귀다툼이 벌어지는 이 세상과는 전혀 다른 세상이 펼쳐질 것만 같다. 늘 다니던 길이 아니기 때문이리라. 내리막길을 몇 번이나 굽이굽이 돌고 나니 질스 마리아의 풍경이 갑자기 나타난다. 정면으로 보면 알프스 고산이 회갈색 빛으로 코앞까지 다가오는 것 같은데, 시선을 조금만 내리면 허리가 잘록한 호리병을 눕힌 것처럼 두 개의 호수가 연결되어 있다. 파란 하늘과 그 빛을 지상으로 전하기 위해 솟아오른 것처럼 버티고 서 있는 산들 사이로 펼쳐진 호수가 묘하게 어우러진다. 호수와 산이 서로 물러서는 조금 트인 곳에 자리 잡은 동네는 낯설고 이국적으로 다가온다. 언덕을 넘어선 후에는 기대감이 조금씩 퇴색하는 것과는 다르게 질스 마리아는 찾아올 때마다 신비롭다.

호수의 풍경을 즐기면서 천천히 내려가고 싶은데 꼬불꼬불 이어지는 가파른 내리막길은 서행을 허락하지 않는다. 조금이라도 속도를 늦추면 뒤에는 곧 엄청난 자동차 행렬이 꼬리를 문다. 내려가면서 오른쪽에 보이는 것이 질저제Silsersee, 즉 질스 호수이고, 왼쪽의 조금 더 작은 것이 질바플라너제Silvaplanersee, 즉 질바플라나 호수다.

한참을 내려가니 바로 고갯길이 끝나는 산자락에 질바플라나라는 표지판과 함께 마을이 나타난다. 다리로 이어진 건너편 마을이 수를레이Surlej다. 차라투스트라의 탄생에 영감을 주었다는 같은 이름의 바위가 있는 곳이기도 하다. 바로 건너가고 싶은 마음을 참고 오른쪽으로 방향을 틀어 호숫가의 도로를 올라가니 질바플라나 호수와 질스 호수를 연결하는 비교적 넓은 초지가 보인다. 회전 교차로를 돌아 반대편 방향으로 조금 가다 보면 높은 산자락 밑에 차분하게 앉아 있는 동네가 질스 마리아다. 니체는 1881년 여름 처음 방문한 이후 1888년 여름까지 일곱 번이나 이곳을 찾았다. 이곳에서 고통스러운 병마에 시달리면서도 자신의 사상을 완성해냈다.

역마차를 타고 말로야 고개Malojapass를 넘은 니체의 모습을 상상해본다. 이리저리 흔들릴 뿐만 아니라 숨 쉬기 어려울 정도로 뜨겁고 비좁은 역마차에는 여섯 명의 승객이 지친 표정으로 앉아 있다. 도중에 한 승객이 자주 토하는 바람에 여러 번이나 멈출 수밖에 없어 많이 지체된 참이다. 네 명의 승객이 누구였는지는 알려지지 않았지만 다섯 번째와 여섯 번째 승객에 관해서는 잘 알고 있다. 바로 질스 마리아에서 조그만 호텔을 운영하는 추안Zuan과 니체다. 두 사람은 긴 여정을 함께했지만 여행 중에는 별로 말을 섞지 않았다. 니체는 여정 자체가 너무나 괴롭고 고통스러워서 다른 사람

장크트 모리츠

율리어 고개

질바플라나

비비오

수를레이 마을

질바플라나 호수

질스 마리아

샤스테 반도

🏛 니체하우스
🏫 발트하우스 호텔

자메단

질스 호수

펙스 고개

코르바츄 산

말로야 고개

브레가글리아

니체의 집필 공간 고지 엥가딘

스위스 동남쪽 엥가딘 지방은 해발 고도에 따라 고지와 저지로 나뉘는데, 니체는 장크트 모리츠, 질바플라나, 질스 마리아가 속한 1,800미터 이상 고지 엥가딘을 산책하며 영감을 얻었다. 삶의 우연이 그를 이 음악 속에 데려다놓았다.

과 대화를 나눌 형편이 아니었을 것이다. 당시에도 장크트 모리츠에서 방을 구하기란 쉽지 않았던 모양이다. 더군다나 싼 값에 한두 달 머무를 수 있는 거처를 구하기는 어려웠다. 말로야, 질스 마리아, 질바플라나와 장크트 모리츠가 속해 있는 고지 엥가딘 지방에서 여름을 나기 위해 험한 길을 마다하지 않고 달려왔는데 장크트 모리츠는 니체를 밀어낸다. 방을 구하지 못한 것이다.

황망함으로 하룻밤을 보내고 다음 날 아침 망연자실한 채 서성이고 있는데 어젯밤 함께 여행했던 동행자 추안을 다시 만난다. 나폴리에서 온 추안은 여름 시즌마다 장크트 모리츠에서 얼마 떨어지지 않은 곳에서 에델바이스라는 호텔을 운영하고 있었다. 니체에 대한 동정심 때문이었는지 아니면 고객 한 명을 더 확보할 수 있다는 기대감 때문이었는지 추안은 니체에게 자신이 있는 동네에서 거처를 한번 알아봐주겠다고 말한다.

> 첫날 저녁에 난 벌써 엥가딘을 떠나야 하는 것은 아닌지 걱정되었지. 다음 날 도움의 손길이 찾아왔어. 내가 하룻밤 동안 함께 여행했던 엥가딘 젊은이였다네. 그는 아무런 사심 없이 나를 위해 애를 써서 조용한 곳을 찾아냈어. 끝까지 기꺼이 머무르고 싶은 곳이야. 이렇게 조용하게 지낸 적이 없었어. 산책길, 숲, 호수, 그리고 초원은 나를 위해 만들어졌어.
> ─『니체 서간집』

니체는 이렇게 적으면서 그 장소의 이름을 소중한 비밀인 것처럼 밝힌다. "그곳은 바로 질스 마리아야." 니체는 우연히 만난 추안 덕분에 차라투스트라의 장소 질스 마리아를 발견한 것이다. 니체는 질스 마리아에 발을 들여놓자마자 진심으로 감탄한다.

> 결국 난 지구에서 가장 사랑스러운 벽지의 은신처에 묵게 되었어. 형편없는 나의 삶의 50가지 모든 조건이 이곳에서 충족된 것처럼 보여. 난 이 횡재를 분에 넘칠 뿐만 아니라 전혀 예기치 않은 선물로 받아들이기로 했어. 이곳, 이 영원한 영웅적인 전원에서 저 밑 남국에서보다 더 아름답게 심금을 울리는 훌륭한 음악과 같아.
> ─『니체 서간집』

니체가 '지구에서 가장 사랑스러운 은신처', '영원한 영웅적인 전원', '횡재'로 묘사한 질스 마리아에서 느꼈을 감동이 천천히 밀려온다. 니체가 꼽은 삶의 조건에는 물론 구름 한 점 없는 맑은 하늘, 산책할 수 있는 숲길, 선선한 공기가 속했음에 틀림없다.

천둥번개를 동반한 악천후도 없고 기압의 변화도 없어 공기는 안정적이다. 공기 속의 습기가 칙칙하게 온몸을 감아 도는 여름이면 이곳 질스 마리아의 공기가 늘 그리웠다. 니체가 드디어 자신에게 맞는 장소와 풍토를 발견한 것처럼 이곳 질스 마리아는 언제나처럼 나의 기대를 저버리지 않는다.

천장 낮은 방

니체가 말한 대로 질스 마리아는 조용하다. 조그만 알프스 동네에는 어울리지 않게 넓은 공용 지하 주차장에 차를 세우고 밖으로 나온다. 동네 한가운데는 빙하에서 흘러 내려오는 맑고 차가운 시냇물이 흐른다. 니체에게 이곳을 소개해준 추안도 자신이 운영하는 에델바이스 호텔에 대해 그늘진 숲가에 위치하며 뒤로는 바로 올라갈 수 있는 산이 있으며, 앞으로는 질스 호수와 질바플라나 호수가 있다고 말했을지 모른다. 추안은 결코 거짓말을 하지 않았다. 호텔은 그늘진 숲길로 이어지는 산자락에 자리 잡았고, 질스 마리아는 정말 고요했다.

니체는 연금 생활자로서 호텔의 숙박료를 감당할 수 없었다. 그는 호텔 바로 옆에 있는 집에 하숙을 든다. 두리슈Durisch 부부가 살던 이 집에 방 한 칸을 얻어서 여름을 보냈다. 니체는 질스 마리아를 일곱 번 방문하는 동안 거처를 단 한 번도 바꾸지 않았다. 여름이면 언제나 두리슈의 집으로 돌아왔다. 이곳에 머물면서 이 집을 소개한 추안의 호텔 식당을 이용하곤 했다. 나중에 알펜로제 호텔로 옮기기는 했지만 니체는 자신에게 친절을 베풀어준 추안에게 어느 정도는 충실했던 셈이다.

주인장 두리슈는 동네에서 명망 있는 상인이었다. 그는 나중에 공동체를 대변하는 면장 같은 직도 수행했다. 요구사항이 많지 않을뿐더러 외부 세계와는 담장을 친 니체는 두리슈와 관계가 좋았던 것으로 보인다. 니체는 방의 천장이 낮은 것을 제외하면 별 불만이 없다고 말한다. 주인집 부부에게는 아드리엔네Adrienne라는 어린 딸이 있었는데, 니체는 종종 '꼬마 소녀 아드리엔네'와 함께 동네를 산책하곤 했다. 그래서 동네 아이들에게 '아드리엔네의 교수'로 통했다. 저만치 떨어져 있는 골목에서 니체가 소녀의 손을 잡고 금방이라도 나타날 것만 같다.

얼마 걷지 않았는데 매우 익숙한 집 한 채가 나타난다. 베이지색의 외벽에 하늘색 덧창문이 2층에 다섯 개, 아래층에 좌우로 각각 두 개씩, 그리고 현관문이 가운데에 나란히 배치된 수수한 집이다. 오늘날 '니체하우스'라는 이름의 박물관으로 변모한 두리슈의 집이다. 박물관으로 이름 붙이기엔 전시물이 너무나 조촐했다. 니체가 간절히 원해 손에 넣었지만 정작 별로 사용하지 않았던 초기 타자기며, 니체가 광기로 몸부림치며 써 내려갔던 편지, 니체 관련 서적들이 1층에 자리 잡고 있었다.

2층으로 올라가니 니체가 머물렀던 작은 방이 나온다. 두리슈의 말에 따르면 니체가 원하는 것은 모두 다 소박했다. 니체가 이 방을 원한 것도 다른 방들과 떨어져 있는 데다 창밖에 몇 그루의 잣나무가 서 있었기 때문이라고 한다. 니체는 너무 환한 곳에서는 작업을 할 수가 없었다. 잣나무가 중간에서 가려주지 않았다면 책상이 놓여 있는 창밖으로 보이는 건너편의 하얀 집을 견디기 어려웠을 것이다.

방문을 열고 들어서면 작은 일인용 침대가 왼쪽 벽에 붙어 있고, 벽에는 황금색 테두리를 두른 거울이 걸려 있다. 시선을 시계 방향으로 천천히 움직이면 모서리에 아주 작은 책상이 놓여 있다. 책상 앞의 목재 의자와 책상 뒤 벽에 붙어 있는 소파가 묘한 조화를 이룬다. 반대편 벽 창문 옆에는 자기로 된 둥글넓적한 세숫대야와 물을 길어왔을 법한 양동이가 놓인 테이블이 있다.

방은 니체가 불평한 것처럼 천장이 낮다. 창문으로 햇볕이 쏟아지고 있지만 창 너머 잣나무 따위에 한 번 걸러진 듯 햇살이 부드럽다. 손을 대면 무겁게 가라앉은 허무와 고독이 묻어날 것 같다. 스산하지는 않지만 쓸쓸하다. 저곳에서 니체가 생각에 잠기고, 자신의 사상을 힘겹게 종이로 옮겼다는 생각을 하는 순간 방 안의 모습이 어디에선가 많이 본 듯 다른 이미지와 겹친다. 고흐가 아를에서 그린 예술가의 방과 너무도 닮아 있다. 좌우만 바뀌었을 뿐이다. 왼쪽의 침대를 오른쪽으로 옮기고, 벽에 걸린 거울을 몇 개의 그림으로 바꿔 달면 영락없는 고흐의 방이다.

니체의 방이 흑백이라면, 고흐의 방은 컬러다. 고흐의 방에 나타난 강렬한 붉은색과 초록색은 무시무시한 인간의 정열을 표현하지만, 동시에 세상의 본질을 꿰뚫어보려는 천재적 화가의 지독한 몸부림과 고독을 드러낸다. 동시대를 살았지만 서로의 존재를 알지 못했던 두 천재적인 사상가와 예술가가 만났으면 어땠을까?

이런 상상을 하며 니체하우스를 나선다. 니체는 아침 11시경이면 산보를 하곤 했다. 알펜로제 호텔에서 간단한 식사를 하고, 다시 엥가딘의 이곳저곳으로 하염없이 걸었다. 니체는 4~5시경에 다시 방으로 돌아와 밤 11시까지 '피로써' 글을 썼다. 차를 끓여 마시면서 일하고 또 일했다. 이보다 더 금욕적인 생활도 없을 것이다.

니체는 어떤 매력을 느껴 7년 동안 여름이면 이곳을 혼자 찾았

고흐의 방과 니체의 방

니체가 질스 마리아를 방문할 때마다 머물렀던 두리슈의 집은 니체하우스로 꾸며져 니체의 '천장 낮은 방'을 재연하고 있다. 햇살이 있어도 손을 대면 무겁게 가라앉은 허무과 고독이 묻어날 것 같다. 고흐의 방에 나타난 강렬한 색감은 세상의 본질을 꿰뚫어보려는 예술가의 지독한 몸부림을 담았다. 동시대를 살았지만 서로의 존재를 알지 못했던 두 천재의 만남을 상상해본다.

던 것일까? 물론 그를 찾아오는 방문객도 있었지만 니체는 사람들과 섞이길 별로 좋아하지 않았다고 한다. 니체가 세상에서 가장 사랑스러운 은신처라고 찬탄해 마지않은 질스 마리아는 그에게 고요와 고독의 장소, 산책과 작업의 장소였다.

사자는 이제 아이가 된다

아침이면 늘 새롭게 코끝을 자극할 커피 향기에 대한 기대감으로 눈을 뜬다. 오늘따라 유독 가슴이 설렌다. 커피 한 잔으로 명상과 노동의 수도 생활을 시작하는 니체 때문일 것이다. 생각보다 길어진 아침을 마치고 니체가 차라투스트라의 영감을 얻었다는 질바플라나 호숫가 산책로를 걷기로 한다.

건조한 아침 공기가 신선하게 느껴진다. 질스 마리아의 뒤편에 우뚝 솟은 3,451미터 높이의 코르바츄Corvatsch로 등산하려는 몇몇 사람이 케이블카를 기다리고 있을 뿐 산책로는 한적하다. 높은 산은 깊은 호수를 만든다. 높은 산이 파란 하늘을 호수 위로 옮겨놓은 듯 호수는 아침 햇살을 받아 반짝인다.

산책이라기보다는 탐험이라고 하는 것이 옳을 것이다. 니체가 『차라투스트라는 이렇게 말했다』의 영감을 받았다는 수를레이 바위가 산책로가 끝나는 곳 어딘가에 있다고 하니 주위를 살필 수밖에 없었다. 30분 정도 걸었는데도 커다란 바위는 보이지 않았다. 수를레이 근처면 질바플라나 호수가 거의 끝나는 지점인데 멀리 내다봐도 그 비슷한 것도 보이지 않았다. 시간이 갈수록 불안해지고 초조해졌다.

수를레이 바위를 본다고 해서 니체의 『차라투스트라는 이렇게 말했다』를 더 잘 이해할 수 있는 것도 아닐진대 왜 나는 이렇게 바위에 집착하는 것일까. 단지 그의 사상 중에서도 가장 어려운 영원회귀 사상을 이해하고자 한다면 호숫가의 벤치에 앉아 니체의 문장 하나를 붙잡고 깊이 명상하는 편이 훨씬 나을 것이다. 이런 생각도 수를레이 바위에 대한 호기심을 잠재우지는 못한다. 영원회귀 사상의 단초를 제공한 바위라면 어딘가 대단할 것 같다는 생각을 지울 수 없다. 니체는 차라투스트라의 탄생을 이렇게 밝힌다.

> 이제 나는 차라투스트라의 내력을 이야기하겠다. 이 책의 근본 사상인 영원회귀 사상이라는 그 도달할 수 있는 최고의 긍정 형식은 1881년 8월의 것이다. 그것은 '인간과 시간의 6천 피트 저편'이라고 서명된 채 종이 한 장에 휘갈겨졌다. 그날 나는 질바플라나 호수의 숲을 걷고 있었다. 수를레이에서 멀지 않은 곳에 피라미드 모습으로 우뚝 솟아오른 거대한 바위 옆에 나는 멈추어 섰다. 그때 이 생각이 떠올랐다.
> —『이 사람을 보라』

이름부터 범상치 않다. 수를레이는 '호수 위' 또는 '호수 저편'이라는 뜻을 갖고 있으니 호수 저편에 있는 마을이다. 질스 마리아가 있는 엥가딘 지역은 해발 1,800미터의 고원 지대로서 세속적인 인간사의 저편에 자리 잡고 있는데, 호수 저편에 있는 마을이라니 이름부터 뭔가 신비로운 기운을 머금고 있다.

엥가딘이라는 이름도 이 지역의 계곡을 흐르는 인Inn 강에서 유래한다. 이곳에서 발원하여 스위스, 오스트리아를 거쳐 독일 파사우에서 도나우 강과 합류하여 흑해로 흘러가는 강이다. 인간사의 저편에서 탄생한 사상이 발원하여 다시 세상으로 흘러가는 차라투스트라의 사상이 수를레이 바위에서 영감을 얻은 것이라니 이 얼마나 기묘한 일인가.

굽이진 산책로를 돌고 나니 저만치서 갑자기 피라미드 모양의 바위가 나타난다. 위대한 철학적 영감의 탄생지라기에는 너무나 소박하다. 저런 돌들은 사방에 널려 있지 않은가. 많은 사람이 위대한 사상의 탄생에 위대한 계기가 있을 것이라고 생각하지만, 위대한 사상을 잉태하는 계기는 단순하고 하찮은 것일 수도 있다. 연못에 뛰어든 개구리의 풍당 소리에도 세상의 이치를 깨우칠 수도 있고, 바람에 떨어지는 나뭇잎에서도 인생의 의미를 깨달을 수도 있다.

왜 난 수를레이의 바위가 대단하리라고 생각한 것일까? 영생을 꿈꾼 이집트의 파라오들처럼 피라미드 모양의 바위에서 영원을 읽을 수 있다고 여기기라도 한 것일까? 어디에서나 흔히 볼 수 있는 바위에 실망한 나는 잘못 찾은 것은 아닌가 하고 주위를 돌아본다. 중요한 것은 니체가 산책을 하다 문득 깨달은 영원회귀 사상의 본질을 이해하는 것이다.

니체가 차라투스트라의 영감을 기록한 노트가 다행스럽게도 남

스위스 질스 마리아의 수를레이 바위와 수를레이 산책로

차라투스트라의 바위에 관해서는 두 가지 설이 있다. 수를레이에서 멀지 않은 호숫가에 솟아 있는 피라미드 모양의 바위라는 설과 호수에서 산 쪽으로 조금 올라가면 나타나는 폭포 근처의 바위라는 설이다. 니체가 숲속을 거닐다 발견했다고는 하지만, 거의 실명하다시피 눈이 나쁜 니체가 거칠고 험한 산길을 올랐을 리는 없다. 사실 알프스의 숲에는 어디를 가나 니체가 묘사한 피라미드 모양의 웅장한 바위는 널려 있다.

아 있다. 유고집의 '11'로 분류된 이 단편은 다른 노트들과는 달리 특별한 것이라도 되는 양 날짜를 분명하게 적어놓았다. "1881년 8월 초 질스 마리아, 해발 6천 피트, 그리고 모든 인간사로부터 훨씬 높이 떨어진 곳에서!" 이 단편은 '동일한 것의 회귀'라는 제목을 달고 있는 책의 구상이다. 이 책을 집필하는 대신 그 주요 사상이 온전히 『차라투스트라는 이렇게 말했다』에 반영되었다는 점을 생각하면 초기의 구상을 다시 기억하는 것도 그의 사상을 이해하는 데 도움이 될 것이다.

'동일한 것의 회귀'

구상

1. 근본 오류의 체화

2. 열정의 체화

3. 지식의 체화와 포기하는 지식의 체화(인식의 정열).

4. 죄가 없는 자. 실험으로서의 개개인. 삶을 가볍게 하기. 스스로 낮추기, 약해지기―넘어감.

5. 새로운 주요 관심사: 동일한 것의 영원회귀. 우리의 지식, 실수, 우리의 습관, 다가오는 모든 것에 대한 삶의 지혜, 이런 것들의 무한한 중요성. 남은 생 동안 우리는 무엇을 할 것인가? 가장 심각한 무지 속에서 삶의 대부분을 보내버린 우리들이? 우리는 가르침을 가르친다. 그것은 가르침을 자신의 것으로 체화시키는 최상의 수단이다. 우리 식의 희열감, 최고의 가르침을 가르치는 자가 되는 것.

　―『유고(1881년 봄~1882년 여름)』

이 중에서 가장 중요한 것은 4번과 5번일 것이다. 니체는 4번 구상만 조금 더 상세하게 기술한다. 번득이는 영감의 예리함을 느끼기보다는 오히려 영감을 글로 옮기면서 힘들어했을 니체의 모습을 떠올린다. "죄가 없는 자. 실험으로서의 개개인. 삶을 가볍게 하기. 스스로 낮추기, 약해지기—넘어감." 니체에 매료되고 니체를 좋아하는 많은 사람이 가장 어려워하는 영원회귀 사상의 핵심 내용이다.

『차라투스트라는 이렇게 말했다』_이론 없는 이론서

니체의 주저로 알려진 이 책은 니체의 저작뿐만 아니라 서양 철학에서도 독특한 위치를 차지한다. 니체의 주요 사상들인 '초인', '영원회귀', '권력에의 의지'를 다루고 있음에도 어느 곳에서도 이 사상들에 관한 이론을 발견할 수 없다. 논리적 추론을 포기한 이론이란 있을 수 없다면, 이 책은 결코 철학적 이론서가 아니다. 특정한 사상을 정당화하려는 어떤 이론적 시도도 없기 때문이다. 이 책에서는 내용만큼이나 글쓰기의 형식도 매우 중요하다. 우리가 개념적으로 표상하거나 생각할 수 없는 것들을 어떻게 전달할 수 있을까? 그 어떤 형식으로도 포착되지 않은 삶의 내용을 어떻게 표현할 수 있을까? 이런 물음이 제기될 때 『차라투스트라는 이렇게 말했다』(1883~1885)가 등장한다. 차라투스트라가 10년 동안의 고독한 삶을 마치고 산을 내려와 신의 죽음을 깨닫지 못한 사람들에게 설교를 하는 형식이다. 차라투스트라의 말을 우리가 따라야 할 교리와 이론으로 받아들이지 않고 자기 성찰의 계기로 생각한다면, 이 책은 신이 죽은 허무주의 시대의 삶에 관해 여전히 의미 있는 말을 하고 있다.

우리는 도대체 무엇을 힘들어하는가? 우리를 무겁게 짓누르는 것은 무엇인가? 이런 질문을 던지면서 자신에게 답을 구하는 사람들에게 니체가 제시하는 답은 오히려 간단하다. 스스로를 낮추고 약해져서 삶을 가볍게 하라는 것이다. 니체가 『이 사람을 보라』에서 차라투스트라를 되새기며 언급한 것처럼, 이 세상을 있는 그대로 긍정할 수 있는 최고의 형식이 영원회귀 사상이다.

세상을 있는 그대로 받아들여야 우리는 우리의 삶을 가볍게 할 수 있다. 그런데 이게 쉽지 않다. 우리는 늘 세상에 고개를 쳐들고, 이마를 내밀며, 자신을 고집한다. 그러기에 니체는 약해지라고 한다. 약해지라는 것은 운동선수들이 제일 어려워하는, 힘을 빼라는 것이다. 힘을 빼야 힘을 낼 수 있다는 인생의 역설을 니체는 이 바위에서 깨달은 것이다. 이런 삶이 가능할까?

> 예전에는 가장 강하게 흥분시켰던 것이 이제는 완전히 다르게 작용한다. 그것은 단지 놀이로만 간주되고 통용된다. 열정과 일들은 거짓된 삶으로 원칙적으로 비난받지만, 형식과 자극으로서는 미적으로 향유되고 가꾸어진다. 우리는 예전에 실존의 진지함을 이루었던 것에 대해 마치 아이들 같은 태도를 취한다.
>
> —『유고(1881년 봄~1882년 여름)』

진지하게 고민하는 삶의 무게를 가볍게 만들고, 삶을 어린아이처럼 향유할 수 있을까? 차라투스트라가 본래의 자기가 되어가는 과정을 낙타, 사자, 어린아이의 비유로 설명한 우화에서 가장 높은 단계가 바로 어린아이의 단계다.

살아가면서 져야 하는 짐은 수없이 많다. 부모에 대한 존경, 자식에 대한 책임, 사회적 역할에 대한 성실. 짐을 져보지 않은 사람이 인생을 안다고 말할 수는 없다. 낙타의 단계는 극복해야 할 것이기는 하지만 좀 더 높은 단계로 발전하려면 반드시 거쳐야 하는 과정이다. "너희 영웅들이여, 내가 그것을 등에 짐으로써 나의 강인함을 확인하고, 그 때문에 기뻐할 수 있는, 더없이 무거운 짐은 무엇인가?"(『차라투스트라는 이렇게 말했다』) 낙타의 단계를 극복하려면 우리는 반드시 이렇게 물어야 한다. 내게 가장 무거운 짐은 무엇인가?

이 물음에 답하지 않고서는 결코 사자의 단계로 나아갈 수 없다. 그런데 세상에 불만을 많이 갖고 늘 불평만 해대는 사람들은 정작 자신의 짐이 무엇인지를 알지 못한다. 낙타는 공경하고 두려워하는 마음으로 자신에게 지워진, 마땅히 해야 할 것을 습관적으로 한다. 이 습관에 물음표를 붙일 줄 알아야 그 굴레에서 벗어날 수 있다.

나에게 무거운 것은 도대체 무엇인가? 이 물음을 던지는 순간 두 번째 변화가 일어난다. 낙타는 사자가 된다. 사자는 이제 자유를 쟁취하고 그 자신이 사막의 주인이 되려고 한다. 사자가 싸우고자 하는 대상은 분명하다. 이제까지 마땅히 해야 하는 것으로 알고 아무런 의심 없이 받아들였던 기존의 관습, 규범, 전통이 그것이다. 이것은 파괴되어야 한다. 전통에 대항하여 자신의 의지와 자유를 내세워야 한다.

정신이 더 이상 그의 주인 그리고 신이라고 부르려 하지 않는 그 거
대한 용의 정체는 무엇인가? "너는 마땅히 해야 한다." 그것이 그
거대한 용의 이름이다. 그러나 사자의 정신은 이에 대항하여 "나는
하고자 한다"고 말한다.

　　— 『차라투스트라는 이렇게 말했다』

　사자는 더 이상 낙타처럼 복종하지 않고 이제는 명령한다. 자신
이 하는 모든 일과 열정에 자신의 의지라는 낙인을 찍으려고 한다.
새로운 가치를 창조하려면 우선 기존의 것을 파괴해야만 한다는
것이 사자의 정신이다. 그러나 파괴만으로는 새로운 세계를 만들
지 못한다. 세계를 있는 그대로 긍정하지 않고서 어떻게 세계를 창
조할 수 있단 말인가? 여기서 정신은 다시 한번 변신한다.

　그러나 말해보라, 나의 형제들이여. 사자조차 할 수 없는 일을 어떻
게 어린아이가 해낼 수 있는가? 왜 강탈을 일삼는 사자는 이제 어
린아이가 되어야 하는가? 어린아이는 천진난만이요, 망각이며, 새
로운 시작, 놀이, 스스로의 힘에 의해 돌아가는 바퀴, 최초의 운동,
거룩한 긍정이다. 그렇다. 나의 형제들이며. 창조의 놀이를 위해서
는 거룩한 긍정이 필요하다.

　　— 『차라투스트라는 이렇게 말했다

　니체가 『차라투스트라는 이렇게 말했다』에서 설파하고 있는 영
원회귀 사상은 1881년 여름 수를레이 바위를 언급한 메모 쪽지에

서 처음으로 전개되었다. 이 사상을 잉태한 바위가 바로 내 앞에 서 있다. 강렬한 햇살이 이 사상만큼이나 예리하게 살갗을 찌른다. 니체가 뜨거운 햇볕을 피해 숨었을 법한 숲속으로 발길을 옮긴다.

그래도 삶은 계속된다

질바플라나 호수를 뒤로하고 숲속으로 들어가니 곧 울창한 숲 사이로 폭포의 물줄기 소리가 들린다. 길은 가파르고 험하다. 니체 가 이렇게 험한 곳에 왔을 리 없다는 생각이 든다. 아무래도 니체 가 말하는 차라투스트라 바위는 방금 전에 본 호숫가의 바위가 맞 는 것 같다. 갈수록 경사가 급해지고 길이 험해져서 다시 호수 쪽 으로 내려가기로 한다. 같은 길이지만 올라갈 때의 경치와 내려갈 때의 경치는 사뭇 다르다. 나무 사이로 보이는 호수의 코발트색이 훨씬 더 짙다. 숲을 벗어나니 수를레이 마을로 이어지는 탁 트인 길이 펼쳐진다. 니체는 이 길을 유독 좋아했다. 그는 늘 행복하고 감사하는 마음으로 이 길을 걸었다.

수를레이는 급경사가 멈추는 산자락에 만들어진 전형적인 알프 스 마을이다. 이 마을은 1832년 눈사태로 완전히 파괴되어 니체가 방문했던 시기에는 여전히 사람이 살지 않는 버려진 마을이었다 고 하니, 지금과는 전혀 다른 모습이었을 것이다. 지금은 코르바츄 산으로 오르는 케이블카 정거장이 있고 그 주위에 많은 별장과 주 택들이 쭉 들어서 있다. 케이블카를 타면 해발 3,300미터까지 올라갈 수 있다. 우리가 살아가면서 갖는 온갖 고민과 고통, 기대와 희망, 열정과 정념을 발밑에 두고자 한다면 케이블카를 타고 설산에 올라가볼 것을 권한다.

> 내 책들의 공기를 맡을 수 있는 자는 그것이 높은 곳의 공기이며 강렬한 공기임을 안다. 이 공기의 찬 기운으로 인해 병이 나게 될 위험이 적지 않기 때문에, 사람들은 이 공기에 알맞게, 그것을 견뎌낼 수 있게끔 되어 있어야만 한다. 얼음이 가까이에 있고, 고독은 엄청나다. 그런데도 모든 것이 어찌나 유유자적하게 태양 빛 아래 있는지! 어찌나 자유롭게 사람들은 숨 쉬고 있는지! 얼마나 많은 것을 사람들은 자기 발아래 두고 있다고 느끼는지! 내가 지금까지 이해하고 있는 철학, 내가 지금까지 실행하고 있는 철학은 얼음과 높은 산에서 자발적으로 살아가는 것이다.
>
> ─『이 사람을 보라』

질스 마리아에 와서 호숫가를 거닐고 높은 산을 올라 빙하 한가운데서 파란 하늘을 올려다보면 나도 니체와 같은 철학자가 될 수 있을 것 같다는 착각에 빠진다. 이런 분위기를 맛보기 위해서만이라도 질스 마리아를 방문할 만한 가치가 있다.

코르바츄 산 정상의 강렬한 공기는 우리의 정신을 예리하게 만들지만 우리 몸은 얼음처럼 차갑게 만든다. 에스프레소 한 잔으로 몸을 덥히고 나니 몸은 나른해지고, 정신은 상상의 나래를 펼친다. 왜 니체는 영원회귀 사상을 차라투스트라의 입을 빌려 이야기한 것일까? 니체의 차라투스트라는 사실 조로아스터라고도 불리는 페르시아의 종교 설립자와는 이름만 같을 뿐 아무런 상관이 없다. 니체는 차라투스트라에 관한 이야기를 『이 사람을 보라』에서 전한다.

> 그다음 겨울 나는 제노바에서 멀지 않은 라팔로의 매력적이고도 조용한 만에서 살았다. (…) 오전에는 소나무 숲을 지나 멀리 바다를 바라보면서 나는 초알리 방향으로 난 아름다운 남쪽 길을 오르곤 했다. 오후에는 건강 상태가 좋을 때마다 산타 마게리타에서부터 포르트 피노의 뒤에 이르는 만 전체를 돌아다녔다. (…) 오전 오후의 이 두 산책길에서 차라투스트라 1부 전체가 떠올랐다. 특히 차라투스트라 자신이 하나의 유형으로서 떠올랐다. 정확히는 그가 나를 엄습했다.
>
> —『이 사람을 보라』

사람들은 수를레이 바위를 차라투스트라의 탄생지로 알고 있지만, 사실 이것은 오해다. 엄밀히 말하면 영원회귀 사상의 탄생지는 엥가딘이고, 물론 이러한 사실을 확인한다고 해서 그의 사상이 더 쉽게 이해되는 것은 아니다. 그렇지만 엥가딘의 수를레이 바위에서 니체가 영감을 얻은 것이 '영원회귀' 사상이라는 것은 의미가 있다. 세상의 온갖 문제를 뛰어넘은 것 같은 해발 1,800미터의 고산 지대에서 깨달은 통찰이 이 세상은 우리가 원하든 원치 않든 영원히 반복된다는 것이다.

인류의 역사라는 이 부분은 영원히 반복될 것이고 그렇게 되어야 한다. 이 사실에는 우리가 신경 쓸 필요 없고, 비록 그것이 우리의 동정심을 괴롭혀 삶 전반에 대한 반감을 불러일으킨다 해도 우리가 어떤 영향을 끼칠 수도 없다. (…) 우리 내부 깊숙한 곳까지 무관심의 작용이 도달한 상태여야 하며, 또 거기에 관조의 즐거움도 있어야 한다. 미래에 인류에게 닥칠 불행 역시 우리와는 상관이 없어야 할 것이다. 그러나 우리가 여전히 살고자 원하는지가 문제다. 바로 그것이 정말 문제다.

— 『유고(1881년 봄~1882년 여름)』

삶에 대한 회의는 대개 삶이 괴롭고 버거울 때 생긴다. 우리는 지금의 내가 아니라 다른 모습으로 다른 삶을 살아보기를 원한다. 이 세상에 태어나 한순간을 살다가 사라진 수많은 사람들 역시 이런 생각을 했을 것이다. 나의 삶은 다른 사람의 삶과 근본적으로 구별되는 독특한 삶이어야 한다고 저마다 꿈꾸겠지만, 그러나 우리가 살아가면서 겪는 이러한 문제들은 무한히 반복된다.

니체가 말하는 영원회귀 사상은 정확하게 표현하면 '동일한 것의 영원한 회귀'에 관한 사상이다. 무엇이 동일한 것인가? 우리는 그것을 삶 자체로 이해할 수 있지 않을까. 삶의 영원한 회귀. 그렇다면 삶을 회의하고 부정하게 만드는 고통이 아무리 크다고 할지라도 우리는 이렇게 질문해야 한다. "너는 너의 삶을 여전히 살고자 원하는가?"

삶을 영원히 반복되는 생명으로 이해하면 우리는 "모든 것을 변하는 것으로 이해하고, 개체로서의 우리 자신을 부정하고, 가능한 한 다양한 눈을 통해 세상을 보아야” 한다. 모든 것을 변하는 것으로 받아들이면 우리는 우리 안에 꿈틀대는 충동과 활동을 인정하게 된다. 우리를 살아 숨 쉬게 만드는 것은 머리가 아니라 가슴이다. 때가 되면 찾아오는 계절의 절기처럼 우리의 욕망과 정념은 출렁인다. 개체로서의 우리 자신을 부정한다는 것은 우리의 실존이 세계 또는 우주 전체와 연결되어 있다는 것을 인정하는 것이다.

내가 없다면 세계 전체도 의미가 없지만, 세계 전체를 배제한 나만의 세계 역시 의미 없기는 마찬가지다. 나 자신을 세계로 이어지는 고리나 통로로 이해하는 것보다 나의 자존감을 높여주는 것이 어디 있겠는가? 그러기에 가능한 한 다양한 눈으로 세상을 본다는 것은 나 자신을 세상을 향해 열어놓은 것을 의미한다. 내가 진정 살고자 원한다면 지금의 삶이 변화할 수 있다고 믿고, 세계를 다양한 관점에서 해석하면서 자신과 세계와의 관계를 재정립해야 한다.

우리가 세상에 대해 어떤 생각을 하고 어떤 의견을 갖는가는 여전히 중요한 문제다. 나의 의견은 언제나 내가 먹는 음식, 내가 사는 장소, 내가 참여하는 사회를 선택하도록 만들기 때문이다. 그렇다면 이런 생각을 통해 우리 자신을 변화시킬 수 있을까?

세상을 바라보는 관점으로서뿐만 아니라 자기 자신을 변화시킬 수 있는 생각을 니체는 ‘사상 중의 사상’이라고 말한다. 그러고 보니 사상에는 두 가지 종류가 있는 것 같다. 하나는 세계에 대한 단순한 의견일 뿐인 사상이고, 다른 하나는 자기 자신을 변화시킬 수 있는 사상이다. 니체는 이렇게 말한다.

> 네가 사상 중의 사상을 체화시킨다면, 그 사상은 너를 변신시킬 것
> 이다. 하고자 하는 모든 것에서, "내가 정말로 그 일을 몇 번이고 수
> 없이 계속하고 싶은 것인가?"라는 물음이 가장 중요한 문제다.
>
> —『유고(1881년 봄~1882년 여름)』

내가 영원히 반복하길 진정으로 원하는 것만이 우리를 변화시
킬 수 있다. 니체는 이러한 실천만이 "우리의 삶에 영원의 형상을
새기는" 길이라고 말한다. 영원회귀는 틀에 박힌 것이 무한히 반
복되는 것이 아님이 분명하다. 영원회귀는 이 순간의 삶에 영원성
을 부여할 수 있을 정도로 영원히 반복되기를 간절히 원하는 것이
다. 나는 나의 삶이 영원히 반복되기를 원할 정도로 정말 간절히
원하는가? 니체의 영원회귀 사상은 바로 이런 실존적 물음이다.

> 나의 사상이 가르치는 것: 다시 살길 소망할 수밖에 없을 정도로 그
> 렇게 사는 것, 그것이 과제다—너는 아무튼 그렇게 될 것이다! 열
> 심히 노력하는 데서 최고의 감정을 얻는 사람은 노력한다. 고요함
> 가운데서 최고의 감정을 얻는 사람은 고요히 쉰다. 적응과 복종과
> 순종에서 최고의 감정을 얻는 사람은 순순히 따른다. 다만 이때 자
> 신에게 최고의 감정을 느끼게 하는 것이 무엇인지 분명히 의식하
> 고, 어떤 수단도 마다하지 말아야 할 것이다! 그것은 영원의 문제다.
>
> —『유고(1881년 봄~1882년 여름)』

나는 정말 나의 삶을 원하는가? 나의 삶에 최고의 감정을 부여하는 것이 무엇인지 아는가? 이 감정을 얻기 위해 어떤 수단이라도 마다하지 않을 수 있는가? 니체의 영원회귀 사상은 우리에게 이렇게 도전적인 질문을 던진다. 니체의 글 중에서 제일 좋아하는 글귀가 무엇이냐는 질문을 몇 차례 받은 적이 있다. 그때마다 난 주저 없이 이렇게 답하곤 했다.

너의 삶을 다시 살기를 원할 수 있을 정도로 그렇게 살아라!

이 문장의 의미가 황혼 빛에 물든 알프스 산을 배경으로 또렷이 드러난다. 차라투스트라가 자신의 정신과 고독을 즐기면서 10년을 산 위에서 보낸 뒤 어느 날 하산한 것처럼 이제 이 산을 내려가야 한다. 니체의 차라투스트라가 동이 트는 아침에 내려갔다면, 우리는 황혼 녘에 하산을 한다.

07

FRIEDRICH NIETZSCHE

파도로 나아가는 광대

펙스 계곡의 그림자

스위스 질스 마리아

상승과 하강의 영원한 반복

높은 산을 올라본 사람이면 다 알겠지만 내려가는 것이 올라가는 것보다 어렵고 위험하다. 올라갈 때는 멀리 보이는 목표와 이상 때문에 발밑의 난관을 보지도 못하고 느끼지도 못한다. 하지만 내려갈 때는 조금만 헛디뎌도 미끄러지거나 몇 길 나락으로 떨어질 수 있다. 발끝에 걸리는 돌부리와 나무뿌리, 낙엽과 풀잎 하나하나를 살펴야 한다. 지금은 케이블카를 타고 편안하게 단숨에 내려가는 이 길을 예전 숲속에서 수도를 하던 고승과 수도사들은 어떻게 오르내렸을까?

숲속으로 이어졌다가 다시 호수를 감아 도는 질스 마리아의 수많은 길을 걸으면서 행한 니체의 정신적 오디세이는 새로운 사상을 탄생시킨다. 질바플라나 호숫가의 평평한 산책로를 거닐면서 니체는 차라투스트라가 저 높이 솟은 산에서 내려오는 모습을 상상했을 것이다. 니체의 예언자 차라투스트라가 산에서 내려와 인간 세계로 하강하는 길을 따라가본다.

차라투스트라는 그의 나이 서른이 되던 해에 고향과 고향의 호수를 떠나 산속으로 들어갔다. 그곳에서 그는 자신의 정신과 고독을 즐기면서 10년을 보냈지만 조금도 지치지 않았다. 그러나 마침내 그의 마음에 변화가 왔다. 그리하여 어느 날 아침 동이 트자 그는 잠자리에서 일어났다. 그리고 떠오르는 태양을 향해 나아가 이렇게 말했다. "너 위대한 천체여! 네가 비추어줄 그런 것들이 존재하지 않는다면 너의 행복이란 무엇이겠느냐! (…) 나는 베풀어주고 싶고 나누어주고 싶다. 사람들 가운데서 지혜로운 자들이 다시 한 번 그들의 어리석음을 기뻐하고, 가난한 자들이 다시 한 번 그들의 넉넉함을 기뻐할 때까지. 그러기 위해 나는 저 아래 깊은 곳으로 내려가야 한다. (…) 나 이제 사람들을 만나기 위해 저 아래로 내려가려 하거니와, 나 또한 그들이 하는 말대로 너처럼 내려가야 한다.

— 『차라투스트라는 이렇게 말했다』

경주하듯 산을 빨리 올라 정상을 밟고 다시 재빨리 내려오는 사람은 결코 오르는 것과 내려가는 것의 의미를 알지 못한다. 적어도 높은 산의 차가운 공기를 느낄 수 있을 만큼은 머물러야 한다. 설령 명상은 하지 않더라도 세속을 떠난 장소에서 신성한 고독을 느껴봐야 한다. 그러기에 산은 혼자 올라야 한다. 산중에서 차라투스트라가 한 것이라고는 때가 되면 서산으로 넘어간 해가 다시 떠오르는 것을 바라보면서 명상하는 것뿐이었다. 니체의 『차라투스트라는 이렇게 말했다』는 사실 10년간의 산중 명상을 마친 차라투스트라가 자신이 터득한 새로운 복음을 전하기 위해 인간 세계로 내려오는 이야기다.

하강은 몰락이 아니다. 우리는 황혼이 되면 해가 서산으로 지거나 넘어간다고 말하지만, 그 해는 아침이면 어김없이 새롭게 떠오른다. 해가 '떠오르는' 아침에 차라투스트라는 '내려간다.' 하강은 결코 파멸의 길이 아니다. 우리는 산에서 내려올 때 내일은 오늘과 다를 것이라는 새로운 기대와 희망을 품고 내려오지 않는가? 니체가 내려가는 하강을 강조한 데에는 이유가 있을 것이다.

인류의 역사가 시작되기 훨씬 이전부터 하강은 언제나 신화론적 모티프를 갖고 있었다. 인간 세계로 내려오는 신은 새로운 혁신을 통해 인간을 세속적인 나락에서 구원해준다. 신의 하강은 이처럼 세계의 부활과 재상승의 전제 조건이다. 몰락과 파멸을 경험하지 못한 사람에게는 구원도 없다.

산을 벌겋게 물들이며 내려가는 해를 보면 상승의 길보다 하강의 길이 훨씬 더 신비롭게 느껴진다. 태양 숭배와 달 숭배의 신화들이 말해주는 것처럼 사실 인간에게 상승과 하강은 중요한 삶의 요소다. 하강은 신화의 중요한 소재다. 페르시아의 차라투스트라와 연결되는 고대 그리스 신화의 오르페우스Orpheus도 하강의 대표적인 인물이다. 그는 하늘에서 땅으로, 그리고 지하의 저승으로, 그야말로 수직 하강의 전형적인 인물이다.

인간사에서 동일한 것이 영원히 반복됨을 여실히 보여주는 것이 있다면 그것은 바로 기쁨과 슬픔, 행복과 고통의 교차일 것이다. 오르페우스 신화는 신에서 인간에게로, 인간 세계에서 지하 세계로의 하강이 결국 비극으로 끝날 수 있음을 보여준다. 우리는 어떻게 하강을 다시 상승으로 승화할 수 있을까? 니체의 초기작『비극의 탄생』부터 그의 삶과 사상에 동반했던 다른 신 디오니소스가 여기서 등장한다.

지상으로 나온 오르페우스는 비탄에 빠져 여성과의 접촉을 멀리하고 대신 소년들과만 관계를 맺는다. 디오니소스가 트라키아에 방문했을 때 오르페우스는 디오니소스는 제쳐두고 단지 아폴론이 가장 위대한 신이라고 말한다. 이에 '새로운 신'인 자신을 존경하지 않는 오르페우스에게 화가 난 디오니소스는 마이나데스로 불리는 광란하는 무녀들을 시켜 오르페우스를 여덟 조각으로 찢어 죽인다. 마이나데스들은 오르페우스의 목을 헤브로스 강에 던졌는데, 목은 노래를 부르면서 바다로 흘러가 레스보스 섬 해안에 당도했다고 한다. 광란하는 여자들이 분노한 것은 오르페우스가 여자를 거부했기 때문일까? 아니면 광기와 도취의 신인 디오니소스를 거부했기 때문일까?

디오니소스 역시 지하 세계로 하강하는 신들에 속한다. 헤라의 분노로 광기에 빠진 디오니소스는 그 당시 변방인 이집트와 시리아를 떠돌다 정화되고 승화되어 다시 돌아온다. 광기를 향한 삶이라고 해도 지나치지 않을 삶을 살고 있는 니체가 디오니소스에 주목한 것은 당연할 것이다.

도취와 광기의 신 디오니소스는 몰락과 부활의 신, 지하 세계의 신이기도 하다. 디오니소스는 미에 대한 욕망과는 "정반대의

오르페우스 신화 _ 세계의 이면을 목도하다

음악의 신 아폴론의 아들이라고도 알려진 오르페우스는 훗날 핀다로스에 의해 음악의 아버지로 일컬어진다. 그는 아폴론에게서 선물로 받은 리라를 귀신같이 다루어 그가 리라를 연주하면 숲의 동물뿐만 아니라 나무나 바위까지도 그의 주위에 몰려 귀를 기울였다고 한다. 오르페우스는 님프 에우리디케와 사랑에 빠져 결혼했지만, 에우리디케가 산책길에서 만난 양치기의 추근거림을 피해 도망치다 뱀에게 물려 죽자 아내를 이승으로 다시 데려올 심산으로 저승으로 내려간다. 오르페우스는 저승의 문을 지키는 수문장을 마법의 음악으로 복종시키고 저승의 왕 하데스와 여왕 페르세포네를 감동시켜 결국 아내를 돌려받는다. 페르세포네는 에우리디케가 뒤따라갈 것이라고 약속하면서 그 대신 이승으로 나가기 전까지 절대로 뒤를 돌아보지 말라고 당부한다. 그러나 출구 바로 앞에서 오르페우스는 약속을 잊고 에우리디케가 잘 따라오고 있는지 뒤돌아봄으로써 에우리디케는 다시 저승으로 사라진다.

포인터의 〈오르페우스와 에우리디케〉 (1862)

욕망, 즉 추한 것에 대한 욕망, 염세주의 비극적 신화, 실존의 밑바탕에 놓여 있는 모든 무서운 것, 악한 것, 불가사의한 것, 파괴적인 것, 운명적인 것"에 대한 의지다. 니체의 차라투스트라는 산을 내려가며 이렇게 묻는다.

> 희극 예술뿐만 아니라 비극 예술을 만들어낸 저 광기, 즉 디오니소스적 광기는 도대체 어떤 의미를 지니고 있는가? 뭐라고? 광기라는 것이 반드시 퇴화, 몰락, 노쇠한 문화의 징후는 아니지 않은가? 어쩌면—이것은 정신과 의사에게 묻는 질문이다—건강의 노이로제가 있지 않은가?
>
> ─『비극의 탄생』

내려간다는 것은 이면을 본다는 것이다. 자신 안에 꿈틀대는 본능과 욕망, 정념과 열정을 보려면 내면의 심연으로 깊이 내려가야 한다. 니체는 광기를 결코 부정적으로 보지 않는다. 디오니소스적 광기는 아폴론적 이성과 함께 우리를 구성하는 두 가지 자연 원리다. 광기가 삶의 원리라면 우리는 때로는 미칠 줄 알아야 한다. 광기는 몰락, 퇴화, 노쇠를 의미하지 않는다. 기존의 것을 파괴하고 새로운 삶을 창조하려면 반드시 광기를 거쳐야 한다.

차라투스트라가 산속에서 고독만 즐긴 것은 아니리라. 산은 고대로부터 악마와 만나는 시험의 장소이자 유혹의 장소였다. 고독 속에서 이런 유혹과 시험을 이겨낸 자만이 산을 내려갈 수 있는 것이다. 이렇게 차라투스트라의 하강은 시작한다.

저당 잡힌 미래, 증발한 현재

오늘은 니체가 오후에 즐겨 걸었다는 펙스 계곡Fextal을 따라 올라가봐야겠다. 큰마음 먹고 묵은 발트하우스 호텔의 아침 식사는 나쁘지 않았다. 토마스 만, 헤르만 헤세, 프리드리히 뒤렌마트, 알베르트 아인슈타인, 테오도어 아도르노와 같은 저명한 손님들이 신문을 뒤적이거나 책을 보았을 발트하우스의 조그만 도서관은 고풍스럽다. 안네 프랑크도 어릴 적 1935년과 1936년의 여름방학을 이곳에서 지냈다고 한다. 이곳에서는 종종 니체 학회가 열리기도 한다. 펙스 계곡으로 올라가는 언덕 위에 자리 잡고 있어 어느 곳에서나 보이는 발트하우스 호텔은 조금 비싸기는 하지만 쉬고 산책하며 생각을 정리하기에 정말 좋을 곳이다.

일단 언덕을 내려가 니체하우스가 있는 조그만 광장으로 내려가기로 한다. 질스 마리아 마을의 지붕들이 발밑에 펼쳐진다. 레스토랑이 한두 개 있는 광장 한쪽에는 펙스 계곡으로 손님들을 실어 나르는 마차가 기다리고 있다. 마차를 보니 니체가 머물렀던 시대로 조금은 옮겨간 것 같은 기분이다. 마차가 기다리고 있는 곳은 당시 산에서 내려오는 시냇물이 흘러가는 조그만 다리가 있었던 곳이라는데, 지금은 복개되어 버스가 서고 마차가 기다리는 조그만 광장으로 변했다. 계곡 입구 쪽으로 바라보면 오른편에 예쁘게 단장한 호텔이 있고 그 앞으로 냇물이 유유히 흐른다.

펙스 계곡으로 올라가려면 포장도로 '비아 다 펙스Via da Fex'를 이용할 수도 있지만 니체가 걸었을 법한 좁은 협곡을 따라 난 등산로를 걷기로 한다. 다리를 건너 사납게 흘러내리는 계곡을 따라 조금 올라가면 폭포가 나타난다. 폭포가 내뿜는 물방울을 머금은 나무들이 연출하는 풍경은 이미 속세를 멀리 떠난 것 같은 느낌을 준다. 니체는 깊은 숨을 몰아쉬며 이 길을 걸으면서 어떤 생각을 했을까?

니체가 이곳에 머물 때면 바젤 대학 동료들과 젊은 숭배자들이 '질스 마리아의 은둔자'를 방문하곤 했다. 그것이 니체를 외부 세계와 연결하는 유일한 통로였다. 니체는 사람들을 떠나 이곳 해발 1,800미터의 고산 지대에 머물면서도 언제나 사람들을 그리워했다.

니체를 숭배한 사람들 가운데 하인리히 폰 슈타인이라는 매우 재능 있는 젊은 철학자가 있었다. 1884년 여름, 스물일곱의 철학자는 니체를 방문하여 질스 마리아에서 사흘을 머문다. 니체는 화창한 어느 날 그와 함께 펙스 계곡을 여덟 시간 동안 산책한다. 이날을 기억하며 니체는 친구 오버베크에게 편지를 쓴다.

이번 여름의 체험은 슈타인 남작의 방문이었어. (그는 독일에서 직접 와서 질스에서 사흘간 머물다 곧바로 자기 아버지에게 돌아갔다네. 방문을 강조하기 위한 품행인데, 나에게 깊은 감명을 주었다네.) 아주 대단한 사람이었는데, 그가 가진 영웅적인 분위기 때문에 내겐 말이 통하고 호감이 갔다네. 마침내, 마침내 내게 속하고 본능적으로 나에 대해 경외심을 품은 사람이 생겼어. (…) 내가 특별한 품성을 지닌 젊은이들을 비로소 충분히 갖기만 한다면 어떤 실천적 과제가 나의 삶의 과제에

속하는지를 그의 곁에서 지속적으로 예리하게 느꼈다네. (…) 차라
투스트라에 관해서는 "열두 문장 정도만 이해하고 그 이상은 전혀
이해하지 못했다"고 슈타인이 매우 솔직하게 말했어.

—『니체 서간집』

니체는 자신의 복음을 세상에 전파할 사도를 얼마나 원했는지
모른다. 자신을 이해해줄 사람이 한 명이라도 있으면 사람은 외롭
지 않다. 약관의 나이에 이미 박사학위를 취득하고 할레에서 강의
하면서 교수 자격을 획득한 슈타인 남작 같은 사람이 몇 명만 더
있었더라도 니체의 삶과 사상은 다른 갈래로 갈라졌을지도 모른
다. 그러나 슈타인 남작은 3년 뒤에 갑자기 세상을 떠난다. 함께 있
는 것만으로도 커다란 기쁨이었던 사람이 사라진 것이다.

헤아릴 수 없이 수많은 사람들 한가운데서도 대화를 나눌 사람
이 없다는 것은 비극이다. 지식을 탐구한다는 교수들조차도 만나면
집, 골프, 은퇴 따위의 이야기로 시간을 보낸다. 행복을 발견했다고
믿고 눈을 깜박거리는 니체의 마지막 인간처럼 돈과 건강만 생각하
는 지식인이 은퇴 이후에는 과연 진정한 행복을 누릴 수 있을까? 어
쩌면 그들은 은퇴 이후의 삶을 위해 지금의 삶을 저당 잡히지만 사
실은 영원히 반복되는 삶을 두려워하는 것일지도 모른다.

이런 생각을 하며 폭포 옆으로 난 길을 오르니 비교적 평평한 고
원 지대가 다시 활짝 모습을 드러낸다. 니체하우스에서 멀지 않은
체사 쿠뮤넬라 앞 광장에서 떠난 마차가 구불구불 산길을 따라 내
려온다. 멀리 깎아지른 듯이 솟아오른 산에는 곳곳에 좁은 폭포가

길게 수를 놓고, 그 앞으로 꽤 넓은 목초지가 펼쳐진다. 펙스 계곡을 따라 길게 이어진 길을 걸으면 지상 최고의 낙원 같다는 생각도 들지만 사람들이 별로 없어서인지 아니면 너무나 조용하고 호젓해서인지 기묘한 느낌이 든다. 집들은 대부분 텅 비어 있는 것처럼 무심하게 서 있고, 초지에는 일하는 사람들은 보이지 않고 젖소들만 한가롭게 풀을 뜯고 있다.

공기가 참으로 맑다. 그동안 대도시의 탁한 공기에 오염되어서인지 이곳의 공기는 달콤하기까지 하다. 이런 곳이라면 아무리 걸어도 지치지 않을 것 같다. 계곡 속의 작은 언덕 위에 로마네스크 양식의 작은 교회가 있다. 반원형의 벽감壁龕과 아름다운 15세기의 벽화가 있는 이 교회는 아름다운 펙스 계곡의 상징물이다. 오늘은 화창해서 듬성듬성 있는 집들이 더욱 무심해 보이지만, 몇 년 전 이곳을 찾았을 때는 비 온 후 잔뜩 흐린 날씨였다.

니체도 흐린 날씨에 이곳 펙스 크라스타 교회까지 긴 산책을 나왔던 적이 있었다. 니체는 보통 맑고 건조한 날씨를 좋아했는데 축축한 목초지 위로 가라앉은 펙스 계곡의 분위기를 한마디로 '무심함'으로 묘사한다. 경박한 소시민의 삶, 정치적으로 오염된 살롱의 참을 수 없는 가벼움에 대해 무심할 수 있는 품성을 이곳에서 발견한다.

자연을 진정으로 느낄 수 있는 사람에게 자연은 음악으로 다가온다. 귀를 기울여야 비로소 들리는 음악, 그것이 자연이다. 이런 대자연 속에서 차라투스트라의 영감을 얻고 또 그 사상을 글로 옮겼기 때문에 니체는 자신의 차라투스트라를 음악으로 여겼던 것

펙스 계곡의 펙스 크리스타 교회

교회는 펙스 계곡 속으로 올라갈 때나 하산할 때나 눈에 들어오는 이정표가 된다. 이 교회에서는 1941년부터 시작한 연주회가 지금까지도 열린다고 한다. 이렇게 한적한 시골 교회에서 듣는 음악은 또 어떤 독특한 빛깔을 보여줄지 궁금하다. 니체가 말한 펙스 계곡의 무심함을 느낄 수 있을지도 모르겠다.

일까. "『차라투스트라는 이렇게 말했다』 전체는 음악으로 생각해도 될 것이다." 니체가 이 책에 '모든 사람을 위한 그러면서도 그어느 누구를 위한 것도 아닌 책'이라는 부제를 붙인 이유를 알 것만 같다. 이 책을 어떤 사상을 논리적으로 설파한 서적으로 읽은 사람은 그 내용을 쉽게 이해하지 못한다. 그러나 이 책을 하나의 음악처럼 듣는 사람은 자신의 삶을 있는 그대로 성찰할 수 있는 펙스 계곡의 공기를 느낄 수 있다.

우리는 자연에 대해서 말하면서 그때 우리 자신은 잊어버린다. 우리 자신도 자연이라는 사실을. 따라서 자연이란 우리가 그 이름을 부를 때 느끼는 것과는 전혀 다른 그 무엇이다.

—『인간적인 너무나 인간적인 II』

우리가 바라보는 저 장엄한 자연만 자연인 것은 아니다. 자연이라고 이름 붙인 외부 세계만을 자연이라고 이해하는 사람은 자연을 느끼지 못한다. 엄밀한 의미에서 자기 자신을 느끼는 사람만이 자연을 느낄 수 있고, 눈에 보이는 아름다운 풍경을 넘어서 진정한 자연을 느낄 수 있는 사람만이 자기 자신을 느낄 수 있다. 그래서 우리는 자연을 찾는다. 자기 자신을 찾기 위해서. 그런데 이 무슨 아이러니란 말인가? 이는 자연 속에서 자연을 느끼지 못하고 자기 자신만을 찾는다면 결코 자신을 찾을 수 없으니 말이다.

다리는 뻐근해오고 머리는 둔해진다. 이쯤 되면 눈에 들어오는 펙스 계곡의 알프스 경치가 지겨울 법도 한데 계곡은 여전히 나를 빨아들인다. 한참 걷다 보니 펙스 계곡의 마지막 숙소인 펙스 호텔이 눈에 들어온다. 유일하게 사람이 북적거리는 곳이다. 여기서 두어 시간만 더 걸어가면 펙스 계곡의 수원지인 빙하를 볼 수 있다는 말을 듣고는 쉬고 싶은 마음은 잠시 접어두고 길을 재촉한다. 펙스 호텔까지는 포장도로지만, 지금부터는 흙길이다. 발밑에 전해지는 흙의 푹신하고 푸근한 감촉이 좋다. 아무도 걷지 않는 길을 걸으면 언제나 설렌다. 내려오는 사람이 있을 법한데도 한 시간을 올라가는 동안 아무도 마주치지 않았다. 평상시라면 불안한 마음에 발길을 돌렸을지도 모르지만 오히려 마음이 차분해진다. 이제부터는 진짜 하산하는 차라투스트라를 만날 수 있을 것만 같다.

니체는 펙스 호텔까지 산책을 하기는 했지만 그곳을 넘어 빙하가 보이는 이곳까지 왔던 것은 아니다. 비록 니체가 걸은 길은 아니지만 여기까지 오길 잘했다는 생각이 든다. 펙스 호텔부터 이곳까지 오는 동안 정말 아무런 생각도 들지 않았다. 그냥 걸었다. 니체가 말한 무심의 경지를 느낄 수 있을 것도 같다는 생각만 간혹 들었다. 몇 차례 굽이를 도니 빙하 녹은 물이 삼각주를 이루고 그것을 감아도는 펙스 계곡의 끝자락이 보인다. 3천 미터가 넘는 고봉들이 화환처럼 두르고 있는 사이로 빙하가 보인다. 지구 온난화로 빙하가 많이 녹아내렸다는 것을 감안하면 니체 시절에는 빙하의 혓바닥을 볼 수도 있었을 것이다. 빙하에서 흘러내리는 잿빛 계곡물을 바라본다. 니체는 이 높은 산의 깊은 고독 속에서 정신을 수도하고 내려오는 차라투스트라의 입을 빌려 어떤 사상을 전하고자 한 것일까? 이 질문에 대한 답을 찾듯 나도 천천히 하강의 길을 시작한다.

마지막 인간이 머무는 항구

빙하를 보고 내려가는 길은 또 다른 계곡으로 들어가는 길 같다. 우리나라에서는 정상을 밟고 하산하면 사람이 사는 마을들이 보이기 마련인데, 알프스는 고원 지대라서 그런지 어느 쪽으로 가나 깊은 숲속으로 들어가는 것 같은 착각을 불러일으킨다. 빙하에서 발원하여 계곡을 따라 질바플라나 호수로 흘러드는 페다클라 강의 길이가 10.5킬로미터니 계곡 입구의 발트하우스 호텔까지 한참을 내려가야 한다. 계곡에는 벌써 율리어 고개 쪽의 산 그림자가 드리워져 있다. 그림자가 조금씩 커지는 것도 같고, 조금씩 올라오는 것도 같다. 니체의 차라투스트라가 하산하여 시장에서 대중을 향해 설파했던 초인의 그림자가 움직인다.

『차라투스트라는 이렇게 말했다』의 첫 장면이 떠오른다. 차라투스트라는 하산하면서 만난 첫 도시에서 시장에 군중이 모여 있는 것을 본다. 사람들이 한 광대의 줄타기 공연을 기다리고 있었다. 차라투스트라는 이 기회를 놓치지 않고 자신이 산속에서 10년 동안 수도하며 터득한 복음을 전하기 시작한다.

나는 너희들에게 초인을 가르친다. 인간은 극복되어야 할 그 무엇이다. 너희들은 너희 자신을 극복하기 위해 무엇을 했는가? 지금까지 존재하는 모든 것들은 그들 자신을 뛰어넘어, 그들 이상의 것을 창조해왔다. 그런데도 너희들은 이 거대한 밀물을 맞이하여 썰물이 되기를, 자신을 극복하기보다는 오히려 짐승으로 되돌아가려

하는가?

─『차라투스트라는 이렇게 말했다』

니체라는 이름을 들으면 금방 떠올릴 정도로 일반화된 개념이 바로 초인이다. 이 용어는 니체가 사용한 다른 어휘들과 마찬가지로 후세대 사람들의 골치를 아프게 만든 낱말이다. 어떤 사람은 이제까지 인간이 가진 모든 능력을 초월한 존재로 이해하기도 하고, 또 어떤 사람은 자기 자신을 극복해가는 도덕적 군자와 같은 존재로 이해하기도 한다. 사람들은 자신의 관점에 따라 '초인超人'이라는 말 대신에 '극복인克復人'이라는 말을 선호하기도 한다. 특별한 해석에 편향되기 싫어하는 사람들은 이 독일어 개념을 음역하여 그대로 '위버멘슈Übermensch'로 부르기도 한다.

이 개념을 극복인 또는 위버멘슈로 부르는 사람들은 오해와 편견에서 니체를 해방하여 그가 본래 의도한 뜻을 더 잘 말해준다고 주장하지만, 나는 그냥 초인이라는 말이 좋다. 니체의 용어와 사상이 어쩔 수 없는 오해와 왜곡, 올바른 해석을 둘러싸고 수많은 다툼을 야기한다면, 그것 또한 우리가 고려하고 반영해야 하는 것은 아닐까?

사실 위버멘슈라는 개념은 '~의 위에' 또는 '~을 넘어'의 뜻을 가진 전치사 'über'와 사람을 뜻하는 'Mensch'의 합성어다. 이런 점에서 뛰어넘을 '초超' 자를 쓰는 초인이 오히려 적합한 번역어라고 할 수 있다. 어떤 것이 더 니체의 의미와 가까운지가 여전히 논란이 될 때에는 가슴에 귀를 기울이는 편이 훨씬 더 낫다. 초인이라는 말은 우리에게 무엇인가에 관한 동경을 불러일으키지만 '극복인' 또는 '위버멘슈'는 밋밋하다. 극복인이 산문적이라면, 초인은 시적이고 운문적이다.

초인을 설파하는 차라투스트라가 우리에게 던지는 질문이 가슴에 꽂힌다. "너희들은 너희 자신을 극복하기 위해 무엇을 했는가?" "너희는 자신을 극복하기보다는 오히려 짐승으로 되돌아가려고 하는가?" 우리는 일상에 불만을 터뜨리면서도 일상으로 영원히 회귀한다. 아무런 꿈도 없이 그 무엇도 동경하지 않으면서 일상을 살아간다. 이것이 짐승의 삶이 아니고 무엇이란 말인가?

> 사람에게 원숭이는 무엇인가? 일종의 웃음거리 아니면 일종의 견디기 힘든 부끄러움이 아닌가. 초인에 대해서는 사람이 그렇다. 일종의 웃음거리 또는 일종의 견디기 힘든 부끄러움일 뿐이다.
>
> —『차라투스트라는 이렇게 말했다』

니체의 영향을 많이 받은 실존주의 철학자 하이데거Martin Heidegger가 말하는 것처럼, 거리 위 익명의 사람들은 삶을 진지하게 받아들이지 않는다. 거리의 대중은 아무것도 부끄러워하지 않는다. 부끄럽다는 것은 본디 떳떳하지 못해 볼 낯이 없다는 것이다. 하나하나의 개인으로 파편화되어 있으면서도 정작 개성은 갖지 못한 현대인은 니체에게 극복해야 할 대상이다. 우리가 원숭이를 조롱하는 것처럼 초인은 우리를 웃음거리로 만든다. 우리에게 견디기 힘든 부끄러움은 도대체 무엇인가? 자신을 극복하려면 남몰래 부끄러

위하는 것이 무엇인지를 알아야 한다. 니체의 초인 사상이 겨냥하는 것은 자기 극복이다.

사람들은 극복의 대상을 다양하게 받아들인다. 니체의 사상을 왜곡하여 해석한 나치는 초인에게서 게르만 민족의 탁월한 전사를 보았다. 진화론자들은 인간 진화의 다음 단계를 보고, 트랜스휴머니스트라고 자칭하는 일련의 과학자와 기술자들은 과학과 기술의 힘으로 증강된 사이보그를 예견한다. 니체는 이미 이 말이 겪을 운명을 알고 있었나 보다. 그는 스스로 이러한 해석을 경계한다.

'초인'이라는 말은 최고로 잘되어 있는 인간 유형에 대한 명칭이며 현대인, 선한 자, 기독교인과 다른 허무주의자들과는 반대되는 말이다. 도덕의 파괴자인 차라투스트라의 입에서 이 말이 나오면, 아주 숙고할 만한 말이 된다. 그런데 거의 모든 곳에서 그 말의 가치가 차라투스트라의 형상에서 드러나는 것과는 정반대의 의미로 순진하게 이해되고 있다. 말하자면 반은 '성자'이고 반은 '천재'인, 좀 더 고급한 인간의 이상적인 유형으로서 말이다.

—『이 사람을 보라』

니체의 초인은 결코 고급 인간이 아니다. 사람들이 현대인이 되고자 한다면, 그것은 초인이 아니다. 사람들이 선한 자가 되기를 원하는가? 그것은 초인이 아니다. 사람들이 이상적이라고 여기고 아무런 생각 없이 추구하는 삶은 자신에게서 부끄러움을 느끼지 않는 삶의 방식이다. 그들은 자신에게서 극복해야 할 것이 무엇인지도 모르는 채 살아간다.

초인의 그림자

우리는 염치와 체면이 사라진 시대의 한복판을 살아가고 있다. 체면體面은 말 그대로 몸의 얼굴이다. 남을 대하기에 떳떳한 도리나 얼굴이 체면이다. 인터넷 시대에 SNS를 통해 자기 얼굴 알리기에는 열중하지만 범람하는 이미지 속에서 진정한 얼굴을 잃어간다. 다른 사람에게 어떻게 비치는지에 대해서는 엄청난 관심을 갖지만 정작 다른 사람은 배려하지도 생각하지도 않는다. 개인의 특성을 온전히 보여주는 품성과 성격은커녕 개성도 없이 모두가 같은 모습으로 닮아가는 시대에 우리는 어떻게 살아가야 할까?

니체는 현대 사회의 '얼굴 없는 사람들'을 마지막 인간이라고 부른다. 그들이 마지막 인간인 이유는 이 세계가 파국에 이르기 직전에 생존해서가 아니다. 그들은 극복해야 할 단계에서 살고 있기 때문에 마지막 인간인 것이다. 사람들은 더 이상 특별한 사람이 되려고 하지 않는다. 현대를 살아가는 대중에게 꿈이 있다면 다른 사람처럼 그저 평범하게 사는 것이다. 사람들은 거친 파도가 몰아치는 바다로 모험을 떠나기보다는 항구에 안전하게 정박하기를 원한다. 이런 사람들에게 초인을 설파하는 차라투스트라의 복음이 받아들여질 리 만무하다. 차라투스트라가 초인과 마지막 인간을 극적으로 대비하며 초인의 사상을 가르치려고 하자 시장에 모여 있는 대중은 곧바로 고함과 환호로 그의 말을 막는다.

> 오, 차라투스트라여, 우리에게 그 최후의 인간을 달라. 우리들로 하
> 여금 그 마지막 인간이 되도록 하라! 그러면 우리가 그대에게 초인
> 을 선사하겠다!
>
> —『차라투스트라는 이렇게 말했다』

차라투스트라는 자신의 말이 전혀 받아들여지지 않고 공허하게 메아리치는 것을 보고 적잖이 놀란다. 그는 너무 오랫동안 속세와 떨어져서 산속에서 살았는지도 모른다. 현대인이 어떤 종류의 사람인지 알지 못했던 것이다.

니체의 말을 가만히 듣고 있으면 니체가 그리는 마지막 인간은 현대인의 자화상이다. 마지막 인간이 "우리는 행복을 찾아냈다"고 말하면서 눈을 깜박이는 것처럼 현대인은 행복 외에는 그 어떤 것에도 관심을 갖지 않는다. 한창 미래에 관심을 갖고 자신의 꿈을 추구하는 젊은이들에게 삶의 목적이 무엇이냐고 물어보라. 거의 예외 없이 돌아오는 대답은 하나의 낱말로 귀결된다. 행복. 행복하게 사는 것이 도대체 어떤 것이기에 차라투스트라는 마지막 인간의 삶이라고 조롱한 것일까?

마지막 인간은 살기 힘든 지역을 피해 안주하고자 한다. 행하기 힘든 것은 하지 않을 뿐만 아니라 원하지도 않는다. 그들은 추위를 피해 따뜻한 곳으로 향한다. 그들이 다른 사람을 원할 때는 오직 자신에게 온기가 필요할 때뿐이다. 그들은 일하는 것을 싫어하면

인간은 짐승과 초인 사이를 잇는 밧줄,
하나의 심연 위에 걸쳐 있는 하나의 밧줄이다.
저편으로 건너가는 것도 위험하고, 건너가는 과정, 뒤돌아보는 것,
벌벌 떨고 있는 것도 위험하며 멈춰 서 있는 것도 위험하다.

— 『차라투스트라는 이렇게 말했다』

서도 일을 하기는 한다. 그럭저럭 세월을 보내며 심심풀이로 하는 일종의 소일거리이기 때문이다. 일을 하면서도 몸을 해치는 일이 없도록 극도로 조심하기 때문에 열정이라는 낱말을 잊어버린 지 오래다. 그들은 스스로 모두가 평등하다고 생각하기 때문에 어떤 목자와 지도자도 인정하지 않는다. 특별한 것을 참지 못하기 때문에 스스로도 특별하다고 생각하지 않는다. 그들은 물론 낮에는 낮대로, 그리고 밤에는 밤대로 조촐한 쾌락을 즐기지만, 절대로 건강을 해치지 않는 범위에서만 즐길 뿐이다. 이것이 마지막 인간의 삶이다. 그런데 이것은 우리 현대인이 원하는 삶이지 않은가. 그들이 삶의 목표로 삼는 행복이라는 것이 결국은 삶에서 그 어떤 높은 꿈과 이상도 박탈하는 것은 아닐까?

"나는 그들에게 더없이 경멸스러운 것이 무엇인가를 말하겠다. 마지막 인간이 바로 그것이다." 이어서 차라투스트라는 군중에게 이렇게 말했다. 지금이야말로 사람이 자신의 목표를 세울 때다. 지금이야말로 사람이 자신의 최고 희망의 싹을 틔울 때다. (⋯) 너희들에게 말하거니와, 춤추는 별을 탄생시키기 위해 사람은 아직 자신들 속에 혼돈을 지니고 있어야 한다. 너희들에게 말하거니와, 너희들은 아직 그러한 혼돈을 지니고 있다. 슬픈 일이다! 머지않아 사람이 더 이상 별을 탄생시킬 수 없게 될 때가 올 것이다. 슬픈 일이다! 머지않아 자기 자신을 더 이상 경멸할 줄 모르는, 그리하여 경멸스럽기 짝이 없는 자의 시대가 올 것이다. 보라! 나는 너희들에게 최후의 인간을 보여주겠다. "사랑이란 무엇인가? 창조란 무엇인가? 동경이란 무엇인가? 별이란 무엇인가?" 마지막 인간은 이렇게 묻고는 눈을 깜박인다.

—『차라투스트라는 이렇게 말했다』

자기 자신을 극복하려면 우선 자신에게서 가장 경멸스러운 것이 무엇인지 물을 줄 알아야 한다. "경멸할 줄 모르는 사람은 경멸스럽기 짝이 없다"는 차라투스트라의 말은 우리의 폐부를 찌른다. 스스로 부끄러워할 줄 모르는 사람만큼 부끄러운 것도 없다. 자신을 경멸하지 않는다는 것은 결국 자기 자신을 뛰어넘을 꿈과 동경이 없다는 것을 말한다.

가슴에 반짝이는 별을 품고 있지 않은 사람이 어떻게 새로운 삶과 세계를 창조할 수 있단 말인가. 만약 사랑, 창조, 동경, 별이라는 낱말들이 낯설게 들린다면, 그 사람은 마지막 인간임에 틀림없다. 아무런 목표 없이 그날그날을 반복적으로 살아가는 사람이다.

이 마지막 인간의 대척점에 있는 초인은 단순하게 뛰어난 사람이 아니다. 만약 자신의 목표를 세울 줄 아는 사람이라면 그는 초인이다. 하늘을 우러러 부끄럼 없는 삶을 살고자 한다면 스스로를 부끄러워할 줄 알아야 하고 또 경멸스러운 것을 극복하고 새로운 것을 창조하려면 자기 자신에게서 경멸할 만한 것을 발견해야 하는 것처럼, 춤추는 별을 탄생시키려면 자신의 내면 안에 혼돈을 품고 있어야 한다.

현대인은 혼돈을 견뎌내지 못한다. 모든 것이 정리되고 안정되어야 현대인은 행복감을 느낀다. 그러니 이들이 어떻게 초인의 지고한 행복을 느낄 수 있겠는가?

　계곡을 굽이쳐 흘러내려가는 물소리가 점점 더 커지면서 나는 현실로 돌아온다. 나는 초인의 가능성을 갖고 있는가, 아니면 여전히 마지막 인간으로 살아가고 있는 것은 아닌가? 우리는 혹시 초인과 마지막 인간 사이를 위태롭게 줄타기하는 광대는 아닐까? 이런 생각에 다다르니 니체가 초인을 가르치는 차라투스트라와 줄타기 광대를 나란히 등장시킨 것이 우연이 아닌 듯 보인다.

　광대가 드디어 군중의 머리 위를 지나는 줄 위로 걷기 시작한다. 그가 가까스로 반쯤 왔을 때 줄이 연결된 탑에서 알록달록한 옷을 입은 사람이 뛰어나와 아주 빠른 발걸음으로 광대를 뒤쫓는다. 어서 앞으로 나아가라고, 자신의 길을 막지 말라고 조롱하던 이 사람은 결국 광대를 훌쩍 뛰어넘고 그 바람에 광대는 균형을 잃고 땅바닥으로 떨어져 죽는다.

　힘겹게 줄타기하는 그 광대는 누구이고 그를 뛰어넘은 악마 같은 다른 광대는 또 누구인가? 죽어가는 광대에게 "네가 말하는 것, 악마도 없고 지옥도 없다"고 차라투스트라가 말하는 것을 보면, 그 다른 광대는 우리가 어려움을 겪을 때마다 마음속에 그리는 또 다른 '나'일지도 모른다. 광대가 자신은 사람들이 매질을 하고 변변치 못한 먹이를 미끼로 주면서 춤을 추도록 훈련시킨 짐승이라고 자책을 하자 차라투스트라는 이렇게 말한다.

　　그만하라. 너는 위험을 너의 천직으로 여겨왔다. 그것은 조금도 경멸할 일이 아니다. 이제 너는 너의 천직으로 인해 파멸을 맞이하고 있는 것이다. 그래서 나는 너를 손수 묻어주려 한다.

—『차라투스트라는 이렇게 말했다』

우리는 삶의 광대다. 우리가 어떤 별을 가슴에 품든, 어떤 목표를 세우든 그 별과 목표로 인해 파멸을 맞이할 수 있다는 것을 알면서도 그것들을 추구한다면, 우리는 어쩔 수 없는 광대다.

눈을 들어 멀리 보니 다른 곳을 비추기 위해 내려가고 있는 태양을 등진 산이 갑자기 검은 모습으로 일어서는 것처럼 보인다. 다리가 뻐근해온다. 빨리 내려가서 따뜻한 차를 마시고 침대 위로 몸을 던지고 싶다. 조금 전까지 초인의 의미를 음미했는데 결국 마지막 인간으로 다시 돌아간다. 계곡 전체에 드리운 초인의 그림자가 차라투스트라의 복음을 들려준다.

인간은 짐승과 초인 사이를 잇는 밧줄, 하나의 심연 위에 걸쳐 있는 하나의 밧줄이다. 저편으로 건너가는 것도 위험하고, 건너가는 과정, 뒤돌아보는 것, 벌벌 떨고 있는 것도 위험하며 멈춰 서 있는 것도 위험하다. 사람에게 위대한 것이 있다면 그것은 그가 목적이 아니라 하나의 교량이라는 점이다. 사람에게 사랑받아 마땅한 것이 있다면 그것은 그가 하나의 과정이요 몰락이라는 점이다.

—『차라투스트라는 이렇게 말했다』

08

FRIEDRICH NIETZSCHE

두 발로 하는 사유

고독의 샤스테

알프스 엥가딘

인간에 대한 구토

어젯밤 계곡에서 내려왔을 때 질스 마리아는 이미 어둠에 잠겨 있었다. 차라투스트라가 하산했던 대낮에 비한다면 밤의 이곳은 높은 산에 둘러싸인 심연 같기도 하고 자연의 자궁 같기도 했다. 끝을 알 수 없는 심연의 신비로움과 포근히 감싸는 자궁의 아늑함에 정신없이 잠에 빠졌다. 그 덕분일까. 온몸에는 여전히 피곤이 남아 있지만 내면에는 삶의 충동이 용솟음친다. 니체도 이와 같은 이름 모를 생동감을 느꼈던 것일까?

산 위와 숲속은 더 고요해지고 평화로워지고 있어요. 나의 지평에는 이제까지 한 번도 본 적 없는 사상이 솟아오르고 있어요. 나는 그 사상의 어떤 것도 누설되지 않기를 바랍니다. 나 스스로 흔들리지 않는 고요를 유지하고 싶습니다. 난 아무래도 몇 년은 더 살아야할 것 같아요! 아, 친구여, 최고로 위험한 삶을 살고 있다는 의구심이 이따금 머리를 스칩니다. 나는 파열할 수 있는 기계에 속하기 때문입니다. 감정의 강렬함이 나를 전율에 떨게 만들기도 하고 웃게도 합니다. 이미 몇 번인가 방을 나설 수가 없었어요. 눈에 염증이 생겼다는 우스꽝스러운 이유 때문에 말이지요. 무엇 때문이냐고요? 매번 전날 산보를 하면서 너무 많이 울었기 때문입니다. 그것도 감상적인 눈물이 아니라 환호의 눈물이었습니다. 나는 노래 부르고 헛소리를 지껄이면서, 모든 사람에 앞서서 가진 새로운 시선으로 충만했습니다.

— 『니체 서간집』

언제라도 죽음이 찾아올 수 있다는 두려움을 안고 살아가는 니체를 붙든 것은 질스 마리아에서 얻은 새로운 사상의 실마리였다. 호반과 숲속을 거닐면서 얻은 초인과 영원회귀 사상에 대한 새로운 관점은 니체에게 삶의 버팀목이었다. 무엇인가 생각할 수 있다는 것은 정말 우리에게 얼마나 귀중한 것인가? 니체는 새로운 사상에 환호하며 엄청난 감정의 소용돌이에 휘말렸다고 고백한다. 울고 또 울어서 눈이 짓물러 방을 나설 수 없을 정도로 격정적인 생각의 한가운데 있을 니체를 상상해본다. 나도 철학을 하며 이런 감정에 휩싸여본 적이 있었던가?

오늘은 니체가 갑작스럽게 엄습한 초인과 영원회귀 사상의 가닥을 정리하기 위해 아침마다 산보했다는 샤스테Chastè 반도로 천천히 걸어간다. 샤스테는 발트하우스 호텔이 있는 산자락과 평평한 초지가 만나는 곳을 따라 질스 호수 안쪽으로 부리처럼 뾰족하게 뻗은 조그만 반도다. 샤스테 반도로 가는 길 한가운데 서서 양쪽을 바라보면 이곳 전체가 커다란 협곡이라는 것을 느낄 수 있을 정도로 산들이 장엄하게 모습을 드러낸다. 멀리서 보면 조그만 동산처럼 보이지만 반도 안은 마치 깊은 원시림처럼 키 큰 나무와 덤불과 갖가지 들꽃으로 가득 찬 아름다운 숲이다.

샤스테 반도는 정말 '질스의 보석'으로 불릴 만하다. 호숫가를 따라 걸으면 눈에 띄지 않는 호젓하고 조용한 만들이 곳곳에 나타나고, 숲 쪽으로 발길을 돌리면 파도 소리조차 들리지 않을 정도로 고요하다. 니체는 처음 질스 마리아를 방문했던 1881년에 이미 이 반도의 아름다움을 발견했다. 주위의 산을 바라볼 수 있는 탁 트인 조망에다 햇볕을 가려주는 숲은 니체에게 최적의 장소였다. 그는 아침 6시면 이곳으로 발걸음을 옮겼다고 한다. 병든 눈을 보호하기 위해 노란 우산을 쓰고 반도를 향해 산보 나가는 철학자의 모습을 상상해보니 웃음이 저절로 나온다.

반도에 들어서 만 하나를 굽어 도니 돛을 내리고 주황색 천으로 싸놓은 조그만 보트가 눈에 들어온다. 주위에 사람은 없고 보트만 철썩거리는 파도에 이리저리 흔들릴 뿐이다. 저 보트가 아니었다면 아무리 정적이 감싸고 있다고 하더라도 고독이 느껴지지는 않았을 것이다. 고독의 느낌표처럼 호숫가에 찍혀 있는 보트는 니체가 이곳에서 느꼈을 감정을 그대로 자아낸다. 니체는 왜 고독이 필요했던 것인가?

나는 고독이 필요하다. 내가 말하고자 하는 바는 내게는 회복, 내 자신에게로 되돌아옴, 자유롭고 가볍게 유희하는 공기의 숨결이 필요하다는 것이다. 내 『차라투스트라는 이렇게 말했다』 전체는 고독에 대한 송가다. 또는 나를 이해할 수 있다면 순수에 대한 송가라고 할 수 있다.

　　　—『이 사람을 보라』

고단한 몸과 마음을 치유하고 자기를 회복하여 자기 자신에게로 되돌아가고자 한다면, 우리 모두는 자유로운 공기가 필요하다. 저 숲의 나무들이 성장하려면 공기가 필요한 것처럼 사상가는 자유로운 정신을 위해 고독이 필요하다. 니체는 초인이 되려면 자신에게서 가장 혐오스러운 것이 무엇인가를 알아야 한다고 하지 않았는가. 니체의 초인 사상은 '인간에 대한 구토'에서 시작한다. 니체는 고독이 필요하다고 말하면서 고백한다.

내게 인간과의 교제는 내 인내심에 대한 작지 않은 시험이다. 내 인간애는 사람들과 함께 공감하는 데 있지 않다. 오히려 내가 그들과 공감한다는 것을 참아내는 데 있다. 내 인간애는 끊임없는 자기 극복이다.

　　　—『이 사람을 보라』

사람들과 함께 있는 것이 어떻게 자기 자신에 대한 시험이 될 수 있는가? 얼마만큼 그들과 함께할 수 있으며 또 얼마만큼 그들과 차별화할 수 있는지를 시험하는 과정을 통해 우리는 자기 자신을 발견한다. 니체는 이런 사상을 광기로 쓰러지기 직전에 간단한 정식으로 표현한다. "나는 인간으로서는 고독이다."

외로움과 고독의 차이

사람들은 종종 외로움을 고독으로 착각한다. 외로움이 사람들과의 교제를 간절히 바라지만 오히려 그들로부터 소외되고 버려진 것 같은 마음을 말한다면, 고독은 자기 자신과 온전히 마주하기 위해 '의도적으로' 다른 사람과의 관계를 끊는 것을 말한다. '군중 속의 고독'이라는 어느 사회학자의 말처럼 사람들 한가운데서 외로움을 느낄 수도 있지만, 고독은 종종 사람들과의 관계를 건강하게 회복시킨다. 니체는 왜 사람을 멀리하고 자기 속으로 침잠해 들어간 것일까? 그는 왜 다른 사람들과 함께 있으면 갇혀 있다는 느낌을 떨쳐버릴 수 없었던 것일까?

청소년기의 니체는 결코 괴팍한 외톨이가 아니었다. 어린 시절 나움부르크 학교를 다닐 때는 동무들과 어울리기를 즐겼고, 엘리트 기숙학교 슐포르타에 있을 때는 친구들과 어울려 클럽을 만들기도 했다. 청년 니체는 춤을 잘 추고, 재치 있는 이야기꾼이었다. 사실 니체는 지성과 매력을 갖추고 있었기 때문에 당시의 거장 바그너의 마음에 들었던 것이다. 바그너는 그를 자신의 친밀한 그룹에 받아들였고, 루체른 근처의 집으로 왕래했던 그를 가족처럼 대했다. 물론 많은 사람은 아니었지만 바젤 대학의 몇몇 동료와 친교

관계를 맺고, 광기로 무너질 때까지 유지했다. 물론 여자들과의 관계에서는 별 행운이 없었다. 그렇다고 그를 깊은 고독 속으로 몰아넣은 것이 루 살로메와의 만남은 아니다. 그는 살로메와 함께 있을 때에도 종종 무거운 고독 속에 잠겨 말을 잃곤 했다.

니체는 "체념하는 마음을 가지고 의도적으로 고독 속에서 지내보면, 사람들과의 교제를 거의 즐기지 못하기 때문에 그 교제를 더욱 맛있는 것으로 만들 수 있다"(『인간적인 너무나 인간적인 II』)고 했다. 그리고 방랑을 시작한 1879년부터 그의 삶은 고독 그 자체였다. 그는 외부 세계와의 지속적인 관계를 의도적으로 피했다. 이 은둔자는 가족, 친구와 비판자, 그리고 출판사와 오직 서신으로만 연락을 주고받았다. 머무는 곳의 주소조차 그 누구에게도 알리지 않았다. 편지의 주소는 우체국 사서함으로 해놓기 일쑤였다. 자주 거처를 옮긴 탓도 있지만 사람들과 거리를 두고자 한 것이 더 큰 이유였다. 원하지 않는 사람이 찾아올까 봐 거짓 주소를 알려준 것을 보면 그가 외부 세계와 얼마나 거리를 두었는가를 잘 알 수 있다.

고독을 즐긴다고 해서 고독에 고통을 당하지 않는 것은 아니다. 여기서 우리는 '즐긴다'는 표현을 조심스럽게 사용해야 한다. 고독을 찾는 사람들은 대개 혼자 있고 싶은 욕구와 혼자이고 싶지 않은 동경 사이를 오간다. 니체는 이탈리아의 다른 도시들에 머물 때보다 이곳 질스 마리아에서 고독의 고통을 더 깊이 경험했다. 니체는 질스 마리아가 점점 더 유명해지는 것을 한탄하기도 했다.

풍경으로서 질스 마리아는 나와 친족처럼 가깝다. 불행히도 장소로서는 아니다. 내가 이곳에서 얼마나 품위 있는 고독과 은둔생활을 할 수 있었는지! 그런데 질스 마리아가 유행이 되고 있어.

　―『니체 서간집』

　니체는 점점 더 많은 사람이 찾아오는 것을 불평하지만, 곧 외로움의 절망감에 빠져 사람들을 그리워한다. 니체의 사상은 이처럼 고독과의 끊임없는 싸움을 통해 조금씩 발전해갔다.

내가 너에게 고독에 관한 나의 감정을 표현할 수 있는 개념을 말해줄 수만 있다면! 죽은 사람들보다 살아 있는 사람들에게선 내가 가깝게 느낄 수 있는 사람이 거의 없다네. 이건 이루 말할 수 없을 정도로 끔찍한 일이야. 이 감정을 견뎌내는 연습과 그것이 어린아이의 걸음마처럼 조금씩 발전하고 있다는 것만이 내가 그것으로 인해 아직 파멸하지 않았다는 사실을 깨닫게 한다네. 아무튼 내가 그것 때문에 살아가는 과제가 내 눈앞에 분명하게 놓여 있다네. 그 과제가 형언할 수 없는 슬픔의 사실이기는 하지만, 만약 죽을 수밖에 없는 존재의 과제에 위대함이 내재하고 있다면 고독의 감정을 견뎌내는 데 위대함이 있다는 의식을 통해 신성화되었다네.

　―『니체 서간집』

　우리는 어느 순간 이 땅 위에 던져졌다가 어느 순간 사라질 덧없는 존재다. 이 실존적인 존재가 삶의 무상과 덧없음에도 불구하고 위대한 점이 있다면, 그것은 스스로 하나의 과제를 부여할 수 있는 능력 때문이다. 니체는 고독을 견뎌내는 것을 이 과제로 생각한다. 니체는 자신의 고독이 어디에서 연유하는지 잘 알고 있다. 수목 한계선처럼 사람이 살 수 있는 한계선이 있다면 그를 사람의 한계선 위의 고독의 지역으로 내몬 것은 바로 사유의 길이다.

사상에도 높은 산과 깊은 심연이 있는 것일까. 그는 희망과 절망 사이에 걸친 위험한 줄을 탄다. 니체는 스스로 다짐한다. 결코 주위를 돌아보지 말라! 그것이 최선의 용기다. 너의 뒤에는 어떤 길도 보이지 않는다. 그 어느 누구도 너의 뒤를 따라올 수 없다. 발을 내디디기만 하면 길은 곧바로 지워지니까.

이것처럼 위험한 길은 없을 것이다. 앞서간 사람도 없으니 따라갈 길도 없고, 자신이 간 길이 사라지니 따라올 사람이 없다. 우리는 흔히 니체의 철학을 실험 철학, 또는 극단의 사상이라고 말한다. 니체는 우리에게 자신의 삶을 실험하라고 권한다.

> 삶은 나를 실망시키지 않았다. 해가 갈수록 나는 삶이 더 참되고, 더 열망할 가치가 있고, 더 비밀로 가득하다는 것을 발견하고 있다. 위대한 해방자가 내게 찾아온 그날 이후로! 의무나 저주받은 숙명이나 기만이 아니라, 인식하는 자의 실험이 될 수 있다는 저 사상이 나를 찾아온 이후로! (…) 삶은 인식의 수단이다.
> ─『즐거운 학문』

고독의 한가운데서 니체는 삶이 자신을 실망시키지 않았다고 말한다. 니체에게 철학은 이제 더 이상 진리의 탐구도 아니고 세계에 대한 통찰도 아니다. 자신의 삶을 다시 살기를 원할 만큼 삶을 제대로 살기 위해서 니체는 자신의 사상을 삶에 극단적으로 적용해야 한다. 삶과 사상이 하나가 되어야 한다.

이런 철학은 연구실에 앉아 책 속으로 파고든다고 할 수 있는 것이 아니다. 니체의 실존적 실험 철학은 오직 자신과의 대화로서만 가능하다. 니체는 당시의 철학과 관계를 끊는다.

진리에의 의지라는 이름으로 이루어진 서양 철학은 근본적으로 삶에 적대적인 도덕 철학이었다. 이성은 우리의 이면인 감정과 본능을 죽이고, 도덕은 삶에 대한 새로운 관점을 봉쇄한다.

니체는 이러한 서양 철학을 비판함으로써 자신이 따라갈 수 있는 길을 지워버렸다. 그는 새로운 길을 걷고자 한다. 그리고 새로운 길을 걷고자 한다면 고독을 견뎌내야만 한다.

내가 너희에게 같은 모험을 하길 권하리라고 생각하지 마라! 또는 같은 고독을 권하리라고. 왜냐하면 자신의 길을 가는 사람은 아무도 만나지 않기 때문이다. '자신의 길들'이 그것을 초래한다. 아무도 그를 도와주지 않는다. 위험, 우연, 악의와 악천후 중에서 그에게 닥치는 모든 것을 그는 스스로 해결해야 한다. 그는 자신을 위해 자신의 길을 갖고 있다.

— 『유고(1885년 가을~1887년 가을)』

어쩌면 니체의 오만한 이 말이 우리를 상당히 불편하게 할지도 모른다. 후세의 어느 누구도 자신의 위대함을 뛰어넘을 수 없다는 말을 어떻게 견뎌낼 수 있단 말인가. 우리는 니체의 말을 소비하면서 종종 그를 이해했다고 생각할지도 모른다. 니체가 유행이 되면, 우리는 니체를 이해할 수 있는 기회를 상실한다. 니체의 말을 이해하려면, 그가 자신의 사상으로 부화시킨 고독의 길을 걸어야 한다. 그것은 니체의 말을 따르는 것이 아니라 그의 말을 붙잡고 자기 자신과 대화를 나누는 길이다. 니체의 말은 우리가 우리 자신을 실험하는 촉매로 기능할 뿐이다.

몸의 목소리

파도 소리를 들으며 한참이나 멍하니 호수를 바라보다 다시 천천히 발걸음을 옮긴다. 길은 호수에서 조금 멀어지더니 야생화가 만발한 숲으로 이어진다. 모든 길이 새롭다. 한참 걸어 올라가면 키 큰 소나무로 드리워진 바위 하나가 나타난다. 호수 쪽으로는 벼랑이고, 건너편으로는 말로야로 가는 길이 보인다. 절벽 위에 아슬아슬하게 걸쳐 있는 것 같은 조그만 숲 광장에 수를레이 바위와 닮은 바위가 하나 서 있다.

니체는 위험해 보이지만 어딘가 모를 안정감을 주는 이곳에 즐겨 앉아 있곤 했다. 위험하지만 먼 곳을 조망할 수 있는 곳, 그곳이 실험 철학자 니체가 자신의 사상을 펼친 곳이다. 니체의 바위로 알려진 바위에는 「밤의 노래」가 새겨져 있다.

샤스테 반도의 「밤의 노래」 기념비

니체를 좋아한 두 음악가 카를 푹스와 발터 람페가 니체가 사망한 1900년에 수를레이 바위와
닮은 바위에 노래를 새겨 니체를 추모했다. 위험해 보이지만 어딘지 모를 안정감을 주는 이 바
위에서 니체는 먼 곳을 조망했다.

오, 사람이여! 명심하라!

깊은 자정은 무슨 말을 하고 있는가?

나는 잠을 자고 있었다. 나는 잠을 자고 있었다.

나는 깊은 꿈에서 깨어났다.

세계는 깊다.

그리고 낮이 생각한 것보다 더 깊다.

그의 고통은 깊다.

쾌락―그것은 가슴을 에는 고통보다 깊다.

고통은 말한다. 사라져라!

그러나 모든 쾌락은 영원을 소망한다.

깊디깊은 영원을!

―『차라투스트라는 이렇게 말했다』

햇살이 호수 위에 작렬하는 빛고을 반도에 차라투스트라의 이 구절이 과연 어울리느냐고 불평하는 사람도 있다고 한다. 그것은 빛과 그림자, 높은 산과 깊은 호수, 이성과 감정, 아폴론과 디오니소스가 어떻게 어울리느냐고 말하는 것과 같다. 니체가 오히려 이 깊은 고독 속에서 삶과 실존의 가장 어두운 밑바닥을 들여다보았을 것 같은 생각이 든다. 물론 자연의 바위를 있는 그대로 두지 왜 그것을 니체의 기념비로 만들었느냐고 비판할 수는 있지만, 니체의 이 시가 반도에 신비로운 분위기를 더하는 것은 사실이다.

이 시를 읽을 때마다 가슴 깊은 곳에 파문이 이는 것은 자정이 우리에게 건네는 말 때문이다. "세계는 깊다. 그리고 낮이 생각한 것보다 더 깊다." 낮은 이성이고, 밤은 충동이다.

니체는 이제까지 이성에 의해 배제된 것에 주목한다. 이성에 의해 억압당하고 또 극복해야 한다고 믿었던 감정, 본능, 충동, 정념은 사실 우리의 삶을 살아 있게 만드는 원동력이다. 자기 자신과 대화를 나눠본 사람이라면 다 알고 있다. 우리가 어떤 사상을 논리적으로 따라가는 것은 결코 진정한 대화가 아니다. 그것은 개념을 갖고 하는 논리적 작업에 불과하다. 대화에는 생각의 흐름을 방해하고 딴죽 거는 상대방이 있어야 한다. 그것이 감정이고 충동이다. 자신의 내면의 욕망을 들여다볼 수 없다면 그것은 진정한 의미의 대화가 아니다.

자신의 내면을 들여다보려면 우리는 우리 자신의 몸을 있는 그대로 받아들여야 한다. 니체는 몸을 '경멸하는 자들에 대하여' 이렇게 말한다.

"나는 몸이자 영혼이다." 어린아이는 이렇게 말한다. 어찌하여 사람들은 어린아이처럼 이야기하지 못하는가? 그러나 깨어난 자, 깨우친 자는 말한다. 나는 전적으로 몸일 뿐 그 밖의 아무것도 아니다. 영혼이란 몸속에 있는 그 어떤 것에 붙인 말에 불과하다. 몸은 커다란 이성이며, 하나의 의미를 지닌 다양성이고, 전쟁이자 평화이고, 가축 떼이자 목자이다. 형제들이여, 너희들이 '정신'이라고 부르는 그 작은 이성 역시 너의 신체의 도구, 이를테면 너의 커다란 이성의 작은 도구이자 장난감에 불과하다.

　　―『차라투스트라는 이렇게 말했다』

우리 현대인은 세계와 자연을 포괄하는 신적인 이성을 더 이상 믿지 않는다. 현대인은 자신의 이성으로 스스로 확인하고 검증한 사실만을 믿으려고 한다. 그들은 무엇이 진정한 자아인지를 이러한 이성만으로 판단하고 규정한다. 현대인이 이성과 함께 동시에 발견한 것이 바로 자아다. 우리가 열심히 찾아 헤매기에 또한 우리를 혼란에 빠지게 하는 것이 '자아'라는 것이 아닌가? 그런데 니체는 차라투스트라의 입을 빌려 이러한 논리적이고 형이상학적인 작은 이성에 몸이라는 커다란 이성을 대립시킨다.

사실 우리의 몸은 우리가 생각하는 것보다 훨씬 더 다양하고 복합적이다. 우리의 눈은 우리가 의식적으로 보는 것보다 훨씬 더 많은 것을 보고, 우리의 귀는 우리가 의식적으로 듣는 것보다 훨씬 더 많은 것을 듣는다. 우리의 몸은 우리가 판단하고 규정하고 정리할 수 있는 것보다 훨씬 더 많은 것을 받아들이기에, 우리는 밤이면 밤마다 꿈을 꾼다. 니체가 말하는 자신과의 대화는 결국 우리 몸의 다양한 목소리를 듣는 것이다.

> 자아는 경청하며 탐색한다. 그것은 비교하고, 강제하고, 정복하며 파괴한다. 자아는 지배하는 존재인바, 자아의 지배자다. 형제여, 너희의 사상과 생각과 감정 뒤에는 더욱 강력한 명령자, 알려지지 않은 현자가 있다. 그것은 바로 자아로 불린다. 이 명령자는 너의 몸 속에 살고 있다. 너의 몸이 바로 그자다.
>
> ─『차라투스트라는 이렇게 말했다』

우리의 몸을 경청하면, 우리는 우리의 몸 안에 다양한 힘들이 서로 경쟁하고 싸우고 있다는 것을 체험한다. 다양한 힘들이 무정부 상태를 이루면 우리의 자아는 분열되고, 서로 싸우는 가운데서도 하나의 질서를 이루면 우리는 자아를 발견한다. 그러기에 니체는 자아를 '하나의 의미를 지닌 다양성'이라고 부른다. 우리는 이런 몸을 잊어버리고 종종 자아를 찾는답시고 세계를 여행한다. 세계의 어딘가에 마치 우리가 찾는 자아가 숨어 있기라도 한 것처럼 헤매지만 우리는 어디에서도 자아를 발견하지 못한다.

니체는 왜 여기서 몸에 관해 단정적이고 포괄적인 명제를 내세운 것일까? 반反형이상학자인 니체가 단정적인 명제를 쓴 경우는 그리 많지 않다. "세계는 권력에의 의지일 뿐 그 밖의 아무것도 아니다." "자아는 전적으로 몸일 뿐 그 밖의 아무것도 아니다." 우리가 찾는 자아는 바로 권력에의 의지다. 끊임없이 자기를 극복하고 다양한 색깔을 지닌 하나의 의미를 찾으려는 권력에의 의지다. "몸을 경멸하는 자들이여, 나는 너희들이 가고 있는 그 길을 가지 않으련다! 너희들은 내게 초인에 이르는 교량이 아니다!"

변화는 밖에 있다

해 질 녘의 샤스테 반도의 오솔길은 참으로 철학자의 산책로랍다. 오전 산보의 여운 때문인지 나는 황혼에 다시 한번 이곳에 나오겠다는 생각을 굳혔다. 걷는 게 좋다. 발바닥으로 따뜻한 땅의 기운이 느껴진다. 니체의 길을 걸으면서 니체를 잊어야 한다. 그가 자신의 몸을 느꼈던 것처럼 우리는 우리의 몸을 느껴야 한다. 길은 니체에게 자신을 탐구하는 책이며, 길을 걷는다는 것은 자신과 대화를 나누는 것이다. 산과 숲속을 방황하고, 수많은 도시들을 방랑하는 자유정신은 결코 책상 앞에 묶여 있지 않다. 책상 앞에 앉아 어떤 문제를 골똘히 생각한다고 해서 해결되는 것이 아니다. 자유정신은 탁 트인 대지에 머물러야 한다. 니체는 우리에게 이렇게 권한다.

가능한 한 앉아 있지 말라. 야외에서 자유롭게 움직이면서 생겨나지 않은 생각은 그것이 무엇이든 믿지 말라. 근육이 춤을 추듯이 움직이는 생각이 아닌 것도 믿지 말라. 모든 편견은 내장에서 나온다. 꾹 눌러앉아 있는 끈기. 이것에 대해 나는 이미 한 번 말했었다. 신성한 정신에 위배되는 진정한 죄라고.
　　—『이 사람을 보라』

요즘 현대인은 대체로 연구실에서 생각을 하지만, 진정한 사상가들은 고대 이래로 늘 자유로운 야외에서 생각을 했다. 현대 사회에는 사유의 수많은 수명 연장 장치 같은 것이 있다. 생각은 자연스럽게 생겨나지 않는데 억지로 생각을 붙들고자 하는 장치 말이다. 카페의 분위기, 적절한 소음, 어디나 들고 다닐 수 있는 컴퓨터, 그리고 수많은 자료들.
　니체는 고대 그리스의 철학자들을 따른다. 고대의 철학자들은 대체로 폐쇄적인 강의실에서 학생들을 가르친 것이 아니라 걸어 다니면서 가르쳤다. 아리스토텔레스의 리케이온Lykeion도 자유롭게 이리저리 슬슬 거닐며 사유하는 숲이었다. 숲은 아무것도 하지 않으며 철학을 하는 곳이다. 숲은 그리스인이 '스콜레schole'라고 부른 여유의 공간이다. 자연을 느끼면서 그곳에 매료되어 충분히 머무를 여유가 없다면 여행은 하지 않는 것이 좋다.

　니체는 걸으면서 즐겨 철학적 사유에 몰두했다. 새롭게 떠오르는 생각을 언제든지 쓸 수 있는 조그만 메모장이 동반자였다. 니체는 산보길이 있는 곳에서만 살 수 있었다. 그늘지고, 조용하고, 호수와 바다 그리고 산을 바라볼 수 있는 산보길이 최적의 사유 공간이었다. 그는 걷는 것과 사유하기를 삶의 과제로 삼은 것처럼 보인다.

> 우리는 책 사이에서만, 책을 읽어야만 비로소 사상으로 나아가는 그런 인간들이 아니다. 야외에서, 특히 길 자체가 사색을 열어주는 고독한 산이나 바닷가에서 생각하고, 걷고, 뛰어오르고, 산을 오르고, 춤추는 것이 우리의 습관이다. 책, 인간, 음악의 가치와 관련된 우리의 첫 질문은 다음과 같은 것이다. "그는 걸을 수 있는가?" 더 나아가 춤출 수 있는가?
>
> ─『즐거운 학문』

　현대의 교양인은 얼마나 많은 책을 읽었는지 자랑한다. 많은 책을 읽지는 않았지만 성서처럼 똑같은 책을 수천 번 읽었다는 사람도 심심치 않게 만난다. 책 하나를 수천 번 읽었다는 것은 결코 그

책을 이해하지 못했다는 것이 아닌가? 왜 그들은 한 문장을 곱씹으면서 읽고 성찰하지 않는 것일까? 니체는 자유로운 사상가는 걷고, 뛰고, 춤추는 것을 습관으로 하는 사람이라고 말한다. 길이 사유를 열어주기 때문이다. 사유는 동사이지 명사가 아니다. 머릿속에 수많은 데이터가 들어 있다고 해서 사유하는 것이 아니다. 현대인은 더 이상 걷지 않는다.

오, 한 인간이 어떻게 그 사상에 도달했는가를, 그가 잉크병을 앞에 두고 뱃살을 접은 채, 종이 위로 머리를 구부리고 앉아서 그 사상에 도달했는지의 여부를 우리는 얼마나 빨리 알아채는가! 오, 우리는 또한 얼마나 빨리 이런 책을 읽어치우는가! 내기를 해도 좋다. 눌린 창자가 스스로를 폭로하며, 또한 서재의 공기와 천장, 좁은 서재가 스스로를 폭로한다.

─『즐거운 학문』

책상 앞에서 굽은 등을 하고 앉아 있는 학자들의 책은 언제나 굽은 영혼을 반영한다. 우리 인간의 등과 허리, 그리고 척추는 결코 오랫동안 앉아 있도록 되어 있지 않다. 하루에 열 시간 넘게 사무실 의자, 운전석, 소파에 앉아 텔레비전을 보는 사람은 병이 든다. 현대인도 물론 병들지 않기 위해 몸을 움직인다. 그들은 여가에 피트니스센터를 찾아가 몸을 단련한다. 그들은 아무런 생각 없이 걷고, 뛰고, 마라톤을 한다. 과거의 사람이 낮의 노동과 작업으로부터 벗어나 집 앞 의자에 앉아 쉬고 있을 시간에 현대인은 비로소

이성의 자유에 이른 사람은 지상에서 스스로를 방랑자로 느낄 수밖에 없다.
모든 개별적인 것에 너무 강하게 집착해서는 안 된다. 변화와 무상함에 대한 기쁨을 가진
방랑하는 그 무엇이 그 자신 속에 존재함이 틀림없다.

—『인간적인 너무나 인간적인』

몸을 쓴다. 그들은 생각할 수 있는 여유가 없는 것이다.

니체 사상의 발자국을 따라 떠난 여행이지만 사실 니체를 잊어야 한다. 니체의 철학과 관련된 어떤 용어와 개념도 잊어야 한다. 그것은 니체를 느끼는 데 걸림돌이 될 뿐이다.

해가 서산으로 넘어가면서 천천히 검은색으로 가라앉는 호수를 바라보면서 '독자적 사상가의 길은 험난하고 고독하다'는 생각에 내가 과연 니체의 정신을 견뎌낼 수 있는지 의심이 든다. 이처럼 아름다운 질스 마리아를 내일이면 떠나야 한다는 생각이 겹치자 고독의 승리감이 점차 쓸쓸함으로 변한다. 니체가 이곳 질스 마리아에서 늘 좋았던 것은 아니다. 여름이면 견딜 수 없는 남국의 더위를 피해 이곳으로 피신해오곤 했지만, 따가운 햇살과 자주 바뀌는 기압은 그를 괴롭혔다. 말로야 고개를 넘어 구름이 뱀처럼 이 계곡을 휘감을 때면 니체는 질스 마리아를 떠났다.

영화 〈클라우즈 오브 실스마리아Clouds of Sils Maria〉는 질스 호수에서 남쪽으로 바라보이는 말로야 고개에서 가을이면 종종 발생하는 기상학적 현상을 소재로 한다. 영화 속에서 주인공을 유명하게 만든 연극이 바로 〈말로야 뱀Maloya snake〉인데, 이 제목과 같은 기상현상이 영화의 마지막을 장식한다. 이탈리아 코모 호수에서 일어난 구름 더미가 하늘로 올라가지 못하고 협곡에 갇혀 고개를 타고 넘는데 그 형상이 마치 뱀과 같다고 한다. 우리의 내면에서 꿈틀거리는 욕망의 흐름도 말로야 뱀과 같을까. 니체는 자신의 몸에서 일어나는 움직임에 따라 말로야 고개를 넘어 거꾸로 코모 호수를 거쳐 제노바 또는 니스로 떠나곤 했다. 영혼의 기후를 찾아서. 어쩌면 진정한 니체는 차라투스트라의 영감을 얻었다는 이곳 질스 마리아에 정주하는 것이 아니라 방랑의 길 위에 있을지도 모른다.

어느 정도 이성의 자유에 이른 사람은 지상에서 스스로를 방랑자로 느낄 수밖에 없다. 비록 하나의 궁극적인 목표를 향하여 여행하는 사람이 아니라고 할지라도. 왜냐하면 이와 같은 목표는 존재하지 않기 때문이다. 그러나 아마도 그는 세상에서 도대체 어떤 일들이 일어나고 있는지를 주시하고 그것에 대하여 눈을 크게 뜨고 보려 할 것이다. 따라서 그는 모든 개별적인 것에 너무 강하게 집착해서는 안 된다. 변화와 무상함에 대한 기쁨을 가진 방랑하는 그 무엇이 그 자신 속에 존재함이 틀림없다.

—『인간적인 너무나 인간적인 II』

미래 철학의 향유

에즈의 춤추는 철학자

프랑스 에즈 마을

춤추는 이 사람을 보라

무심할 정도로 작열하는 태양을 담은 바다의 빛을 본 적이 있는가? 하늘과 바다가 맞닿은 곳은 한 줄기 은빛으로 갈라지고 파란 빛깔은 하늘과 땅의 두 방향으로 가면 갈수록 더욱 짙어진다. 한여름의 푸른 숲에 점점이 박혀 있는 하얀 집들은 바다에 더욱더 깊은 파란 하늘빛을 더하고, 은빛으로 부서지는 파도의 빛들을 반영한다. 바다 위에는 하얀색 요트들이 마치 은색 파도를 낚으려는 듯 조용히 떠 있다. 드디어 니스의 리비에라 해안이다. 니체가 『차라투스트라는 이렇게 말했다』의 제3부를 완성하고 미래의 철학을 구상했던 리비에라 바다가 저 아래 펼쳐져 있다.

이 바다를 보니, 니체가 이 작품의 핵심적인 분위기로 묘사한 '푸른 하늘빛 고독Azurne Einsamkeit'이 느껴진다. 니체는 왜 고독을 색으로 표현한 것일까? 기존의 진리를 수동적으로 따르는 것이 아니라 새로운 진리를 창조하고 세계를 지배하고자 하는 정신은 왜 푸른 하늘빛 고독 속에서만 태어나는 것일까? 니체는 『이 사람을 보라』에서 차라투스트라의 탄생 과정을 서술하면서 특히 푸른 하늘빛을 강조한다. 이 신비로운 말을 입으로 되뇌면서 늘 하늘색 고독이 어떤 모습인지 무척 알고 싶었다. 하늘과 하나가 된 지중해 바다의 묘한 빛깔을 직접 보지 않고서는 이 용어의 분위기를 느낄 수 없다. 아직도 짙은 여운을 드리우고 있는 질스 마리아의 높은 산과 어우러져 지중해의 바다는 니체 사상의 깊이를 드러낸다. 니체가 니스를 산보하면서 쓴 글에도 차라투스트라의 산은 등장한다.

나는 내 둘레에 원을 그려 성스러운 경계로 삼는다. 산이 높아질수록 나와 함께 산을 오를 사람은 그만큼 적어진다. 나는 더욱 신성해

『이 사람을 보라』_반시대적 운명을 인정하다

1888년 10월 15일 44세 생일 니체는 자신의 전기를 쓰기 시작해 1889년 1월 초 광기의 발작을 일으킬 때까지 원고를 수정하고 보완한다. '나는 왜 이렇게 현명한지', '나는 왜 이렇게 영리한지', '나는 왜 이렇게 좋은 책들을 쓰는지'와 같은 도전적인 제목을 단 글에서 자신의 삶과 사유의 연관관계를 설명한다. '왜 나는 하나의 운명인지'라는 마지막 글에서 "나는 인간이 아니라 다이너마이트다"라고 고백함으로써 자신의 철학이 갖고 있는 반시대적 운명을 인정한다. 이 책은 자신이 쓴 책의 동기와 문제를 밝히고 있다는 점에서 니체 철학의 입문서로도 손색이 없다.

지는 산들로 하나의 산맥을 만들어낸다.

　　　　—『이 사람을 보라』

　높은 산을 경험하지 못한 사람은 바다를 제대로 보지 못한다. 산과 계곡을 경험하지 못한 사람은 새로운 세계를 찾기 위하여 대양으로 모험의 항해를 떠날 수 없다. 여름에는 질스 마리아, 겨울에는 지중해에서 보낸 방랑자의 삶은 이미 이러한 철학적 원칙을 반영하는 것으로 보인다. 니체는 니스의 지중해에서 다시 산을 탄다.

　그해 겨울, 당시 내 삶을 처음 비추었던 니스의 평온한 하늘 아래에서 나는 『차라투스트라』 3부를 얻었다. 이어서 『차라투스트라』를 완성했다. 전체적으로 한 해가 채 걸리지 않았다. 니스의 경관에 숨겨져 있는 수없이 많은 곳과 높은 산들은 잊을 수 없는 순간들을 통해서 나에게 봉헌되었다. '낡은 서판과 새로운 서판에 대하여'라는 제목의 결정적인 부분은 기차역에서부터 그 놀라운 무어인의 바위성 에즈에 무척이나 힘들게 오르는 동안 씌어졌다. 창조력이 가장 풍부하게 흐를 때에는 언제나 나의 근육이 가장 민첩하게 움직였다. 몸이 도취되었기 때문이다. '영혼'은 개입시키지 말자. 누군가는 종종 춤추는 나를 볼 수 있었을 것이다.

　　　　—『이 사람을 보라』

　니체가 차라투스트라를 마음에 품고 올랐다는 니스 근교의 조그만 지중해 마을은 에즈Èze다. 이탈리어로는 '에자'로 불리기도 하는 이 조그만 중세 마을에 기원전 2천여 년 전부터 사람들이 거주했다고 하니 인류의 역사가 고스란히 남아 있는 곳이기도 하다. 이 지역은 로마인과 무어인에 의해 점령되기도 했지만, 973년 프로방스 백작 윌리엄 1세에 의해 해방된 이래로 프랑스의 영향권에서 발전해왔다. 니체가 '무어인의 바위 성'으로 부른 에즈는 오늘날 그 경관 때문에 관광 명소로 자리 잡아 계절과 관계없이 수많은 관광객으로 북적거린다. 전 세계의 부호들이 몰려드는 지중해 코트다쥐르 해안에서 전원적인 아름다움을 느낄 수 있는 곳이다.

니체는 해안가에 있는 기차역에서 언덕 위에 있는 에즈 마을까지 즐겨 걸었다. 에즈 마을이 해발 400미터에 이르니 쉬운 길이 아니었는데 니체는 스스로의 고백처럼 무척이나 힘들게 이 길을 올랐다. 등산보다는 산책을 즐긴 니체가 이곳을 올랐다는 것이 믿기지 않는다. 대부분의 사람은 생각을 할 때는 몸을 느끼지 못하고, 몸을 느낄 때면 생각을 하지 못한다. 우리 자신을 몸에 맡기는 것이 등산이다. 니체는 등산하면서 감히 영혼을 개입시키지 말라고 말한다. 춤을 추듯 등산했다고 말한 것처럼 니체는 자신의 몸이 완전히 도취된 상태에서 차라투스트라의 사상을 완성한 것이다.

나는 니체의 에즈가 먼저 보고 싶어 우선 니스를 지나쳤다. 니체가 그랬듯이 기차를 타고 역에서 내려 니체가 즐겨 걸었던 길을 걷고 싶은 마음도 없지 않았지만, 한여름 지중해의 햇볕을 받으며 등산할 엄두가 나지 않았다. 다행히 차를 타고 굽이굽이 언덕길을 따라 지중해의 바다를 바라보면서 에즈로 가는 길은 오히려 산과 바다를 동시에 볼 수 있어 더 좋았다. 코트다쥐르의 언덕에서 바라보는 지중해가 한없이 아름다워, 언덕 마을 에즈가 더욱더 돋보인다.

내 삶의 입법자이며 명령자

산봉우리에 살포시 얹혀 있는 듯한 에즈 마을은 조용하다. 이곳에서 바라보는 지중해의 절경을 즐기기 위해 찾아온 관광객이 적지 않은데도 시골 마을처럼 정적이 감돌아 신비로운 느낌마저 든다. 주차장에서 에즈 마을로 조금 올라가면 조그만 광장이 보인다. 날씬한 모습의 여인 조각상을 지나면 인구 3천여 명밖에 되지 않는 작은 마을의 골목들이 얼기설기 얽혀 있는 미로로 들어선다. 우리나라의 달동네처럼 경사가 가파른 골목길에는 여러 가지 기념품을 파는 상점과 현대 예술 작품을 전시한 갤러리, 그리고 레스토랑과 호텔들이 옹기종기 모여 있다.

골목길의 특징은 그 길을 돌아서면 어떤 모습이 펼쳐질지 알 수 없다는 점이다. 길이 어쩌다 바다 쪽으로 방향을 틀면 지중해의 파란 물결이 몰려오고, 맞닿을 것 같은 건물들 사이로 하늘을 향해 고개를 들면 또 거기에 바다가 있다. 회색빛 돌담 건물들을 제외하고 모두 파란색으로 칠한 한 장의 그림이 여기에 있다.

정말 멋있는 지중해 풍경을 감상하려면 진귀한 선인장들을 모아놓은 식물원을 방문하는 것이 좋다. 바다를 향해 탁 트인 곳에 자리한 식물원에서는 지중해 바다 전체와 뒷산 너머에 있는 하늘이 한눈에 들어온다. 바다를 한참 보고 있으면 순간 에즈가 바다

우리는 육지를 떠나 출항했다! 우리는 다리를 건너왔을 뿐만 아니라
우리 뒤의 육지와의 관계를 단절했다!
그러니 우리의 배여, 앞을 바라보라! 네 곁에는 대양이 있다.

— 『즐거운 학문』

한가운데 있는 조그만 섬처럼 느껴진다. 니체는 스스로를 언제나 거대한 대양으로 항해를 떠나는 모험자로 여긴다.

> 생성의 바다 한가운데서, 모험가이자 철새인 우리는 나룻배보다 크지 않은 작은 섬 위에서 깨어나 잠시 주위를 둘러본다. 가능한 한 서두르며 호기심을 품고. 왜냐하면 갑자기 바람이 불어 우리를 날려버리거나, 아니면 파도가 이 작은 섬을 쓸어버려 우리의 어떤 것도 남지 않을지 모르니까. 그러나 여기 이 작은 장소에서 우리는 다른 철새들을 발견하고 이전에 여기에 있었던 철새들에 대해 듣는다. 이렇게 우리는 즐겁게 날갯짓을 하고 지저귀며 소중한 1분 동안 인식과 추측에 시간을 보내고는, 대양 그 자체에 못지않은 긍지를 품고 정신 속에서 대양으로 모험을 떠난다.
>
> ─『아침놀』

우리의 삶은 글자 그대로 생성의 과정이다. 우리는 사실 끊임없이 변화한다. 그렇지만 지속적인 변화를 잘 견뎌내지 못한다. 오늘의 삶이 어제와 다르고 또 내일의 삶이 오늘과는 전혀 다르리라고 생각한다면, 우리의 삶은 변화와 생성에 침식되어 안정을 찾지 못할 것이다. 바다가 생성이라면, 섬은 존재다. 생성의 바다만 있다면, 우리는 안정적 삶을 누릴 수 없다. 마찬가지로 정주할 수 있는 육지만 있다면, 삶은 생명감을 잃고 권태로워진다. 우리가 여행을 떠나는 것도 자신이 두 발로 딛고 있다고 생각하는 육지를 대양 속의 섬으로 느끼기 위해서가 아닐까? 니체는 생성과 존재에 관한 유명한 잠언을 남겼다. "생성에 존재의 성격을 새기는 것—그것은 최고의 권력에의 의지다." 우리 모두는 삶의 항해에서 안정적으로 정주할 수 있는 섬을 찾고자 하는 것처럼 끊임없는 생성의 과정에 존재의 의미를 부여하고자 한다. 그러기 위해선 우선 대양으로 모험을 떠나야 한다.

니체는 질스 마리아에서 차라투스트라의 영감을 얻은 이래 이곳 에즈와 니스에서 완전히 새로운 철학을 꿈꾼다. 이곳을 산보하면서 적은 노트에는 '미래 철학의 서곡'이라는 부제를 단『선악의 저편』에 관한 기획이 많다. 우연히 펼친 곳에는 이렇게 적혀 있다.

> 진정한 철학자는 명령자이자 입법자다. 그들은 "이렇게 되어야만 한다!"라고 말한다. 그들은 우선 인간이 어디로 가야 하는가와 어떤 목적을 가져야 하는가를 규정하며, 이때 모든 철학적 노동자와 과거를 극복한 모든 자의 준비 작업을 마음대로 처리한다. 그들은 창조적인 손으로 미래를 붙잡는다. 이때 존재하는 것, 존재했던 것, 이 모든 것은 그들에게는 수단이 되고 도구가 되며 망치가 된다. 그들의 '인식'은 창조이며, 그들의 창조는 하나의 입법이며, 그들의 진리를 향하는 의지는 권력에의 의지다.

인간 세상에는 선과 악이 공존해왔다. 철학자는 무엇이 선인지를 규정함으로써 세상을 평가한다. 선과 악이 편을 갈라 치열하게 싸울 때만 우리가 선악의 저편을 꿈꾸는 것은 아니다. 선과 악을 구분할 수 없을 때 우리는 비로소 선과 악이 무엇인지를 의심한다.

니체는 선이라는 가치가 주어진 상태에서 선이 무엇인가를 논하는 것은 의미 없다고 생각한다. 니체는 '선은 무엇인가?'라고 묻는 대신 '무엇이 선인가?'를 규정하는 명령자와 입법자로서의 철학만이 미래의 철학이 될 수 있다고 확신한다. 어디로 가야 하는지 삶의 '방향'을 설정하고, 삶을 통해 실현할 수 있는 '목적'을 규정하는 철학만이 창조적이다. 창조로서의 철학, 이것이 과연 가능할까?

나는 천천히 일어나 빨간 지붕들을 발밑으로 보며 아래로 내려간다. '니체의 오솔길Sentier Nietzche'이라는 표지판과 함께 광장이 나타난다. 니체는 기차역이 있는 해안가 마을 에즈 쉬르 메르Èze-sur-mer에서 출발하여 이곳 에즈 마을까지 오르내리곤 했다. 오르막길이 한 시간 반 정도 걸리고 내리막길은 45분 정도 걸리니 내려갔다 다시 올라오는 데 대략 세 시간이면 충분할 것 같다. 돌길에다 곳곳에 낭떠러지도 있어 평탄하지만은 않다. 지중해의 멋진 풍경이 나무에 가렸다 다시 나타나곤 해서 지루하지 않다.

니체가 질스 마리아를 떠나 다시 남국의 바다를 찾은 이유를 알 것 같다. 우리의 삶을 규정하는 낡은 도덕을 극복하고 새로운 도덕을 설정하려면 선과 악을 가르는 이분법적 선을 넘어서야 한다. 이 산을 내려가 바다로 나가야 한다. 차라투스트라에서 암시한 것처럼 산을 오르는 상승과 산에서 내려오는 하강은 종교적 모티프를 갖고 있다. 고대 기독교의 예술에서 높은 산은 인간이 신의 인식으로 올라가는 상승을 상징한다. 산은 또한 시험과 유혹의 장소이기도 하다. 신성한 것이 악마와 마주치는 곳이 산이다. 인격화된 순수한 악은 결코 사람들이 모여 있는 사회 속에서 발견되지 않는다.

악은 인간이 없는 산속에서 살기 때문에 속세를 떠난 구도자들은 산속에서 악의 유혹을 받는다. 이러한 악의 유혹을 물리치고 모세가 십계율의 서판을 받은 곳도 산이다. 니체가 나쁜 건강 상태에도 불구하고 이 험한 길을 마다하지 않고 올라왔다는 것은 낡은 서판을 버리고, 우리의 삶에 새로운 의미와 목적을 부여할 새로운 서판을 얻기 위함이 아니었을까. 이런 의미에서 차라투스트라의 하강은 반反모세적이고, 반反그리스도적이다.

니체가 산에서 차라투스트라의 영감을 얻고 바닷가에서 그것을 완성했다는 것은 많은 것을 시사한다. 현대인은 기존의 선악관이 지배하는 육지에 너무 오랫동안 살아왔기 때문에 넓은 바다를 무서워한다. 새롭고 낯선 가치를 혐오하기까지 한다. 우리가 선악의 저편으로 넘어가려면 우리의 육지를 떠나야 한다.

> 우리는 육지를 떠나 출항했다! 우리는 다리를 건너왔을 뿐만 아니라, 우리 뒤의 육지와의 관계를 단절했다! 그러니 우리의 배여, 앞을 바라보라! 네 곁에는 대양이 있다. 대양이 항상 포효하는 것은 아니며, 때로 그것은 비단과 황금, 자비로운 꿈처럼 그곳에 펼쳐져 있다. 하지만 언젠가 이 대양이 무한하다는 것을, 그리고 무한보다 더 두려운 것은 없다는 것을 깨달을 때가 올 것이다. 오, 한때 자신을 자유롭다고 느끼다가 이제 새장의 벽에 몸을 부딪고 있는 새여! 마치 육지에 자유가 있었다는 듯 향수가 너를 사로잡는다면 그것은 슬픈 일이로다! '육지'는 이제 없다!
>
> —『즐거운 학문』

에즈 쉬르 메르 마을의 '니체의 오솔길'

니체는 길게는 하루에 최고 여덟 시간이나 이 길을 걸으면서 『차라투스트라는 이렇게 말했다』의 제3부 「낡은 서판과 새로운 서판에 대하여」를 구상했다. 병약한 몸으로 험한 길을 마다하지 않고 올라왔다는 것은 낡은 서판을 버리고 삶에 새로운 의미와 목적을 부여할 새로운 서판을 얻기 위해서였다.

나에게 육지는 무엇인가? 가족, 친구, 민족, 그리고 우리가 오랫동안 무조건 따랐던 전통과 관습. 이 짐이 아무리 무겁더라도 사막의 낙타처럼 묵묵히 견뎌낼 수 있다면, 우리는 구속을 자유로 착각할지도 모른다. 자유정신을 가지려면 사자처럼 기존의 규범을 파괴할 줄도 알아야 하지만, 새로운 가치를 창조하기 위해선 무한한 바다로 항해할 수 있는 모험심도 지니고 있어야 한다. 바다가 위험한 것은 성난 파도로 포효하기 때문만이 아니라 햇살을 받고 은빛으로 물든 고요를 담고 있기 때문이다. 니체의 하강 길에는 지중해가 '비단과 황금, 자비로운 꿈'처럼 펼쳐진다. 니체는 높은 산을 올랐다 내려갈 때마다 의지할 육지가 없음을 확인하곤 새로운 육지를 발견하기 위해 대양으로 나아간 것은 아닐까? 니체가 꿈꾸는 미래의 철학은 이렇게 상승과 하강의 길을 통해 완성된다. 그것이 설령 바위에 부서지는 파도처럼 수많은 유고와 잠언의 형태로 남아 있을지라도, 그가 그리는 새로운 철학은 이미 성숙해가고 있었다. 니체는 지금은 '니체의 길'로 불리는 험한 산길을 내려와서는 육지와 바다가 벌이는 묘한 놀이를 지켜봤을 것이다. '의지와 파도'라는 제목을 달고 있는 파도의 삶을 떠올려본다.

파도는 얼마나 탐욕스럽게 밀려오는가! 기필코 무언가에 이르려는 듯이! 파도는 얼마나 서두르며 바위의 가장 깊은 틈새로 무섭게 기어오르는가! 누군가에게 다가가려는 것처럼. 그곳에 값진 것이, 더없이 값진 것이 숨겨져 있기나 한 것처럼. 그리고 이제 파도는 되돌아간다. 다소 천천히. 여전히 흥분해서 하얀 빛으로, 실망한 걸까?

찾고 있던 것을 발견했을까? 실망한 척하는 걸까? 그러나 벌써 다른 파도가 다가온다. 처음 것보다 더 탐욕스럽고 더 거칠게. 이 파도의 영혼 또한 보물을 찾으려는 열망과 비밀로 가득 차 있는 듯이 보인다. 이것이 파도의 삶이다! 이것이 우리, 갈망하는 자들의 삶이다!

—『즐거운 학문』

극복하는 자의 권력

니체가 에즈의 산을 오르면서 구상한 미래의 철학은 창조의 철학이어야 한다. 니체는 『차라투스트라는 이렇게 말했다』의 제3부 「낡은 서판과 새로운 서판에 대하여」라는 글에서 선과 악은 오랫동안 우리를 지배한 망상이라고 폭로한다. "도둑질하지 말라! 살인하지 말라!"는 도덕적 명령들은 여전히 불변의 진리로 여겨진다. 니체는 삶에 적대적인 도덕을 부정할 뿐 도덕 자체를 부정하지는 않는다. 우리가 생성의 바다에서 건져 올린 섬 같은 진리가 있다고 가정하면, 이 섬을 확고부동한 육지로 생각하는 것은 삶의 근원인 바다를 부정하는 결과를 초래한다. 그러기에 니체는 "일체의 생명에 모순되고 그 생명을 거역하고 있는 것들을 신성하다고 부른 것은 일종의 죽음의 설교"와 다를 바 없다고 말한다.

그렇다면 우리는 어떻게 선악의 저편에서 새로운 도덕을 창조할 수 있는가? 니체는 자신이 처해 있는 시대적 상황을 이렇게 서술한다. "내 곁에는 부서진 낡은 서판과 새롭게 반쯤 써진 서판이 있다. 나의 시간은 언제 올 것인가?"

니체 사후 100여 년이 지났음에도 상황은 전혀 나아지지 않았다. 과거의 도덕적 서판은 이미 권위를 상실한 지 오래고, 새로운 서판은 아직 완성되지 않았다. 새로운 서판을 쓰려면 우리는 새로운 가치를 창조해야 한다. "창조하는 자가 아니라면 그 누구도 무엇이 선하고 악한지를 모른다."(『차라투스트라는 이렇게 말했다』)

상승과 하강의 길을 거듭 걷던 시기에 니체는 자신의 주저를 쓰겠다는 생각에 집착한다. 오늘날 우리는 『차라투스트라는 이렇게 말했다』를 그의 주저로 알고 있지만, 니체는 미래 철학을 정초할 새로운 주저를 구상하고 있었다. 1885년 가을부터 토리노에서 광기의 발작을 일으킬 때까지 니체는 '권력에의 의지. 모든 가치의 가치 전도의 시도'라는 제목으로 주저를 쓰겠다는 생각을 가슴에 품고 산다.

> 다음 네 해 동안 네 권으로 된 주저를 작업할 것을 예고한다. 제목이 벌써 두려움을 불러일으킨다. '권력에의 의지. 모든 가치의 가치 전도의 시도.' 이를 위해 나는 모든 게 필요해. 건강, 고독, 좋은 기분, 그리고 어쩌면 여자가 필요할지도 몰라.
> ─『니체 서간집』

비록 완결하지는 못했지만 니체는 『권력에의 의지』 집필을 일생의 과제로 생각했다. 그는 "자신에 관해 많이 생각하는 것을 허용하지 않는 과제"를 갖고 있는 것이다. 자신보다는 인류의 미래를 생각하는 과제는 운명과도 같다고 니체는 고백한다.

> 이 과제는 나를 병들게 만들기도 한다. 이 과제는 나를 다시 건강하
> 게 만드는데, 단지 건강하게만 만드는 것이 아니라 박애에 속하는
> 것이 무엇이든 다시 사람을 사랑하게 만든다.
> —『니체 서간집』

  왜 니체는 주저의 제목이 이미 공포를 불러일으킨다고 한 것일
까? '권력에의 의지.' 니체는 새로운 가치를 창조하려면 삶과 세계
의 근본 원리라고 할 수 있는 권력 의지를 꿰뚫어보아야 한다고 말
한다. 니체를 숭배하는 사람들은 이 용어를 '힘에의 의지'라고 번
역하거나 니체가 말한 권력이 일반적으로 이해하는 권력과는 다
른 것이라고 강조하지만, 니체는 스스로 이 용어가 갖는 공포와 두
려움의 요소를 익히 알고 있다. 권력이라는 용어가 생명에 기여하
는 공익보다는 자신들의 이권을 위해 비열하게 싸우는 정치인들
의 저속한 권력 의지를 연상시키는 것은 사실이다. 그렇지만 자신
의 의지를 관철하고 자신이 품은 뜻을 실현하려면 상대방에게 명
령하려는 권력에의 의지는 필연적이지 않은가?
  무엇인가를 할 수 있다는 것은 무엇인가가 일어날 수 있도록
할 수 있는 힘과 권력이 있다는 것을 말한다. 권력을 뜻하는 독일
어 낱말 'Macht'의 어원은 '반죽하다', '주조하다', '형성하다'는 뜻
의 'mag', 또는 '할 수 있다', '~의 능력이 있다', '만들다'는 뜻의
'magh'라고 한다. 첫 번째 어원은 무엇인가를 실현하기 위한 도구

적 성격을, 두 번째 어원은 미래지향적 가능성으로서 어떤 사건이 실현될 수 있는 사회적 맥락을 가리킨다. 니체는 권력이라는 용어를 의도적으로 선택함으로써 우리 행위의 밑바탕에 깔려 있는 근원적 충동을 적나라하게 폭로하고 있다. 그렇기 때문에 니체는 『권력에의 의지』라는 주저의 부제를 어떤 때는 '모든 가치의 가치 전도'로 정함으로써 창조적 실천 측면을 강조하고, 어떤 때는 '모든 사건의 새로운 해석 시도'라고 붙임으로써 인식 측면을 부각한다.

니체의 권력에의 의지는 여전히 많은 논란을 불러일으킨다. 니체 사후 그의 여동생 엘리자베트는 이와 관련된 여러 노트와 잠언을 편집하여 '권력에의 의지'라는 제목으로 출간하는데, 이 책이 그의 사상을 철학적으로 왜곡하고 정치적으로 오용할 수 있는 빌미를 제공했다. 니체의 철학이 나중에 나치에 의해 오용된 것은 이 때문이다. 이러한 오해와 편견을 지우려면 니체가 쓴 글을 책상에 앉아 읽을 것이 아니라 걸으면서 음미해야 한다. 그래야만 니체가 무엇을 고민하고, 어떤 철학을 미래의 철학으로 제시하고자 했는지 니체의 고민을 느낄 수 있기 때문이다.

훗날 『권력에의 의지』의 편집판의 근간이 된 1887년 3월 17일의 초안을 살펴보면, '권력에의 의지에 대한 계획안. 모든 가치의 가치 전도를 위한 시도'라는 제목을 단 노트는 '진리란 무엇인가?', '진리의 기원', '가치의 투쟁', '위대한 정오'로서 모두 네 권으로 구성되어 있다. 이 계획안은 진리를 일종의 오류로 전제하고, 진리의 기원이 가치 평가의 관점에 있다고 밝힌다. 이어 가치의 상호 투쟁을 서술한 다음, 새로운 가치를 창조하는 위대한 정오를 다룬다.

니체는 권력이라는 이름이 갖는 마력을 익히 알고 있었다. 사람들은 이 말을 입에 올리길 꺼리면서도 탐한다. 니체라는 이름은 의심의 여지없이 권력이라는 낱말과 결합되어 있다. 권력은 우리의 삶에 역동적 생명을 불어넣지만 동시에 삶을 파괴할 수도 있다. 니체의 마력은 아마 이러한 권력의 이중성을 직시한 데 있지 않을까?

필요도 아니고 욕망도 아니고 권력에 대한 사랑이야말로 인류의 악령이다. 인간에게 모든 것, 즉 건강, 음식, 주택, 오락을 줘보라. 그들은 여전히 불행하고 불만스러울 것이다. 마력적인 존재인 악령이 기다리면서 채워지기를 원하고 있기 때문이다. 그들한테서 모든 것을 빼앗고 이 악령을 만족시켜보라. 그러면 그들은 대부분 행복하게 될 것이다.

—『아침놀』

권력에 대한 사랑, 권력에의 의지는 인류를 발전시킨 핵심적인 동력이다. 그것은 생성의 과정에 확고부동한 것처럼 보이는 존재의 성격을 부여하고 도덕적 가치의 서판을 창조한다. 이 도덕이 우리의 삶을 너무나 광범위하게 지배하면 할수록, 그것은 삶에 점차 적대적인 성향을 띤다. 우리는 경직된 도덕의 무게에 눌려 새로운 가치를 창조할 수 있는 능력을 상실한다. 그렇지만 무력감과 공포감이 아무리 강하더라도 새로운 가치를 만들고자 하는 권력 의지는 결코 사라지지 않는다. 그것이 바로 인간의 가장 강력한 성향이다.

이런 사상이 무르익을수록 자신의 주저에 대한 구상에서 '권력에의 의지'라는 제목은 사라지고 부제인 '모든 가치의 가치 전도'만 남았다가 결국 이 부제마저 점차 사라진다. 이러한 사상들은 오히려 그가 쓴 『선악의 저편』 『도덕의 계보』 『우상의 황혼』 『안티크리스트』와 같은 다른 저서에서 전개된다. 니체는 자신이 계획한 주저 『권력에의 의지』의 주요 사상이 이미 다른 글을 통해 전달되었다는 것을 알았을지도 모른다. 그래서 자신의 주저를 완성하지 않았을지도 모르지만, '권력에의 의지'라는 개념은 여전히 우리가 그 대답을 구해야 할 하나의 물음표로 남아 있다.

진리는 언제나 다시 태어난다

우리는 '권력에의 의지'가 '초인'과 '영원회귀' 사상과 더불어 차라투스트라의 핵심 사상이라는 것을 알고 있다. 하지만 이러한 철학적 지식은 차라투스트라의 사상을 이해하는 데 전혀 도움이 되지 않는다. 왜 니체는 삶을 권력의 문제로 바라본 것일까? 니체는 밀려오는 파도에서도 탐욕스러운 권력 의지를 읽어낼 만큼 삶 자체가 하나의 권력 현상이라고 생각한 것일까? 니체는 삶 자체를 철학적 사유의 대상으로 삼았다. 삶을 있는 그대로 살아가는 사람들에게는 삶이 문제되지 않는다. 삶을 살지 않으면서 '어떻게 살아야 하는가?'라는 생각만 하는 사람들은 삶을 영원히 알지 못한다.

웬일인가! 차라투스트라여! 너는 아직 살아 있는가? 무슨 이유로?

무엇을 위해? 무엇으로써? 어디로? 어디에서? 어떻게? 아직 살아
있다는 것, 그것은 어리석은 일이 아닌가?

　　—『차라투스트라는 이렇게 말했다』

　이런 질문을 던지는 사람들은 언제나 삶에 거리를 둔다. 삶에 거
리를 두어야 삶의 의미를 알아낼 수 있다고 생각한다. 그러나 또한
삶을 성찰하기만 하는 사람은 삶을 살지 못한다. 니체는 삶을 춤에
비유한다. 춤을 춰본 사람은 다 아는 사실이지만 춤을 추려면 생각
을 하지 말아야 한다. 수영을 배우고자 하는 사람이 수영 방법을
이론적으로 익히기 전에 우선 물속으로 들어가야 하는 이치와 같
다. 진정한 삶을 살고자 한다면, 우리는 삶을 생각하기 이전에 우
선 살아야 한다. 그렇다면 우리가 살아 있다는 것을 어떻게 알 수
있는가? 니체는 우리 내면의 소리에 귀를 기울이면 삶에의 의지를
들을 수 있다고 말한다.

　내게는 불사신적인 것, 결코 영원히 묻어둘 수 없는 것, 바위까지
　폭파해버릴 수 있는 어떠한 것이 있다. 나의 의지가 바로 그것이다.
　그것은 말없이, 그리고 변함없이 세월을 가로질러 간다.

　　—『차라투스트라는 이렇게 말했다』

　생각하기를 멈추면 비로소 삶이 시작된다. 인식은 우리를 진리
로 이끌 수 있을지 모르지만, 그 진리는 우리의 행위를 방해하기도
한다. 우리의 삶은 권력을 추구하는 끊임없는 욕망이고, 원했던 권

력을 얻고 나면 그것을 극복하고 더 많은 권력을 탐하는 권력에의 의지다. 니체에게 삶은 곧 권력 의지다.

> 살아 있는 것을 발견할 때마다 나는 권력에의 의지도 함께 발견했다. 심지어 누군가를 모시고 있는 자의 의지에서조차 주인이 되고자 하는 의지를 발견할 수 있었다. 보다 약한 자 위에 주인으로서 군림하려는 의지는 보다 강한 자에게 예속되어야 할 것이라고 자신을 설득한다. 약자도 주인이 되는 즐거움 하나만은 버릴 수가 없다.
> ―『차라투스트라는 이렇게 말했다』

우리가 살아 있다는 것은 권력 의지를 갖고 있다는 것이다. 권력 의지를 포기하면 사람들은 온갖 욕망과 번뇌로부터 벗어날 수 있다고 착각하지만, 그것은 동시에 삶을 포기하는 것이다. 니체가 이 유명한 명제를 말한 곳에서 '자기 극복에 대하여' 말하고 있다는 것은 많은 것을 시사한다. 권력을 추구하면서도 동시에 온갖 고통과 번뇌에서 벗어날 수 있는 방법은 없는 것인가? 만약 우리가 권력 의지를 통해서만 소위 말하는 득도를 할 수 있다면, 우선 권력에의 의지를 인정해야만 한다.

전통 철학뿐만 아니라 이에 영향을 받은 많은 사람이 '진리에의 의지'를 선호한다는 것을 니체는 잘 알고 있었다. 왜 그는 진리에의 의지에 권력에의 의지를 대립시키는 것인가? 진리는 인식의 목적 또는 종착지로 여겨진다. 만약 진리에 도달한다면, 더 이상 진리를 탐구할 필요가 없다. 그렇다면 삶의 진리를 깨달았다고 삶을 더 이상 살 필요가 없는 것일까? 진리는 우리의 삶에 기여하는 한에서만 진리다. 니체는 경직된 진리가 삶을 훼손하고 삶에 적대적일 수 있음을 잘 알고 있다. 서양 기독교는 한때 인간의 삶에 기여했지만, 그것이 견고해져 골동품이 되면 새로운 삶을 불가능하게 만들지 않았는가. 삶은 생명력을 가져야 한다. 끊임없는 생성 과정에서 움직여야 한다. 그렇다면 어느 순간 어떤 것을 삶에 기여할 수 있는 진리로 설정한다고 하더라도, 상황이 바뀌면 우리는 삶에 다시 의미와 목적을 부여할 수 있는 새로운 가치를 창조해야 한다. 진리는 영원히 주어지는 것이 아니라 삶의 관점에 따라 재창조 과정을 거친다.

니체가 단순히 권력 의지를 말하지 않고 '권력에의 의지'라고 말하는 데는 이유가 있다. 독일어로는 'Wille zur Macht(will to power)'로 표현되는 이 개념에서 중요한 것은 끊임없는 운동과 방향을 가리키는 '~을 향하여'라는 뜻의 전치사 'zur'다. 인간은 삶에 안정과 존재를 가져다줄 권력으로서의 진리를 끊임없이 추구한다. 그런데 이 진리가 소임을 다하면 다시 새로운 진리를 창조할 수 있는 의지로 환원되어야 한다. 그것이 바로 권력에의 의지다.

> 오직 삶이 있는 곳, 그곳에 의지가 있다. 그러나 그것은 생명에 대한 의지가 아니라 내가 가르치는 것처럼, 권력에의 의지다. 살아 있는 생명체에게 많은 것이 삶 그 자체보다 더 높게 평가되고 있다. 그렇지만 그러한 평가를 통해 말하는 것은 바로 권력에의 의지다.
> ―『차라투스트라는 이렇게 말했다』

삶은 권력에의 의지의 표현이다. 물론 권력에의 의지가 사회에서 일반적으로 나타나는 것처럼 외부의 대상만을 겨냥하는 것은 아니다. 권력, 재산, 명예와 같은 사회적 성공을 추구하는 것이 권력에의 의지라고 생각하면 오해다. 권력에의 의지는 우선 자기 자신에 대한 권력에의 의지다. 삶 자체가 권력에의 의지라면, 우리의 삶 속에는 항상 명령하는 자와 복종하는 자가 있기 마련이다. 전통 철학에 따르면 명령하는 자는 이성이고, 복종하는 자는 욕망과 본능이다. 욕망과 본능에 대해 이성이 통제하는 방식이 바로 권력에의 의지다.

니체는 이 등식을 완전히 뒤집는다. 우리의 내면은 이성과 욕망으로 이분법적으로 분리되는 것이 아니라 다양한 의지의 상호 투쟁으로 이루어졌다는 것이다. 만약 이성이 추구하는 진리가 이미 주어진 것이 아니라면, 진리를 추구하는 이성 역시 또 다른 의지일지도 모른다. 진리에의 의지도 결국 권력에의 의지다. 우리 내면을 권력에의 의지가 활동하는 공간으로 보면 우리는 삶을 훨씬 더 역동적으로 파악할 수 있다.

생명체를 발견할 때마다 나는 순종에 대해 말하는 것을 들을 수가 있었다. 모든 생명체는 순종하는 존재들인 것이다. 그리고 두 번째의 것은 이것이니, 자기 자신에게 순종할 수 없는 존재에게는 명령이 내려진다는 것이다. 이것이 생명체의 본성이다. 그러나 내가 들은 세 번째의 것은 이것이다. 즉 순종보다 명령이 어렵다는 것이다. (…) 내가 보기에 모든 명령에는 시도와 모험이 따른다. 그리고 명령을 할 때 생명체는 언제나 자기 자신을 거는 모험을 한다.

—『차라투스트라는 이렇게 말했다』

나의 내면에 있는 강력한 명령자는 무엇인가? 그것은 나의 삶에 의미를 부여하는 궁극적 가치인가? 자신이 순종할 수 있는 가치를 갖고 있지 않은 자는 결국 다른 사람의 명령을 받는다. 우리가 진정으로 살다간다는 것은 자신만의 가치를 갖는 것을 의미한다. 우리는 거리의 사람들이 고귀하다고 생각하는 가치를 받아들이고 따를 수 있다. 세속적인 의미에서의 성공은 대부분 이런 종류의 것이지 않은가. 그러기에 니체는 순종하는 것보다 명령하는 것이 훨씬 더 어렵다고 말한다. 숨이 턱밑까지 찰 정도로 헐떡이면서 에즈 언덕을 다 올라왔을 때 갑자기 나타난 뒷산처럼 니체의 권력에의 의지를 어렴풋이 알 것도 같았다.

살아 있는 생명체를 설득하여, 그것으로 하여금 순종하고 명령하도록 하며, 명령을 하면서도 순종을 익히도록 하는 것은 무엇인가?

—『차라투스트라는 이렇게 말했다』

결국 니체의 길을 오르내리면서 한 가지 물음만 더 갖고 돌아간다.

10

FRIEDRICH NIETZSCHE

욕망하는
인간의 발견

속물의 니스

ICI

LE 2 DECEMBRE 1883

EDERIC NIETZSCHE

MMENÇA SES SEJOURS

A NICE

프랑스 니스 니체 기념판

코스모폴리스의 속박된 자유

에즈에서 니스로 가는 길은 마치 한적한 산골 마을에서 대도시로 내려가는 길과 같다. 뒤편으로는 리구리아 알프스 산맥과 연결되는 높은 산이 에워싸고 앞으로는 지중해로 트여 있어 삼태기 모양을 하고 있다. 비교적 평평한 해안가에서 서서히 산을 향해 올라가는 언덕을 따라 조성된 시의 모습은 마치 지중해의 에메랄드 바다를 끌어들이려는 듯 줄기를 뻗은 나뭇가지처럼 보인다. 격자로 조성된 니스의 모든 도로는 바다로 향하도록 엮여 있다. 마르세유와 제노바 사이에 위치한 니스는 도시권 인구가 100만 명에 이르는, 프랑스에서 다섯 번째로 큰 대도시다. 코트다쥐르의 진주로 불리는 이 도시는 프랑스 리비에라의 중심지이며 주요 관광도시로서 세계의 부호와 저명인사들을 끌어들이는 곳으로도 유명하다.

에즈의 언덕에서 내려다봤을 때는 대도시라는 느낌이 들지 않을 정도로 한적하고 아름다워 보였던 곳이 막상 시내로 들어오니인파로 가득하다. 고독의 철학자 니체는 왜 관광객으로 들끓는 대도시 니스를 선택한 것일까? 이 도시의 어떤 매력이 니체를 붙잡은 것일까? 하지만 이런 궁금증도 수선스럽게 움직이는 관광객들 사이에 끼어 거리를 걷다 보니 금방 사라진다. 우선 바다로 내달리는 장메드상Jean-Médcin 가를 따라 해변가를 향해 천천히 걷는다. 해는 뉘엿뉘엿 지고 있지만 낮에 달구어진 보도는 온돌방처럼 따뜻한 온기를 전해준다. 유럽 남부의 상록관목인 아르부트스와 유칼립투스, 그리고 야자수가 있는 공원은 아열대 지방의 남국 정취를 물씬 풍긴다.

오페라 극장이 있는 구도심을 구경하고 해변을 향해 오른편으로 꺾어든다. 여러 갈래로 뻗어 있는 골목길로는 수많은 사람이 쏟아져 나오고 빨려 들어간다. 여기에서는 굳이 지도를 볼 필요가 없다. 사람들의 흐름에 몸을 맡기면 바다로 흘러드는 물처럼 저절로 해변에 이른다. 한참을 걷다 보니 갑자기 파란 바다가 몰려온다. 해안에는 지중해의 고독한 파란색 파도를 막아서듯 베이지와 노란색의 건물들이 방파제처럼 늘어서 있고, 바다와 도시가 만나는 접선에는 만을 따라 '라 프롬나드 데 장글레La Promenade des Anglais'로 불리는 7킬로미터 길이의 산책로가 뻗어 있다. 이 산책로를 걸으면 양쪽으로 현대의 대도시와 지중해의 자연을 경험한다. 이는 대도시를 떠나 자연의 고독을 느낄 수 있는 길이기도 하고, 심오한 자연의 바다에서 다시 인간의 세계로 돌아오는 길이기도 하다.

바다의 색깔이 검은색으로 변하는가 싶더니 거리의 건물들은 벌써 휘황찬란한 네온사인을 밝히기 시작했다. 니스만큼 니체가

니스의 라 프롬나드 데 장글레
18세기 후반 영국인 정착촌이 니스에 생겨날 무렵 영국 걸인들이 거리를 배회하자 이들에게 일자리를 줄 요량으로 만의 굴곡을 따라 산책로를 만드는 프로젝트가 추진됐다. 이탈리아 통합과 맞물려 1860년 니스가 프랑스 땅이 되자 프랑스식 이름으로 '영국인의 산책로'라고 불리기 시작했다. 니체도 이 산책로에서 현대의 대도시와 지중해의 자연을 동시에 경험했을 것이다.

모순적인 감정을 느낀 도시도 없을 것이다. 그는 이 대도시가 펼치는 '빛의 향연'에 강렬한 인상을 받는다.

> 이 장엄한 빛의 향연이 고통스럽게 죽어가고 있는 (종종 죽음을 갈망하는) 나에게 미친 효과는 경이로울 정도입니다. 여기서 겨울의 여섯 달 동안 나는 제노바에서 1년 동안 가졌던 것만큼이나 많은 환희의 날들을 보냈습니다. 이로써 나는 사랑했던 콜럼버스의 도시─내게 그 이상의 다른 것은 아니었던─제노바에 안녕을 고했습니다.
>
> ─『니체 서간집』

니체는 제노바에서 아쉬워했던 빛의 향연을 니스에서 발견한다. 며칠 뒤 여동생 엘리자베트에게 보낸 편지에서 이 도시와 자신에게 생동감을 불어넣는 것이 "빛의 향연의 전기화電氣化 효과"라고 말한다. 2차 산업혁명의 원동력인 전기의 진면목을 경험한 것이다. 전기는 기술 세계를 묘사하는 새로운 어휘다. 전기가 감전을 일으키듯 네온사인이 발하는 빛의 향연은 우리를 몽상과 도취의 세계로 인도한다. 니체는 빛의 향연에서 현대적 디오니소스의 도취를 예감한 것일까?

낮에는 작열하는 태양 빛, 밤에는 네온사인의 휘황찬란한 빛의 향연. 니스는 니체를 감동시키기에 충분했다. 하지만 니스에서 받은 감동은 그리 오래가지 못했다. 다섯 번의 겨울을 니스에서 보내는 동안 이 대도시에 대한 그의 생각과 느낌은 점차 부정적으로 변한다. 니스의 번잡스러움이 점점 그의 마음에 거슬린 것이다. 니체가 발견한 불쾌감의 이유는 간단하다. 니스는 "형편없는 파리의 모조품이고 허세를 떠는 반쪽짜리 대도시"에 불과하다는 것이다.

> 믿기 어려울 정도로 숲도 그늘도 정적도 없습니다. 내가 부유하다면, 리비에라 해변의 다른 곳에서 살 것입니다. 그렇지만 대도시이기 때문에 이곳에서 나는 물론 비교적 가장 저렴하게 살고 있습니다.
>
> ─『니체 서간집』

니체는 베네치아, 제노바, 토리노와 같은 역사가 없이 그저 크기만 한 대도시 니스가 자신의 철학에 맞지 않다고 불만을 토로한다. 그러면서 품위에 맞지 않을뿐더러 견딜 수 없는 도시라고 불평을 늘어놓는다. 니스에 대한 그의 부정적 평가는 세 낱말로 압축된다. "대도시적이고 소란스럽고 멍청하다."

사실 도시에 대한 우리의 감정은 이중적이다. 도시는 우리를 군중 속에 섞이게 함으로써 익명의 자유를 보장하는 한편 이름 없는 군중의 일부분으로 편입해 멍청하게 만든다. 그래서 사람들은 대도시에 혐오감을 느껴 자연으로 도피했다가도 결국은 자유를 위해 경멸스러운 대도시로 귀환하고 만다. 니체도 인정하는 "코스모폴리스의 대단한 자유"가 과연 진정한 자유일까? 니체가 광기로 쓰러지지 않고 조금 더 살았다면, 그는 틀림없이 도시의 이중성에 관한 철학적 성찰을 했을 것이다.

소란스럽고 우아한 도시가 처음엔 마음에 들지 않았습니다. 결국 나는 내게 남겨진 많은 것을 찾아냈습니다. 조용한 길들과 이탈리아 도시 구역, 그리고 제노바보다 훨씬 나은 음식. (…) 사람들이 원하는 대로 가질 수 있는 곳이 대도시입니다.

—『니체 서간집』

니스의 밤거리는 니체가 머물렀던 때보다 훨씬 더 화려하고 찬란하다. 해안가 프롬나드 데 장글레 산책로에는 세련되게 차려입은 사람들이 걱정거리 하나 없는 듯 즐겁게 돌아다니고, 노천까지 자리를 넓힌 레스토랑에서는 음식 냄새가 풍겨 나온다. 삶을 즐기는 곳에 철학을 위한 자리는 없는 것처럼 보인다.

천박하게 밝은 밤

니체에게 니스는 언제나 벗어나야만 하는 장소였다. 니스에서 겨울을 보낸 후 1887년 가을에 베네치아에 잠시 머무르거나 1888년 부활절 시기에 토리노에 있을 때에 니체에겐 니스를 벗어났다는 감정이 지배적이었다. 니스는 기후와 음식이 좋지만 사유하기에는 좋지 않은 곳이다. 니체는 "가장 외로운 자연과의 고독은 이제까지 나의 청량제이고 치료제였다"고 고백하면서 "현대적 삶으로 북적거리는 도시들은 자신을 계속 예민하게 만들어서 슬프고 불확실하고 소심해지고 비생산적이 되고 아프게 된다"고 불평한다.

니체는 설령 더러운 냄새가 날지라도 오히려 베네치아를 사랑했고 "니스를 도시와 사람으로서 좋아하지 않는다"(『니체 서간집』)고 잘라 말한다.

시골을 좋아하는 사람들에게는 그곳의 고독과 고요함이 퇴비의 냄새를 압도하지만, 현대의 도회지 사람들은 그것을 견디지 못한다. 그런데 니체가 견디기 힘들어하는 대도시는 냄새가 나지 않는다. 도시에는 냄새가 없다는 것이 상당히 상징적이라는 생각이 든다. 니체가 도시와 사람을 동일시한 것도 많은 것을 시사한다. 도시에는 행복이라는 것을 발견했다고 우쭐하며 눈을 깜박거리는 마지막 인간들이 살아간다. 그들은 행복하기에, 사유할 시간이 없다. 그들은 시골의 삶이 지루할 정도로 너무나 단조롭다고 불평하면서 도시의 삶은 다양하다고 뽐낸다. 니체는 도시의 삶을 분석하고 비판한 사회학자들이 나타나기 이전에 이미 도시의 이면을 들여다본 최초의 도시 비판자인지도 모른다.

> 이 인상적인 동질성, 명령을 받지 않았는데도 즉시 터져 나오는 전체 합주는 여기에 하나의 문화가 지배하고 있다는 것을 믿도록 그를 유혹한다. 지배권을 장악한 체계적 속물 문화는 바로 체계를 갖추고 있기 때문에 아직 문화가 아니다. 그것은 나쁜 문화라고 할 수도 없으며 단지 문화의 반대, 즉 지속적으로 정당화된 야만에 불과한 것이다.
>
> ─『반시대적 고찰 I』

도시에는 속물이 산다. 속물은 진정한 교양과 문화를 추구하지 않으면서도 스스로를 교양 있는 문화인이라고 착각하는 사람들이다. 최초의 문화 비판서라고 할 수 있는 『반시대적 고찰』에서 니체는 현대적 교양인의 위선을 적나라하게 폭로한다. 물론 니체는 진정한 문화는 '양식의 통일성'임을 전제하고, 설령 추하고 변질된 문화조차도 "하나의 양식으로 조화를 이루려는 다양성 없이는 생각할 수 없다"(『반시대적 고찰 I』)는 점을 인정한다. 진정한 대도시라면 다양성을 독특한 방식으로 조화롭게 결합하는 양식을 갖추어야한다. 역사가 깊은 대부분의 도시는 나름의 양식을 갖고 있다. 니체가 찬탄해 마지않는 베네치아, 토리노, 피렌체와 같은 도시가 그렇다. 이와는 달리 외관상으로는 다양한 것처럼 보이지만 실제로는 이 다양성을 조화롭게 표현하는 양식이 결여되어 있을 때 그 도시는 속물 도시가 된다. 냄새는 나지 않지만 깊은 곳에서 이미 썩고 있는 도시. 이런 역겨운 냄새를 니체는 니스에서 맡은 것이다.

니체의 대도시 혐오는 『차라투스트라는 이렇게 말했다』 제3부의 '그냥 지나쳐 가기에 대하여'라는 대목에서 정점을 이룬다. 니체는 니스의 바다와 하늘, 따뜻한 공기와 햇볕을 좋아하면서도 혐오스러운 사람들로 붐비는 니스에서 가급적 빨리 벗어나기를 원했다. 도시의 사람들은 다양성을 가장하지만 실질적으로는 표준화된 이들이다. 그로 인해 이들은 도시를 다양하게 만들기도 하지만, 황폐하게 만들기도 한다. 니체는 온갖 도시를 여유롭게 돌아다니다가 자신의 산과 동굴로 돌아가려는 차라투스트라에게 대도시는 그냥 지나쳐 갈 것을 권한다.

오, 차라투스트라여, 이곳은 대도시입니다. 그대는 이곳에서 아무 것도 찾지 못하고 도리어 모든 것을 잃게 될 것입니다. 어찌하여 그 대는 이 진창을 가로질러 가려 하십니까? 불쌍한 발 생각도 좀 하셔야지요! 차라리 이 성문에 침을 뱉고 발길을 돌리십시오! 은자의 사상에게는 이곳이 지옥이랍니다. 위대한 사상이 이곳에서는 산 채로 삶아지고 잘게 조리되지요. 이곳에서는 위대한 감정들도 하나같이 부패합니다. 다만 볼품없이 말라빠진 감정들이 달그락거릴 뿐이지요! 벌써 정신을 도살하고 요리하는 도살장과 요릿집 냄새가 나고 있지 않습니까? 이 도시는 도살된 정신이 내뿜는 증기로 자욱하지 않습니까? 영혼들이 더러운 누더기처럼 힘없이 걸려 있는 것이 보이지 않습니까? 이 누더기로부터 그들은 아직도 신문이라는 것을 만들어내고 있답니다! 그대는 어떻게 하여 정신이 한낱 말장난으로 전락했는지를 들어보지 못했습니까? 정신은 여기에서 역겨운 말의 개숫물로 토해내지요! 그리고 사람들은 이와 같은 말의 개숫물로 신문이라는 것을 만들어내지요.

—『차라투스트라는 이렇게 말했다』

  니체가 니스에 처음 머무르면서 『차라투스트라는 이렇게 말했다』의 제3부를 완성하는 동안 느꼈던 대도시에 대한 혐오감이 온전히 드러난다. 진창으로 묘사되는 대도시의 풍경은 어쩌면 니체의 가난 때문인지도 모른다. 세상의 내로라하는 사람들이 모여드는 곳에서 적은 돈으로 품격에 맞는 거처를 구한다는 것은 그야말로 하늘에서 별 따기였다. 그러나 니체에게 구토를 불러일으키는 것은 형편없는 거처만은 아니었다. 품위 있게 살기에는 충분히 부유하지 않은 곳에서 가난은 인간의 존엄을 형편없이 무너뜨린다. "베네치아에서 가난은 존경할 만하고 장소에 부합하는 무엇인가를 갖고 있습니다. 니스에서는 정반대입니다."(『니체 서간집』) 니체의 이 말은 대도시에 대한 혐오의 기원을 드러낸다. 해안 산책로를 따라 늘어선 고급 호텔을 통해 사회적 양극화가 극심하게 표출되는 환경에서 밑바닥 인생을 산다는 것은 정말 비참하다.

그러나 니체의 대도시 혐오는 다른 근원을 갖고 있다. 물질적 가난은 정신을 황폐화하지만, 정신적 가난은 문화를 퇴폐적으로 만든다. 자본주의 정신이 이와 같다면 지나친 말일까. 대도시에는 초월이라는 말이 어울리지 않는다. 모든 것은 지상적인 것 주위를 맴돌기 때문이다. 여기서 세속적인 것, 지상적인 것은 바로 '소상인의 황금'이다. 대도시의 이기적인 사람들이 섬기는 유일한 것은 바로 황금의 신이다. 이 황금의 신은 우리의 감정을 부패시키고, 위대한 사상을 잘게 부서진 교양으로 변질시킨다. 대도시는 "정신을 도살하고 요리하는 도살장과 요릿집"이라는 니체의 말은 가혹하게 들리지만, 부정할 수 없다는 점에서 슬프고 아프다.

빛의 향연, 황금물결이 출렁이기 시작하면 도시는 깊은 밤 속으로 침잠한다. 대도시에서는 빛이 환하게 빛날 때가 오히려 한밤중이라는 사실이 역설적이다. 그러나 현대인은 오히려 그런 분위기를 즐기는 것처럼 보인다. 별빛에 물든 고요한 정적 대신에 소란스러운 밤의 오락이 있는 곳이 대도시다. 니체의 인식은 훗날 대도시에 대한 비판 문학에 커다란 영향을 미친다.

그렇다고 극단적인 개인주의의 옹호자이기도 한 니체가 대도시를 혐오한 것만은 아니다. 그가 즐겨 걸었던 곳은 질스 마리아의 숲뿐만 아니라 제노바, 피렌체, 베네치아, 니스의 산책로다. 숲이 우거진 공원과 가로수가 길게 늘어선 산책로는 삶을 피부로 느낄 수 있는 경계선과도 같았다. 도시의 산책로가 자연으로 이어지는 길이 되지 않고 하나의 장식품으로 전락할 때 니체의 도시에 대한 혐오감은 드러난다.

타인의 고통을 즐기기

대도시에는 온갖 욕정과 악덕이 우글거린다. 서양의 기독교적 전통에서 7대 악덕으로 꼽히는 교만, 시기, 분노, 나태, 탐욕, 식욕, 음욕은 모두 도시의 악덕이다. 도시에는 이러한 악덕을 추구하는 이기적인 사람들이 우글거린다. 이런 악덕을 비판하는 사람이 이타적인 동정심을 높이 평가하기는커녕 적나라하게 비판하는 것을 어떻게 이해할 수 있을까. 오늘날에는 이타심 역시 이기심의 일종이라는 인식이 퍼져 있지만, 도덕의 토대 자체가 비도덕적이라는 사실을 니체가 폭로했을 때만 해도 이러한 인식은 너무나 충격적이었다.

니체가 도덕 자체를 문제 삼기 시작한 것은 초기부터다. 하지만 본격적으로 도덕의 기원을 파헤친 것은 그가 대도시의 경험을 체득하고 나서부터라고 할 수 있다. 니체는 1887년 여름에 출간한

『도덕의 계보』에서 우리가 이제까지 당연한 것으로 여겨온 도덕
적 평가에 의문을 제기한다.

> 마침내 새로운 요구가 들리게 된다. 이 새로운 요구, 그것을 우리는
> 다음과 같이 말해보자. 우리에게는 도덕적 가치들을 비판하는 것
> 이 필요한데, 이러한 가치들의 가치는 우선 그 자체로 문제시되어
> 야만 한다. 이를 위해서는 이러한 가치들이 성장하고 발전하고 변
> 화해온 조건과 상황에 대한 지식이 필요하다. (결과와 증후, 가면과 위
> 선, 질병과 오해로서의 도덕. 그러나 또한 원인과 치료제 자극제와 억제제, 독으로
> 서의 도덕.) 그와 같은 지식은 지금까지 존재한 적도 요구된 적도 없
> 었다. 사람들은 이러한 '가치들'의 가치를 주어진 것으로, 사실로,
> 모든 문제 제기를 넘어서 있는 것으로 받아들였다.
>
> —『도덕의 계보』

니체는 이 책에서 일반적인 상식을 문제 삼는다. 사람들은 선한
사람을 악한 사람보다 훨씬 더 가치가 있다고 평가하고, 인간에게
공리와 번영을 가져오는 가치를 높이 평가한다. 사람들은 이러한
도덕 평가에 전혀 의심을 품지 않았다. 이러한 도덕은 삶과 사회에
서 확고부동한 토대로 받아들여졌다.

니체의 철학은 항상 하나의 반란이고 전복이다. 니체는 이런 믿
음에 강한 물음표를 붙인다. 『아침놀』의 첫 번째 잠언 "오랫동안
존속하는 모든 사물은 점차 이성에 의해 침윤되기 때문에 그것이
원래는 비이성에서 기원했다는 사실이 믿기지 않게 된다"는 이성

이 본래는 비이성에서 기원한 것처럼 도덕의 기원은 결코 도덕적이지 않음을 말하고 있다. 이성이 이성적인 것으로 여겨지고, 도덕이 아무런 동요 없이 도덕적인 것으로 평가되는 것은 오랫동안 지속된 왜곡의 역사가 있기 때문이다. 도덕은 본래 삶에 기여할 수 있는 하나의 관점이다. 만약 이러한 도덕이 오랜 역사를 통해 삶에 적대적일 정도로 경직되었다면, 도덕은 위험 중의 위험이 된다고 니체는 말한다.

> 만일 그 반대가 진리라고 한다면, 사정은 어떤가? 만일 '선한 사람'에게도 퇴행의 징후가 있다면, 그리고 이와 마찬가지로 현재를 살리기 위해 미래를 희생한 어떤 위험, 유혹, 독, 마취제가 있다면, 사정은 어떤가? 아마 현재의 삶이 좀 더 안락하고 위험이 적지만 또한 좀 더 하찮은 양식으로, 좀 더 저열해지는 것이 아닐까? 그리하여 인간 유형이 스스로 이를 수 있는 최고의 강력함과 화려함에 이르지 못하게 될 때, 바로 도덕에 그 책임을 지운다면? 그리하여 그 도덕이야말로 위험 가운데 위험이라고 한다면?
>
> ─『도덕의 계보』

사람은 본래 최고로 강력하고 화려한 인간 유형을 실현하고자 한다. 도덕은 그 실현 수단일 뿐이다. 경직된 도덕이 삶의 원천인 권력에의 의지를 봉쇄할 때, 선하기만 한 사람은 단지 퇴행과 퇴폐의 징후일 뿐이다. 그는 기존의 도덕에 순종할 뿐 자신의 삶에 의미를 부여할 수 있는 새로운 가치를 만들어내지 못한다. 이 경우

전통적인 도덕은 현재의 삶을 안락하게 만들기 위해 미래의 가치 창조를 희생시킨 마취제일 뿐이다.

니체는 이러한 위선을 걷어내고 자신의 내면에 솔직해지라고 권한다. 우리는 타인에 대한 이타심을 설교하면서 실제로는 타인의 고통을 보고 고소해하는 '샤덴프로이데Schadenfreude'를 갖고 있지 않은가? 이 독일어 낱말은 오늘날 외래어로 뿌리를 내리고 있다. 니체는 이 샤덴프로이데가 도덕의 기원일 수도 있다고 생각한다. "우리는 타인의 혀 위에 우리의 꿀 한 방울을 떨어뜨리고는 그에게 호의를 베풀었다고 생각하면서 그의 불행을 기뻐하고 그의 눈을 날카롭게 직시한다"고 니체는 확인하면서 "여기에 다른 사람들과 비교해 우월함을 느끼고 싶어 하는 충동에 전적으로 근거하는 도덕이 있다"(『아침놀』)고 주장한다.

니체에 따르면 도덕에는 두 가지가 있다. 하나는 불행을 당하는 타인을 동정하는 도덕이고, 다른 하나는 타인에게서 자신의 권력의지를 확인하고 경쟁자의 질투심에서 오히려 쾌감을 느끼는 도덕이다. 전자는 약자의 도덕이고, 후자는 우월의 도덕이다. 우월의 도덕이 근본적으로 세련된 잔인성에 대한 쾌감이라는 사실은 정말 역설적이다.

우리는 도덕적 평가를 하면서 '좋음'과 '나쁨', 즉 선과 악을 대립시키지만 니체에 따르면 본래는 '고귀함'과 '저속함'의 대립이 밑바탕에 깔려 있다. 강한 것은 고귀하고, 약한 것은 저속하다. 상식적인 도덕에 따르면 이기적인 것은 나쁜 것이고, 이타적인 것은 좋은 것이다. 반면 니체의 해석에 따르면 이기적인 것은 고귀한 것이고, 이타적인 것은 저속한 것이다. 본래는 고귀한 것이 좋은 것이었는데 어떻게 도덕적 가치가 전도된 것일까?

> 원래 비이기적 행위란 그 행위가 표시되어, 즉 그 행위로 인해 이익을 얻는 사람의 입장에서 칭송되고, 좋다고 불렸다. 그 후 사람들은 이 칭송의 기원을 망각하게 되었고 비이기적 행위가 습관적으로 항상 좋다고 칭송되었기에, 이 행위를 그대로 좋다고도 느꼈던 것이다. 마치 그 행위가 그 자체로 선한 것인 듯.
>
> —『도덕의 계보』

동정의 도덕에 의해 이익을 보는 사람은 강한 사람들이기보다는 약한 사람들일 것이다. 자신이 다른 사람들의 동정을 받는 것이 이익인 사람들이 동정을 도덕적 선으로 부르고 높이 평가했다는 것이다. 그런데 시간이 지나면서 이러한 이기적 동기는 망각되고 비이기적 행위를 습관적으로 도덕적 선으로 여긴 것이다.

도덕적 평가 자체를 재평가하려면, 우리는 도덕의 계보를 '역사적으로' 추적하여 재구성할 필요가 있다. 니체에 따르면 도덕의 기원은 본래 '거리두기의 파토스Pathos der Distanz'다. 고귀하고 강하고, 높은 뜻을 가진 사람들이 저급한 사람, 비속한 사람, 천민적인 사람에게 갖는 우월의 감정이 바로 도덕의 기원이다. 왜냐하면 거리두기의 파토스는 새로운 가치를 창조하고 가치의 이름을 정하는 권리를 갖고 있기 때문이다.

그렇다면 삶의 불이익을 당하는 약자들은 이렇게 우월한 강자들에게 어떻게 대응하는가? 그들은 우선 서로 연대하고 결합하여, 강자들의 덕성을 이기적이기 짝이 없는 오만, 잔인, 무도, 폭압으로 정의함으로써 가치를 전한다. 이로써 강자들의 덕성은 '악'이 되고, 약자들의 덕성인 겸손, 동정, 근면과 복종은 '선'이 된다.

> 도덕에서의 노예 반란은 원한 자체가 창조적이 되고 가치를 낳게 될 때 시작된다. 이 원한은 실제적인 반응, 행위에 의한 반응을 포기하고, 오로지 상상의 복수를 통해서만 스스로 해가 없는 존재라고 여기는 사람들의 원한이다. 고귀한 모든 도덕이 자기 자신을 의기양양하게 긍정하는 것에서 생겨나는 것이라면, 노예 도덕은 처음부터 '밖에 있는 것', '다른 것', '자기가 아닌 것'을 부정한다. 그리고 이러한 부정이야말로 노예 도덕의 창조적인 행위인 것이다.
>
> ─『도덕의 계보』

원한이라는 뜻의 '르상티망Ressentiment'은 노예 도덕의 핵심이다. 강자에게 맞서 대항하고 싶지만 실제로는 그런 능력이 없을 때 원한은 상상의 복수를 한다. 강자 역시 스스로를 약자의 관점, 다시 말해 선악의 관점에서 판단할 수밖에 없을 때 이러한 노예 반란은 성공한다. 결국 강자와 약자 사이의 도덕 투쟁은 무엇이 선이고 악인지를 규정하는 '정의定義 권력'을 둘러싼 싸움이다. 누가 누구를 통해 스스로를 평가하고 판단하는가? 도시에 생동감을 불어넣는 것이 빛의 향연이라기보다는 이러한 도덕 투쟁이라는 생각이 든다.

가능한 한 앉아 있지 말라. 야외에서 자유롭게 움직이면서 생겨나지 않은 생각은 그것이 무엇이든 믿지 말라. 근육이 춤을 추듯이 움직이는생각이 아닌 것도 믿지 말라.

―『이 사람을 보라』

금욕의 목표

　니체가 살았던 시대와는 달리 지금은 대부분이 도시에서 산다. 그러기에 현대인은 도시의 덕성과 아름다움을 포기할 수 없다. 니체의 도시 혐오증에 공감하면서도 도시에 끌리는 것은 어쩔 수 없는 일이다. 무한한 자연 속에 성을 세우고 도시를 건설할 때만 해도 자연은 여전히 압도적인 힘을 지니고 있었지만, 오늘날 우리는 자연에 대한 기술의 힘을 당연한 것으로 여긴다. 그렇다면 도시를 포기하고 자연으로 돌아가는 것보다는 도시를 자연화하는 것이 낫지 않겠는가?

　우리는 우리 자신을 새롭게 정의해야 한다. 현대의 도시에서 어슬렁거리면서 자연을 탐하는 우리는 누구인가? 우리는 어떻게 21세기를 살아갈 것인가? 19세기 도시화의 길로 접어든 서양 문명을 예리하게 비판한 니체에게서 도시에서의 삶을 모색한다는 것은 어불성설 같기도 하다. 니체는 동정의 윤리와 이타주의를 신랄하게 비판하면서 다시 이기적이 되라고 말하지만, 오늘날 우리는 이기주의를 매우 당연한 것으로 받아들이고 있다. 도시는 이기적인 인간들이 서로 싸우면서 자신을 찾아가는 장소다.

　우리 모두가 철저하게 이기적인 동기에서 움직인다면, 우리는 다시 삶을 하나의 창조 과정으로 되살릴 수 있을지도 모른다. 자신의 삶에 새로운 의미와 목표를 부여하려면, 우리는 삶을 새로운 권력으로 통제할 수 있어야 한다. 니체가 기독교적 금욕주의를 비판하면서 새로운 금욕주의를 요구하는 까닭이 여기에 있다.

우리가 금욕주의적 이상을 필요로 하는 것은 우리에게 강력한 권력에의 의지가 있기 때문이다. 이 의지는 언제나 하나의 목표를 요구한다. 니체는 여기서 언어를 멋지게 유희한다. 아무것도 원하지 않는다는 것은 독일어로 'nicht wollen'이다. 그렇지만 의지는 본성상 아무것도 바라지 않을 수 없기 때문에 그는 아무것도 원하지 않는 대신에 '허무Nichts'를 원한다. 자극적인 것이 흘러넘치는 현대 사회에서 우리가 아무것도 원하지 않는다는 것은 불가능하다.

금욕주의는 우리에게 새로운 목표가 필요하다는 것을 말해준다. 그런데 금욕주의는 본래 우리가 갖고 있는 본능, 욕망과 충동의 억제와 추방을 의미하지 않는가? 니체 역시 금욕주의를 부정적으로 규정한다. 일반적으로 관능과 육체를 부정하는 '자기 부정','자기 훼손', '탈육체화', '양심의 해부' 등의 형식으로 이루어지는 금욕주의에는 일종의 "자기 자신을 향한 위험한 잔인성의 전율"(『도덕의 계보』)마저 보인다고 말한다. 오체투지를 하며 길바닥을 기어가는 불교의 고행자들은 금욕주의를 상징한다. 그러나 니체가 말하는 것처럼 "고행자처럼 자신의 감각을 철저히 굶기는 사람은 이와 동시에 자신의 육체와, 종종 자신의 지성도 함께 굶긴다."(『아침놀』)

이러한 금욕주의는 결국 삶의 내면에 있는 근본 의지도 죽인다는 점에서 일종의 자기모순이다. 금욕주의가 삶에 기여한다고 생각하여 설정한 목표가 결국 그것을 파괴하는 것이다.

금욕주의적 삶이란 하나의 자기모순이다. 여기에는 견줄 데 없는 원한이, 즉 삶에서의 어떤 것에 대해서가 아니라 삶 자체, 그 가장 깊고 강력하고 가장 기저에 있는 조건들을 지배하고 싶어 하는 기 갈 들린 본능과 권력 의지의 원한이 지배하고 있다. 여기에서는 힘 의 원천을 봉쇄하기 위해 힘을 사용하려는 시도가 이루어진다. 여 기에서는 생리적인 발달 자체에, 특히 그 표현이나 미美나 기쁨에 서툴고 음험한 눈초리가 쏠린다. 반면 잘못된 것이나 발육 부전의 것, 고통이나 사고, 추악한 것이나 자발적인 희생, 자기 상실이나 자기 질책이나 자기희생에 대해서는 어떤 희열을 느끼게 되거나 추구한다.

　　—『도덕의 계보』

　금욕주의적 이상을 서술하는 세 가지 거창한 수식어, 즉 청빈, 겸손, 순결은 사실 살아가면서 우리가 겪는 어려움을 겨냥하는 것 이 아니라 삶의 근본 의지를 향한다. 니체는 이러한 이상들이 "퇴 화되어가는 삶의 방어 본능과 구원 본능"에서 생겨난다고 말한다. 그런데 금욕주의자들이 자신의 본능과 욕망을 죽임으로써 얻고자 하는 것은 무엇인가? 니체는 금욕주의자들 역시 모든 수단을 강구 해 자신을 보존하려고 하며, 자신의 생존을 위해 투쟁한다고 진단 한다. 무엇인가를 지배하고 억제하고 배제하려는 금욕주의적 욕 망 속에도 역시 권력에의 의지가 살아 있는 것이다. 니체의 말을 빌리면 단지 병적인 방식으로 살아 있는 것이다.

　니체의 글을 읽다 보면 현대 사회에서도 과연 금욕주의가 가능 할까 하는 의문이 든다. 오페라 극장이 있는 니스 구도심의 시장을 지날 때면 형형색색으로 우리를 유혹하는 음식이 널려 있다. 단 것은 몸에 좋지 않다는 생각으로 그냥 지나치려고 무던히 애쓰지만 시장 골목을 빠져나왔을 때 우리의 손에는 항상 달콤한 먹거리 몇 봉지가 들려 있다. 그렇다면 21세기 자본주의를 운명처럼 받아들인 현대인은 자신의 욕망을 한없이 충족할 수 있는가? 금욕주의 이상에 의한 욕망의 포기와 마찬가지로 욕망의 무절제한 추구 역시 우리의 삶을 황폐화하지 않는가?

> 금욕주의는 자신의 감각적인 충동이 광포한 야수처럼 날뛰기 때문에 그것을 근절해야 하는 사람들에게 적합한 사고방식이다. 그러나 그것은 또한 오직 그러한 사람들만을 위한 사고방식이기도 하다.
> ―『아침놀』

우리에게 필요한 것은 새로운 목표와 이상이다. 그렇기 때문에 금욕주의가 필요한 것이다. 니체는 이런 의미에서 부정적 금욕주의에 긍정적 금욕주의를 대립시킨다. 욕망의 절제 대신 욕망의 승화, 자기 포기 대신에 자기 고양, 세계로부터의 도피가 아니라 세계의 인정. 우리는 이러한 목표를 달성할 수 있는 금욕주의를 추구해야 한다는 것이다. 그러기 위해서는 우선 의지를 복원해야 한다. 새로운 이상과 동경을 실현할 수 있는 강력한 의지가 있어야 한다. 여행을 떠나고, 때로는 숲속을 기닐다 때로는 도회지의 공원을 어슬렁거리는 것도 은폐되고 억압된 의지를 되찾기 위해서다. 도시에서 살아가는 우리에게는 새로운 금욕주의가 필요하다. 니체는 금욕주의적 이상을 제외하면 인간이라는 동물은 지금까지 아무 의미도 지니지 않는다고 말한다.

> 지상에서의 인간의 생존은 아무 목표도 없다. "도대체 인간이란 무엇 때문에 존재하는가?" 이것은 해답이 없는 물음이었다. 인간과 대지를 위한 의지가 결여되어 있는 것이다.
>
> ─『도덕의 계보』

무엇인가를 금욕한다는 것은 목표가 있다는 것을 의미한다. 우리의 삶에 의미를 부여하는 이상은 우리에게 무엇인가를 금욕하도록 만든다. 우리는 언제나 무엇인가로 고통스러워한다. 우리는 무엇 때문에 고통스러워하는가? 우리가 고통의 의미나 목적을 알 수만 있다면, 우리는 고통을 바라고 고통 자체를 찾으려 들지도 모른다. 지상에서 유한한 삶을 살아가는 인간에게 고통은 피할 수 없는 운명이다. 병든 몸을 이끌고 숲과 도시를 방랑한 니체는 어쩌면 현대의 고행자인지도 모르겠다. 고통이 우리의 운명이라면, 고통에 의미를 부여하는 금욕주의는 바로 우리의 삶이다. 의미 없는 고통은 그 누구도 견뎌낼 수 없다. 이런 생각을 하니 우리가 살아가면서 겪는 핵심적인 문제는 고통 자체가 아니라 고통을 의미 있게 극복할 수 있는가에 있다는 생각이 든다. 니스의 마지막 밤을 『도덕의 계보』의 마지막 말로 덮는다.

이제부터 인간은 무엇인가를 원할 수 있었다. 우선 어디를 향해, 무엇 때문에, 무엇으로 인간이 원했는가는 중요하지 않다. 의지 자체가 구출되었던 것이다. 금욕주의적 이상에 의해 방향을 얻는 저 의욕 전체가 본래 표현하고자 한 것은 도저히 숨길 수가 없게 되었다. (…) 내가 처음에 말했던 것을 결론적으로 다시 한번 말한다면, 인간은 아무것도 바라지 않기보다는 오히려 허무를 바라고자 한다.

신을 믿는
무신론자

토리노에서 스러지다

이탈리아 토리노의 포르타 누오바 기차역

누가 신을 죽였나

여행의 긴장감이 최고조에 오르는 것은 종점에 도달했을 때가 아니라 마지막 종착지에 가까워질 때다. 니체가 1889년 1월 3일 광기의 발작을 일으켜 정신적 암흑기로 들어간 토리노로 향한다.

요즘은 비교적 편안하게 도시에서 다른 도시로 옮겨갈 수 있지만, 니체가 사유의 방랑을 떠난 1880년대 말에는 여행을 한다는 것은 대단히 고단한 일이었다.

니체는 기차 여행으로 피곤한 몸으로 1888년 4월 5일 토리노 포르타 누오바 역에 도착한다. 그는 도심 카를로 알베르토Carlo Alberto 광장에 있는 우체국에 우편물을 찾으러 들렀다가 그 옆에서 신문 가판대를 운영하는 피노Davide Pino를 만난다. 피노는 방을 구하는 니체에게 건너편에 있는 자기 집을 소개하고, 니체는 곧바로 그 집의 작은 방에 세를 든다. 피노 가족은 이 저명한 철학자를 따뜻하게 맞이하고, 배려하고, 끝까지 친절을 베푼다. 니체는 일주일도 지나지 않아서 "집에 온 것처럼 편안"하다고 썼다.

니체가 광기의 발작을 일으켜 기나긴 정신적 암흑기에 들어가게 되는 토리노를 집처럼 생각했다는 것은 정말 아이러니다. 그는 죽음에 직면하여 삶을 찾고, 삶을 사유하기 위해 바젤을 떠나 방랑의 길을 걷다가 다시 집으로 돌아온 것이다. 니체는 왜 집처럼 편안하게 느낀 토리노에서 발작을 일으킨 것일까? 기독교적인 분위기에서 성장한 니체가 신의 죽음을 선포한 사건만큼 극적인 사건도 없다. '신은 죽었다'는 구호는 니체의 이름을 대변할 정도로 유명하다. 니체는 이미 자신의 운명을 예견이라도 한 듯 광인의 입을 빌려 이 말을 전한다. 한 페이지밖에 되지 않는 이 잠언은 마치 한 편의 드라마와 같다. 환한 대낮에 등불을 켜 들고 거리로 뛰어나가면서 신을 찾고 있는 광인을 상상해보라. 이 잠언은 이렇게 극적인 장면으로 시작한다.

> 그대들은 밝은 대낮에 등불을 켜고 시장을 달려가며 끊임없이 "나는 신을 찾고 있노라! 나는 신을 찾고 있노라!"라고 외치는 광인에 대해 들어본 일이 있는가? 그곳에는 신을 믿지 않는 많은 사람들이 모여 있었기 때문에 그는 큰 웃음거리가 되었다.
>
> ─『즐거운 학문』

신을 부정하는 무신론자들 한가운데서 신을 찾는 것만큼 미친 짓도 없을 것이다. 오늘날 현대인은 시장의 황금과 각종 수치를 믿을지언정 신은 믿지 않는다. 죽은 신의 사회는 더 이상 어느 것도 꿈꾸거나 동경하지 않고 현실적인 욕구만을 충족하는 사회다. 니체의 광인은 자신을 조롱하는 시장 사람들을 향해 스스로 답한다. 니체의 이 잠언을 꼼꼼하게 읽어본 사람은 금방 알아차리겠지만 광인은 신의 죽음을 선포한 사람이 아니라 신을 찾고 있는 사람이다. 권위를 이미 상실한 전통적 가치를 대신할 새로운 가치를 창조하고자 하는 사람은 자신의 신을 찾는다. 그러기에 광인은 시장 사람들 한가운데로 뛰어들어 꿰뚫어보는 듯한 눈길로 그들을 바라보며 소리친다.

> 신이 어디로 갔느냐고? 너희에게 그것을 말해주겠노라! 우리가 신을 죽였다. 너희들과 내가! 우리 모두가 신을 죽인 살인자다! 하지만 어떻게 우리가 이런 일을 저질렀을까? 어떻게 우리가 대양을 마셔 말라버리게 할 수 있었을까? 누가 우리에게 지평선 전체를 지워버릴 수 있는 지우개를 주었을까? 지구를 태양으로부터 풀어놓았을 때 우리는 무슨 짓을 한 것일까? 이제 지구는 어디를 향해 가고 있는 것일까? 우리는 어디를 향해 가고 있는 것일까? 모든 태양으로부터 떨어져 나온 지금? 우리는 끊임없이 추락하고 있는 것이 아닐까?
>
> ─『즐거운 학문』

신의 죽음은 통상 최고의 가치에 대한 부정과 불신을 의미한다. 한때 우리가 믿었던 가치를 더 이상 믿지 않으면, 그 가치는 죽은 것이다. 니체의 광인은 신이 어디로 갔느냐고 조롱하는 시장 사람들을 향해 질문 공세를 퍼붓는다. 광인은 신의 비유를 늘어놓음으로써 인간이 스스로를 위험에 빠뜨리는 역사적 사건을 생각하도록 만든다. 신은 모든 생명의 원천인 대양이고, 사물을 올바로 인식할 수 있는 지평선이었으며, 모든 생명체를 존재할 수 있게 하는 가능성의 조건인 태양이었다. 대양이 말라버리고, 지평선이 지워지고, 태양이 사라진다면 우리는 결코 살 수 없다. 우리가 지상에서 살아갈 수 있는 가장 기본적인 조건이 바로 신이다. 그런데 이러한 신이 스스로 인간에게서 등을 돌린 것이 아니다. 신의 죽음은 바로 인간의 행위로 초래된 것이다. 신의 죽음은 자살이 아니라 타살이다. 우리 인간이 신을 죽인 것이다.

이처럼 극적인 반전도 없을 것이다. 신을 믿지 않는 사람들에게 신의 죽음을 말해봤자 눈도 꿈쩍하지 않을 것이다. 니체의 광인은 이러한 사실을 꿰뚫어본다. 신의 죽음을 자살로 믿고 있던 사람들에게 타살의 폭로는 충격적이다. 우리는 어떻게 신을 죽일 수 있었던 것일까? 여기서 이 드라마의 2막이 시작한다.

> 지금까지 세계에 존재한 가장 성스럽고 강력한 자가 지금 우리의 칼을 맞고 피를 흘리고 있다. 누가 우리에게서 이 피를 씻어줄 것인가? 어떤 물로 우리를 정화시킬 것인가? 어떤 속죄의 제의와 성스러운 제전을 고안해내야 할 것인가? 이 행위의 위대성이 우리가 감당하기에는 너무 컸던 것이 아닐까? 그런 행위를 할 자격이 있으려면 우리 스스로가 신이 되어야 하는 것이 아닐까?
>
> ─『즐거운 학문』

우리가 무엇인가를 극복했다는 긍지를 가지려면 극복의 대상이 힘들고 어려워야 한다. 신은 이제까지 세상에서 가장 성스럽고 강력한 존재였다. 신의 죽음이 자아내는 공포는 이런 사실에서 기인한다. 그렇다면 무엇이 기독교적 신을 이겨낸 것인가? 니체는 이 물음에 대해 이렇게 대답한다.

> 모든 위대한 것은 그 스스로에 의해, 자기 지양 작용에 의해 몰락해 간다. 생명의 법칙이, 생명의 본질 속에 있는 필연적인 '자기 극복'의 법칙이 이러한 것을 원한다.
>
> —『즐거운 학문』

기독교적인 신이 우리에게 명령하는 진리에의 의지를 실현하면 할수록 신은 우리가 삶을 위해 설정한 최고의 가치에 불과하다는 것이 드러난다. 신이 더 이상 삶에 기여하지 않는다면, 우리는 신을 죽여야 한다. 새로운 신을 창조하기 위해. 그렇지만 현대의 무신론자들은 이러한 행위의 위대성을 깨닫지 못한 채 신의 죽음이 초래한 허무 속에서 살아가고 있다.

이러한 사실을 깨우치기 위해 광인은 거리로 뛰어나간다. 그러나 시장의 사람들은 이 말의 의미를 이해하지 못하고 미친 소리로 취급한다. 시대와 더불어 시대를 뛰어넘으려는 반시대적 고찰의 사상가인 니체가 미친 사람이라는 소리를 듣는 것은 어쩌면 당연한 일인지도 모른다. 니체는 『권력에의 의지』라는 마지막 저서를 통해 신이 죽은 사회를 성찰할 미래 철학을 준비했지만, 이러한 시

IN·QVESTA·CASA
FEDERICO NIETZSCHE
CONOBBE LA PIENEZZA DELLO SPIRITO
CHE TENTA L'IGNOTO
LA VOLONTA' DI DOMINIO
CHE SVSCITA L'EROE

QVI
AD ATTESTARE L'ALTO DESTINO
E IL GENIO
SCRISSE "ECCE HOMO"
LIBRO DELLA SVA VITA

A RICORDO
DELLE ORE CREATRICI
PRIMAVERA   AVTVNNO 1888
NEL I CENTENARIO DELLA NASCITA
LA CITTA DI TORINO
POSE

카를로 알베르토 거리의 니체 명판

1944년 이탈리아는 니체 탄생 100주년을 맞아 니체가 살았던 건물의 벽에 니체 기념석을 새겨놓았다. 니체는 토리노를 17세기 군주의 거주지, 귀족적 정숙이 담긴 도시라고 했다. 누구도 토리노를 니체보다 더 잘 묘사할 수는 없을 것이다.

도는 그저 단편으로만 남았다. 말하자면 니체는 시대를 앞서 세상에 너무 빨리 나온 것이다.

> 나는 너무 일찍 세상에 나왔다. 나의 때는 아직 오지 않았다. 이 엄청난 사건은 아직도 진행 중이며 방황 중이다. 이 사건은 아직 사람들의 귀에 들어가지 못했다. 천둥과 번개는 시간이 필요하다. 별빛은 시간이 필요하다. 행위는 그것이 행해진 후에도 보고 듣게 되기까지 시간이 필요하다. 사람들에게 이 행위는 아직까지 가장 멀리 있는 별보다도 더 멀리 떨어져 있다.
>
> —『즐거운 학문』

광인의 드라마는 이렇게 3막으로 끝난다. 시대를 너무 앞선 탓에 시대와 불화를 일으킨다는 것은 비극이다. 니체는 자신의 사상이 겪을 운명을 이렇게 내다본다. 이러한 인식을 갖고 니체는 귀향했다. 아니, 그가 집처럼 생각한 토리노로 온 것이다. 이런 생각에 빠져 있을 때 차가 서서히 토리노로 접어든다. 토리노를 감싸고 있는 알프스는 저녁노을에 붉게 물들고 있다.

알프스를 향해 달려가는 거리

한낮의 토리노는 더위를 먹은 나뭇잎처럼 축 늘어져 있다. 인구 90여 만 명의 대도시라고 할 수 없을 정도로 한적하고, 인적이 드물다. 그늘진 몇몇 야외 카페에만 사람들이 모여 있다. 사람들이 북적거리지 않아 안도감이 든다. 왜 니체는 이 도시를 사랑한 것일까? 니체는 여섯 달도 채 되지 않는 짧은 기간 이곳에 머물렀다. 이곳에 도착한 지 이틀도 지나지 않아 토리노를 묘사하고 칭찬하는 엽서와 편지를 쓰기 시작한다.

이 도시는 17세기의 군주의 거주지입니다. 모든 것에서 하나의 취향이 명령을 하고, 궁정과 귀족적인 것이 있습니다. 모든 것에는 귀족적인 정숙이 분명하게 들어 있습니다. 추한 외곽 지역도 없어요. 색깔에 이르기까지 취향의 통일성이 있습니다. (도시 전체가 노란색이거나 적갈색입니다.) 그리고 눈뿐만 아니라 발을 위해서도 고전적인 장소입니다! 보도는 얼마나 안전하고 대단한지, 그리고 놀라울 정도까지 잘 되어 있는 버스와 트램은 말할 것도 없습니다. (…) 오만불손하지 않은 궁전 양식. 거리는 깨끗하고 진지합니다. 그리고 모든 것이 내가 기대했던 것보다 품위 있습니다. 내가 본 멋진 카페들. 아치 모양의 지붕이 있는 아케이드들은 기상 변화가 심한 곳에서는 필수적인 것입니다. 이 아케이드들은 넓어서 억누르는 느낌이 안 듭니다. 저녁의 포 다리 위는 대단합니다! 선악의 저편!
 ─『니체 서간집』

토리노의 모습을 이보다 더 잘 묘사할 수는 없을 것 같다. 이탈리아의 첫 번째 수도였으며 지금은 피에몬테 지역의 주도인 토리노는 건축의 통일성이 눈에 띈다. 도시에 들어서면 베이지, 노란색, 황갈색으로 통일된 건물들이 단박에 눈길을 사로잡는다. 대리석으로 된 보도는 따끈따끈하다. 건물들은 아치 모양의 지붕을 한 아케이드로 연결되어 있어 햇살이 강하거나 비가 올 때에도 도시를 유유자적 거닐 수 있다. 발터 베냐민이 말한 파리의 건물들을 이어주는 통로 '파사주passage'다. 아케이드로 연결된 통로를 걷다 다리에 부담이 올 때쯤이면 꽤나 고풍스러운 카페들이 나타난다. 플로베르가 찬미한 '플라뇌르flâneur'(산책하는 사람)에게 맞춤한 곳이다.

여행을 많이 다닌 사람에게 우리는 으레 이런 질문을 던진다. 어떤 도시가 제일 마음에 들던가요? 어떤 도시에서 살아보고 싶은가요? 우리는 에펠탑 때문에 파리에 살고 싶은 것이 아니고, 고색창연한 유적 때문에 로마를 선택하는 것이 아니다. 이런 질문을 던지면 누구나 그 도시 자체가 풍기는 분위기를 먼저 떠올린다. 토리노는 군주의 거주지로서 고색창연한 건물들이 물론 많지만 오히려 반드시 들러야 하는 역사적 건물과 기념비는 그다지 없다.

토리노는 역사의 흔적을 하나라도 놓쳐서는 안 된다는 긴장감 없이 어슬렁거릴 수 있는 도시다. 조약돌과 대리석으로 된 보도를 걷다 보면 거리가 발을 가볍게 애무하는 듯해 피곤함이 덜하다. 제노바, 피렌체, 베네치아에서 흔히 마주칠 수 있는 아기자기한 골목길은 별로 없지만 이곳은 도시 자체가 말을 한다. 니체가 이런 도시를 좋아한다는 것을 보면 무조건 대도시를 혐오한 것은 아닌 듯하다. 그는 마치 우쭐거리듯 늘어서 있는 개성 없는 건물로 가득한 니스와 독일의 도시들을 싫어할 뿐이다. 니체는 토리노를 매일매

이탈리아 토리노의 카리냐노 궁전

1684년 지어진 이 궁전은 후기 바로크 양식의 전형을 보여주는 건축물로 꼽힌다. 1938년부터 궁 일부를 이탈리아 국립통일박물관으로도 활용하고 있다. 총 26개의 방에 3천여 점의 예술 작품과 유적을 전시한다. 니체는 자신의 방에서 궁전을 바라볼 수 있다는 것에 기뻐했다.

일 다른 감성으로 받아들인다. 모네가 하루의 리듬에 따라 다르게 표출되는 풍경의 분위기를 화폭에 담았던 것처럼 니체는 토리노를 다양하게 체험한다. 우리가 도시의 길을 매일 반복해서 걸을 수 있는 것은 그 길이 매일매일 달라지기 때문일 것이다.

토리노의 거리는 'ㅁ' 자로 된 여러 광장이 회랑으로 연결되어 있다. 한 광장을 지나 골목길로 나가면 또 다른 광장이 펼쳐진다. 회랑은 대부분 대리석이지만 광장은 조약돌이라 햇살의 각도에 따라 색깔이 다양하게 변화한다. 토리노 왕궁Palazzo Reale이 있는 카스텔로 광장Piazza Castello을 구경하고 또 몇 개의 광장을 지나니 이 도시의 랜드마크인 몰레 안토넬리아나Mole Antonelliana 탑이 눈에 들어온다. 도시의 어디에서나 볼 수 있는 이 탑은 알프스 산에 둘러싸인 토리노와 썩 잘 어울린다. 한두 시간을 더 걷다 보니 니체가 왜이 도시를 사랑했는지를 어렴풋이 알 것 같다.

니체는 자기 방에서 웅장한 카리냐노 궁전Palazzo Carignano을 마주 볼 수 있을 뿐만 아니라 50보만 걸으면 다다를 수 있다는 사실에 얼마나 기뻐했는지 모른다. 그는 오늘은 이 궁전을 보고, 내일은 저 궁전으로 발길을 옮긴다. 전체 18킬로미터 회랑 중에 12.5킬로미터가 연결되어 있어 약한 눈을 걱정할 필요가 없다. 햇살이 지독히 뜨거워도, 빗방울이 거세도 그는 걷는다. 그는 걸으면서 자신의 삶을 생각한다. 그는 마치 몇 달 뒤에 벌어질 정신적 삶의 종말을 예감이라도 한 듯 현재의 삶을 즐긴다. 니체는 토리노를 발견했다는 사실에 기뻐하며, 토리노를 질스 마리아와 니스에 이어 자신의 세 번째 거주지로 삼는다.

광장 한쪽에서는 대학생으로 보이는 학생들이 옹기종기 모여 담소를 나누고 있는데 그들의 모습에서도 이 도시의 여유로움이 묻어난다. 이곳에서 멀리 떨어지지 않은 곳에 대학이 있고, 그 대학이 있는 커다란 광장을 지나면 드디어 알프스에서 흘러 내려오는 포Po 강이 보인다. 포 강 너머에 있는 언덕은 초록으로 빛나고, 포 강을 따라 강가에는 나무그늘이 드리워진 길이 이어진다. 이 길을 걸으면서 니체는 자신의 과제라고 생각한 '가치의 전도'를 고민했다. 여기서 니체는 행복했다. 삶이 종점을 향해 치달을수록 삶의 의미는 명료해졌다.

> 포 강을 따라 나도 일주일째 신의 무위를 즐겼다. 내가 9월 내내 그 출판 원고를 교정하면서 휴양을 취했던 『우상의 황혼』의 서문도 이날 다시 작성했다. 나는 한 번도 그런 가을을 체험해보지 못했다. 또한 그런 것이 지상에서 가능하리라고 생각조차 해보지 못했다. 클로드 로랭 같은 사람이 무한을 생각하듯이 하루하루가 똑같이 무한하게 완벽했다.
>
> ─『이 사람을 보라』

허구 위에 안치된 신

우리는 언제 신을 찾는가? 신은 도대체 우리에게 어떤 존재인가? 작열하는 태양에 달구어진 보도의 따스함이 조금씩 사라지고 시원한 밤공기가 토리노의 거리를 식히자 다시금 이 질문이 고개를 들기 시작한다. 남국의 도시는 밤의 도시다. 사람들은 해가 완전히 지고 별빛이 또렷해지기 시작하면 거리의 광장으로 몰려나온다. 오늘은 사람들의 시끄러운 소리가 별로 거슬리지 않는다. 소음이 오히려 생각에 잠기게 한다. 신은 어디에 있는가? 만약 신이 죽었다면, 종교는 우리 인류에게 무의미해진 것인가?

니체는 광기의 발작을 일으키며 자신의 종말을 예감이라도 한 듯 1888년 폭발적으로 글을 쏟아낸다. 니체는 출간을 위해 손수 편집한 『바그너의 경우』『우상의 황혼』외에도 『안티크리스트』『이 사람을 보라』『디오니소스 송가』『니체 대 바그너』를 유고로 남긴다. 한 해에 무려 여섯 권의 책을 써내고 갑자기 침묵한 것이다. 그가 엄청난 정신적 긴장감을 가졌음이 틀림없는데도 토리노에서 편안하게 지낸 것은 다소 의아하다. 그중 『안티크리스트』의 제목이 눈에 띈다. 왜 그는 반反기독교인이 된 것인가? 니체는 이 책의 서문을 이렇게 시작한다.

이 책은 극소수를 위한 것이다. 아직은 그들 중 누구도 생존하지조차 않을 수 있다. 그들은 나의 『차라투스트라는 이렇게 말했다』를 이해할 수 있는 사람들일 것이다. 어찌 내가 오늘날 이미 경청되고 있는 자들과 혼동될 수 있다는 말인가? 나의 날은 내일 이후다. 몇몇 사람은 사후에 태어난다.

— 『안티크리스트』

니체는 자신의 운명을 알고 있었다. 자신의 사상을 이해할 수 있는 사람이 아직 세상에 존재하지 않으므로 그는 자신이 죽은 뒤에나 세상이 자신의 사상을 이해할 것이라며 한탄한다. 그의 사상을 이해할 수 없게 만든 가장 큰 이유는 아마 '신의 죽음'일 것이다.

> 근래의 최대의 사건은 '신은 죽었다'는 것, 기독교의 신에 대한 믿음이 믿지 못할 것이 되었다는 점이다. 이 사건은 이미 유럽에 그 최초의 그림자를 드리우기 시작했다. 적어도 이 드라마를 꿰뚫어볼 만큼 시력과 의혹의 눈길이 충분히 강하고 예민한 소수의 사람들은 하나의 태양이 지고 있으며, 오래된 깊은 신뢰가 의심으로 바뀌고 있음을 느끼고 있다.
>
> ─『즐거운 학문』

인류의 역사에서 신이 없었던 적은 없었다. 고대인은 온갖 신을 섬겼다. 우리가 마주치는 자연현상 중 이해할 수 없는 것은 모두 신이 되었다. 돌도 신이 되고, 나무도 신이 되었다. 모든 것이 신이 될 수 있었던 범신론 시대에 신은 아무런 매개자 없이 우리에게 직접 나타났다. 이때부터 기독교는 신의 목소리를 통일한다. 기독교적 신은 자신의 목소리를 이해하고, 해석하고, 전달할 수 있는 성직자라는 매개자를 통해 신자들의 공동체를 만든다. 이 세상은 신에 의해 창조되었을 뿐만 아니라 신의 진리가 이 세상을 지배한다는 믿음은 오랫동안 확고부동한 세계관이었다.

니체는 이렇게 2천 년 동안 서양을 지배해온 굳건한 믿음이 서서히 의심으로 바뀌고 있다고 진단한다. 우리의 오랜 세계관이 더 믿을 수 없어지고, 더 낯설어지고, 더 낡아가고 있다. 신의 죽음을 알리는 광인에게 냉소의 눈초리를 보내는 광장의 사람들처럼 이 사건의 의미를 여전히 이해하지 못하는 듯하다. 사람들은 신에 대한 믿음이 붕괴하면 결국 모든 것이 붕괴될 수밖에 없다는 것을 알지 못하는 것일까?

신의 죽음으로 유럽에 곧 드리울 그림자는 대단히 짙고 넓다. 그럼에도 사람들은 이 재앙을 전혀 이해하지 못하고 이 거대한 사건을 한낱 사고로 치부하는 것처럼 보인다. 그 이유가 역설적으로 기

『안티크리스트』_기독교에 대한 또 한 번의 공격

니체는 유럽 지성사에서 가장 격렬한 기독교 비판자로 알려져 있다. 허무주의에 입각해 기독교를 다시 한번 비판한 『안티크리스트』(1888)를 니체는 "극소수를 위한 것"이라고 했지만, 플라톤에서 시작된 서양 철학의 줄기를 함께 잘라내려 한다는 점에서 단순한 기독교 비판서 이상의 의미를 가지고 있다. 기독교가 도덕의 근간으로 역할해왔음에 비추어볼 때 이 책은 문화 전반에 대한 비판이다. 즉 현실이 아닌 저편의 세계를 지향하는 기독교적 사고 전체가 과녁이다. 어째서 손에 잡히는 것을 부정하고 눈에 보이지 않는 세계가 참된 것일 수가 있는지 니체는 묻는다. "삶의 중심을 삶 안에 두지 않고 그것을 피안으로 옮겨놓는다면, 삶으로부터 중심을 박탈하는 것이다." 니체는 불확실한 것과 확실한 것이 뒤바뀐 경위와 그 이유를 폭로함으로써 이 책에서도 가치의 전복을 시도한다.

독교 내부의 논리에 있다는 것이 니체의 통찰이다.

니체는 신에 대한 모든 믿음을 유일신으로 통일한 기독교가 결국 무신론을 가져왔다고 주장한다. 신에 대한 믿음은 진리에 대한 믿음이다. 기독교적 신은 "내가 곧 길이요, 진리요, 생명이니 나로 말미암지 않고는 아버지로 올 자가 없다"고 말한다. 기독교는 이처럼 진리에 대한 절대적 믿음에서 출발한다. 이런 믿음에는 진리보다 더 필요한 것은 없다는 사실이 당연한 것처럼 전제된다. 니체는 이러한 종교적 믿음을 심리학적으로 파헤친다.

> 이러한 진리에의 무조건적인 의지는 도대체 무엇일까? 그것은 기만당하지 않으려는 진리에의 의지일까? 아니면 기만하지 않으려는 의지일까?
>
> —『즐거운 학문』

진리에의 의지는 우선 수많은 허상과 기만, 허구와 환상에 의해 속지 않으려는 의지다. 기만당하는 것이 해롭고, 위험하고, 불행을 가져온다는 생각에서 우리는 기만당하지 않으려고 한다. 이것이 진리에 대한 믿음의 심리학적 토대다. 여기에는 물론 진리가 존재한다는 조건이 있다.

니체는 진리에의 의지를 바라보는 다른 관점을 선호한다. 진리는 우리가 누구를 속이거나 기만하려는 능동적 태도와 관련이 있다는 것이다. 어느 누구도 자기 자신을 기만하려고 하지 않는다. 여기서 기만한다는 것은 허구를 만들어낸다는 것을 의미한다.

그렇다면 기만당하지 않는 것과 기만하지 않는 것 중에서 어느 것이 더 삶의 근원에 가까운 것일까? 니체는 기만당하지 않으려는 것이 덜 해롭고, 덜 위험하고, 더 적은 불행을 가져온다는 것을 증명할 수 없다고 말한다. 우리는 언제 신을 찾는가? 우리가 극복할 수 없는 불행을 겪을 때마다 모든 것이 신의 뜻이라고 자기 자신을 '기만하기' 위해 신을 만들어내는 것은 아닌가? 여기서 기만한다는 비非진리가 삶에 훨씬 더 유용하다는 점을 부인할 수 없다. 니체는 "진리와 비진리 모두가 항상 서로에게 유용하다는 것이 입증된다면"(『즐거운 학문』) 진리에 대한 확신은 생겨날 수 없다고 잘라 말한다.

니체가 심리학적으로 해부한 진리에의 의지는 기만하지 않으려는 의지다. 나 자신까지도 기만하고 싶지 않다는 정신을 기독교적 믿음에 철저하게 적용하면, 아무런 전제가 없는 신앙은 없다는 사실을 우리는 깨닫는다. 우리는 진리가 삶에 유용하다고 전제한다. 니체는 여기서 강력한 의심을 표명한다. "삶이 가상 위에 서 있는 것으로 보인다면, 다시 말해 삶이 오류, 기만, 위장, 현혹, 자기기만에 기초하고 있다면"(『즐거운 학문』), 우리가 자기 자신을 기만하지 않을 이유는 없는 것이다. 기독교적 신은 일상적 삶을 허위의 세계로 폄하하고 신에 대한 믿음을 참된 세계로 평가하지만, 기독교가 하나의 허구 위에 세워졌다는 사실이 밝혀지면 우리는 신과 진리의 관계를 재평가해야 한다.

이제 이 신앙이 점점 더 신빙성을 잃어간다면, 신성한 것은 아무것도 없다는 것이 입증되어 그것이 단지 오류, 맹목, 허위임이 드러난 다면, 신 자체도 우리가 꾸며낸 오래된 허위임이 입증된다면 어떻게 될 것인가?

—『즐거운 학문』

악덕보다 더 해로운 것

신이 죽었다는 것은 신에 대한 믿음이 더 이상 삶에 유용하지 않다는 것을 의미한다. 진리라는 유일신에 대한 믿음을 전파한 기독교는 현대 과학을 탄생시켰으며, 이러한 과학 발전은 신에 대한 믿음을 침식했다. 진리에의 의지는 종교에서 과학의 영역으로 완전히 넘어간 것처럼 보인다. 과학과 기술의 시대는 죽은 신의 사회를 초래한다. 이러한 인식에도 불구하고 삶과 종교의 관계는 완전히 해명되지 않은 것처럼 보인다. 왜 니체는 기독교에 저주를 퍼붓는가? 니체는 『안티크리스트』에서 기독교적 신 개념이 지상에서 실현된 것 중에서 '가장 부패한 신 개념'이라고 말하면서 그 이유를 이렇게 밝힌다.

신이 삶에 대한 미화이자 삶에 대한 영원한 긍정이 되는 대신, 삶에 대한 반박으로 변질되어버리다니! 신 안에서 삶과 자연과 삶에의 의지에 대한 적대가 선언되고 있다니! '이 세상'에 대한 온갖 비방의 공식이자, '저 세상'에 대한 온갖 거짓 공식이 신이라니! 신 안에서

무無가 신격화되고, 무에의 의지Wille zum Nichts가 신성시되다니!

— 『안티크리스트』

기독교적 신은 더 이상 삶을 긍정하지 않고 오히려 삶에 대해 적대적인 태도를 취한다. 기독교는 사후의 구원을 설교함으로써 우리가 살고 있는 구체적 삶을 경시하도록 만든다. 니체는 그 구체적 사례를 기독교적 동정의 윤리에서 발견한다. 동정을 나타내는 독일어 'Mitleiden'은 '함께'라는 뜻의 전치사 'mit'와 '고통을 당하다'는 뜻의 'leiden'의 합성어다. 어떤 사람이 고통을 당할 때 함께 아파하고 고통을 당하는 것이 동정이다. 니체는 이러한 동정이 이미 고통으로 인해 힘을 상실한 삶에 이중으로 피해를 입힌다고 말한다.

동정에 의해 삶은 부정되고, 더 부정할 만한 것이 된다. 동정은 허무주의의 실천인 것이다. 다시 한 번 말하자면, 그런 의기소침하고 전염적인 본능은 삶을 보존하고 삶의 가치를 드높이려고 애쓰는 본능들과 충돌한다.

— 『안티크리스트』

니체는 기독교적 믿음과 윤리는 삶에서 더 이상 유용하지 않다고 여긴다. 이런 니체의 말은 우리를 혼란스럽게 만들 뿐만 아니라 때로는 반감을 불러일으킨다. 다른 사람이 고통을 당하면 함께 아파하는 보편적 윤리 의식이 뿌리 깊게 우리의 마음을 지배하기 때문이다. 니체는 강자와 약자를 구분하고, 동정의 윤리를 부정함으로써 강자의 목소리를 대변하는 것은 아닌가? 니체는 정말 동정의 윤리를 정면으로 배척하는 것인가? 니체는 이와 관련해 자신의 입장을 분명하게 밝힌다.

좋은 것은 무엇인가? 권력의 감정, 권력에의 의지, 인간 안에서 권력 그 자체를 증대시키는 모든 것.

나쁜 것은 무엇인가? 약함에서 유래하는 모든 것.

행복이란 무엇인가? 권력이 성장한다는 감정, 저항이 극복되었다는 감정.

만족이 아니라 더 많은 권력, 결코 평화가 아니라 전쟁, 덕성이 아니라 유능함.

약자들과 실패자들은 몰락해야 한다. 우리의 인간애의 제1원리. 그리고 사람들은 그들의 몰락을 도와야 한다.

이러저러한 악덕보다 더 해로운 것은 무엇인가? 모든 실패자와 약자에 대한 동정 행위—기독교.

— 『안티크리스트』

니체는 삶의 근본 충동을 권력에의 의지로 파악한다. 이 전제로부터 출발한다면 권력에의 의지에 기여하는 것은 선한 것이고, 권력에의 의지를 부정하는 것은 악한 것이다. 여기서 권력에의 의지는 삶을 강화할 수 있는 허구를 창조할 수 있는 힘이라는 사실을 잊지 말자. 그러므로 약하다는 말은 스스로 자신의 가치를 창조하지 못하고 기존의 가치를 그대로 답습하는 것을 의미한다. 이러한

나의 형제들이여, 사자조차 할 수 없는 일을 어떻게 어린아이가 해낼 수 있는가?
왜 강탈을 일삼는 사자는 이제 어린아이가 되어야 하는가?

— 『차라투스트라는 이렇게 말했다』

관점에서 보면 다른 사람의 아픔과 고통에 대한 동정은 새로운 가치의 창조를 방해한다.

물론 니체는 기독교가 한때 인간의 삶에 기여했다고 믿는다. 그렇지만 기독교가 인간의 삶에 기여한 것은 새로운 서판을 만들고, 새로운 가치를 창조했기 때문이지 기독교적 믿음 때문은 아니라고 보았다. 니체는 예수 그리스도를 높이 평가하지만, 기독교적 믿음을 체계화한 사도 바울에 대해서는 신랄한 비판을 가한다.

> 다시 원점으로 돌아가서 그리스도교의 진짜 역사에 대해 말해보겠다. '그리스도교'라는 말 자체가 벌써 오해이며, 근본적으로는 오직 한 사람의 그리스도교인이 존재했었고, 그는 십자가에서 죽었다. '복음'이 십자가에서 죽어버렸다. (⋯) '신앙'에서, 말하자면 그리스도를 통한 구원에 대한 믿음에서 그리스도교인의 표지를 찾는 일은 터무니없을 정도로 잘못된 것이다. 오로지 그리스도교적 실천만이, 즉 십자가에서 죽었던 그가 살았던 것처럼 사는 것만이 그리스도교적이다.
>
> ─『안티크리스트』

지난 2천 년 동안 예수 그리스도를 제외하고는 진정한 그리스도교인은 단 한 사람도 없다는 니체의 말을 어떻게 이해해야 할까? 니체의 이 말은 단순히 광기의 전조로 보기에는 너무나 의미심장하다. 삶에 의미를 부여하는 것은 믿음이 아니라 실천이라는 말은 여전히 타당한 것이다. 예수 그리스도는 기독교적 믿음을 실천한 유일한 그리스도교인이다. 그가 십자가에서 못 박혀 죽음으로써 기독교적 복음도 함께 죽은 것이다. 그렇다면 진정한 그리스도교인은 새로운 가치와 윤리를 창조하고 그것을 실천할 수 있는 힘을 가진 사람이 아닐까? 이런 의미에서 보면 니체는 스스로를 예수 이외의 진정한 기독교인으로 생각한 것은 아닐까?

전복의 망치가
남긴 상처

카를로 알베르토 광장의 광기

이탈리아 토리노 골목길

아름다운 도시, 비극적 결말

아프기에는 아까울 만큼 너무나 좋은 날이다. 거리의 어디에서도 광기의 그림자는 보이지 않는다. 빛이 밝을수록 그림자가 짙은 법이다. 니체의 몰락은 사유가 완숙할 때 갑자기 찾아왔다.

12월 어느 날, 우체국 옆에서 신문 가판대를 운영하던 피노는 한 무리 군중이 자신의 집 쪽으로 다가오는 것을 발견한다. 그 무리에는 두 명의 경찰이 보이고, 그들 사이에 무엇인가에 놀라 하얗게 질려 공포에 떨고 있는 가련한 교수가 눈에 들어온다. 교수는 그를 보자마자 이 무리 중에 유일하게 믿을 수 있는 사람은 그뿐이라는 듯 흐느끼면서 몸을 던진다.

도대체 무슨 일이 벌어진 것인가? 사람들의 말에 따르면 토리노의 광장 한가운데서 이 불쌍한 교수 니체가 마차를 끄는 말의 목을 붙들고 눈물을 흘렸다는 것이다. 니체는 채찍질을 당하는 동물에게 동정심을 느낀 것인가. 사람들이 아무리 애써도 니체를 말에게서 떼어놓기 힘들었다고 하는데, 결국 광기의 발작을 일으킨 것이다. 이를 본 집주인 피노는 니체를 집으로 데려가서 침대에 눕힌 다음 정신과 의사를 부른다. 이렇게 니체는 정신적 암흑기로 들어선다. 이 사건이 언제 일어났는지는 정확하게 밝혀지지 않았지만, 성탄절의 고독이 발작을 일으키는 계기가 되었을 수도 있다는 추정을 하면 1888년 말과 1889년 초 사이로 짐작된다.

니체는 1889년 정월 초에 '디오니소스' 또는 '십자가에 못 박혀 죽은 자'라는 서명을 한 수많은 광기의 쪽지 편지를 곳곳에 보낸다. "나에게 새로운 노래를 불러주세요. 세계는 신성화되고, 온 하늘이 기뻐합니다." 그리고 스승이자 친구인 야코프 부르크하르트에게 보낸 마지막 편지에서 니체는 이렇게 고백한다.

> 최후엔 나는 신이기보다는 기꺼이 바젤 대학의 교수였을 것입니다. 그렇지만 나는 그 때문에 세계의 창조를 중단하리만큼 사적 이기주의를 감히 추구하지는 않았습니다. 아시겠지만 사람은 어디에서 어떻게 살든 희생을 치러야 합니다.
> —『니체 서간집』

니체는 바젤 대학 교수직을 버리고 사유의 방랑을 떠난 뒤 9년 반이 지나서, 결국 스스로를 새로운 가치와 세계를 창조한 신으로 여기는 광기의 상태로 몰락한다.

광기의 쪽지를 받은 모든 수신자가 바로 대응을 하지는 않았다. 그들은 이미 니체의 글과 사상에서 광기의 전조를 보았기 때문인

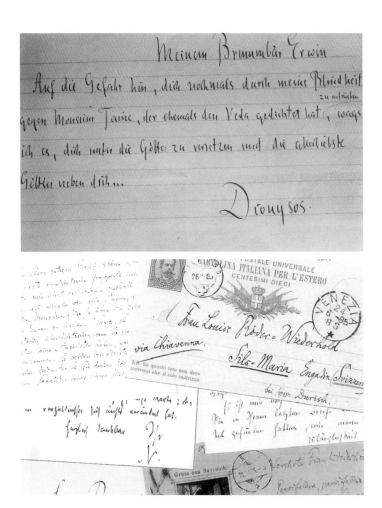

니체의 편지와 서명

니체가 다섯 살부터 쓰기 시작한 편지, 메모, 스케치, 악보, 그림은 여동생 엘리자베트가 수집에 애쓴 덕분에 현재 바이마르 니체 기록보관소에 보관되어 있다. 니체가 광기에 사로잡혔을 때 쓴 위의 편지에서 'Dionysos'라는 서명을 확인할 수 있다.

지도 모른다. 칠순이 넘은 부르크하르트만이 문제의 심각성을 알아채고 바로 니체의 친구인 오버베크에게 연락한다. 광기의 쪽지를 받고 걱정하던 오버베크는 서둘러 정신과 의사와 협의한 후 토리노로 떠난다. 18시간의 여행 후 1889년 1월 8일 오후 2시경, 오버베크가 도착했을 때 니체의 몰골은 형편없이 망가져 있었다. 니체는 친구를 보고는 눈물을 흘리면서 껴안았다가 다시 소파에 쓰러지는 일을 반복했을 뿐만 아니라 금방 쾌활해져 방 안을 웃으면서 춤을 추듯 뛰어다니곤 했다. 삶의 문제를 진지하게 사유했던 니체의 어릿광대 같은 모습을 상상하는 것은 쉽지 않다. 니체는 어쩌면 발가벗은 사티로스와 디오니소스 놀이를 하고 있었는지도 모른다.

나 자신도 예전에 그렇게 가라앉았다.

내 진리에 대한 광기에서

내 낮의 동경에서

낮에 지치고 빛에 병든 채,

아래쪽으로, 저녁 쪽으로, 그림자 쪽으로 가라앉았다.

하나의 절대 진리에 의해 불태워지고 목말라하면서

그대 뜨거운 심장이여, 아직도 생각나는가, 생각이 나는가,

그때 그대가 얼마나 갈망했었는지를?

내가 모든 진리에서 추방되기를!

한갓 바보일 뿐! 한갓 시인일 뿐!

—『디오니소스 송가』

삶의 한가운데서 죽음을 강렬하게 예감하고, 죽음과 직면하여 삶을 온몸으로 느끼고 사유하고자 했던 니체는 결국 세상의 이해를 받지 못한 채 스스로를 한갓 바보와 시인으로 간주한다. 진리에 대한 광기가 지나치면 삶도 광기로 몰락할 것이라는 것을 예감한 듯 니체는 자신의 운명을 받아들인다.

오버베크는 광기에 휩싸인 친구를 어떻게 해야 할지 모른다. 환자 다루는 법을 아는 정신과 의사 베트만은 니체에게 이렇게 말한다. "당신은 제후인데, 바젤의 군중이 기다리고 있습니다. 집 앞에 있는 사람들에게 인사도 건네지 말고 바로 마차에 오르시면 됩니다." 이렇게 니체는 토리노와 작별한다. 니체는 바젤의 정신병원에 일주일간 머물렀고 그 뒤 니체의 어머니는 그를 예나 대학교 정신병원으로 옮긴다. 1년 뒤 1890년 3월 24일, 어머니는 니체를 집으로 데리고 와 보살핀다. 이러한 비극적 사건이 아름다운 토리노에서 시작했다는 것이 믿기지 않는다. 이 도시는 비극이라는 것이 전혀 어울리지 않을 정도로 고요하고 평화롭다.

마지막 산책

니체가 군주의 거주지인 토리노를 자신의 마지막 거주지로 칭한 것은 이미 스스로를 군주로 착각하는 광기의 전조인지도 모른다. 니체가 말을 부둥켜안고 광기의 발작을 일으켰다는 카를로 알베르토 광장은 고요하기만 하다. 정적이 감도는 조용한 거리는 많은 비밀을 간직하고 있는 것처럼 보인다. 니체가 세 들어 살았던 비아 카를로 알베르토 6번지 건물은 리모델링을 했는지 깨끗하고 단정하다. 니체가 꼭대기 층의 왼쪽 발코니에서 광장을 내려다보는 모습을 그려본다. 니체가 서술한 것처럼 카리냐노 궁전이 눈앞에 펼쳐지고, 카리냐노 극장이 지척에 있다.

> 50보만 걸으면 카리냐노 궁전(1670)이 있습니다. 내가 마주 보고 있는 장엄한 광경입니다. 거기서 다시 50보 더 가면 카리냐노 극장이 있는데, 지금은 〈카르멘〉을 매우 존중할 만하게 공연하고 있습니다. 반시간 동안을 단숨에 아케이드로 산보할 수 있습니다. 여기에서는 모든 것이 자유롭고 넓게 되어 있습니다. 특히 광장들이 그렇게 되어 있어서 사람들은 도시 한가운데서 대단한 자유의 감정을 느낄 수 있습니다.
> —『니체 서간집』

니체의 길을 따라 걷는다. 니체가 방랑의 길의 종점인 이 도시에서 자유를 느꼈다는 것이 아이러니처럼 느껴진다. 이 도시를 걸을 때마다 모든 것이 여유롭게 디자인되어 있다는 느낌이 든다. 얼마 지나지 않아 니체가 찬탄해 마지않은 건축물이 나타난다. 니체는 발작을 일으키기 바로 직전에 토리노에서 두 개의 건축물을 발견한다. 궁전, 광장, 아케이드가 조화를 이루고 있는 역사적 도시에 새롭게 들어선 현대적 건축물이다. 하나는 '갈레리아 델 인두스트리아 수발피나Galleria dell'Industria Subalpina'이고, 다른 하나는 이 도시

토리노의 갈레리아 수발피나와 몰레 안토넬리아나

움베르토 카레라가 설계, 1874년 건축한 갈레리아 수발피나는 카스텔로 광장과 카를로 알베르토 광장을 연결한 지붕 있는 통로(길이 50미터, 폭 14미터, 높이 18미터)다. 몰레는 1863년 유대교 회당으로 지어졌다가(높이 167.5미터) 2000년부터 이탈리아 국립영화박물관으로 이용되고 있으며 이탈리아 2센트 유로화에도 새겨졌다. 사용함으로써 비로소 목적이 생기는 건축물을 보면서 니체는 읽는 사람이 어떤 관점을 갖고 있느냐에 따라 사상의 색깔이 달라질 수 있음을 깨달았다.

의 랜드마크가 된 '몰레 안토넬리아나'다.

니체는 이 도시에 거주하면서부터 이 두 건물을 늘 보아왔다. 갈레리아 수발피나는 광장으로 나가기 위해 거치는 곳이기도 했다. 니체는 1888년 12월에서야 비로소 이 두 건물을 언급한다. 갈레리아와 몰레는 현대 건축에 대한 니체의 생각을 완전히 바꿔놓았다. 그는 의기양양하게 서 있는 현대적 건축물을 퇴폐적 양식이라고 질타하면서 고대의 신전과 르네상스의 궁전을 높이 평가하곤 했다. 이런 고전적 관점에서 보면 현대 건축은 통일적인 양식은 없이 다양한 양식을 뒤섞어놓은 것 같다는 것이다. 니체의 평가는 간단하다. "데카당스. 건축의 무능력." 현대 건축은 간단히 말해 '내용이 없는 형식'에 지나지 않는다고 보았다.

그런데 니체는 이 두 건축물에서 내용이 없어도 형식 자체로 아름다울 수 있다는 것을 인식한다. 산책길에 늘 지나다니면서도 눈에 들어오지 않았던 건축의 아름다움이 어느 날 갑자기 니체를 자극했다. 갈레리아는 일종의 지붕이 있는 통로다. 이 공간은 연주나 전시를 하는 공간으로, 때로는 카페로 활용된다. 니체는 이곳에서 신문을 읽기도 하고, 좋아하는 아이스크림을 먹기도 했다. 이렇게 내용은 없이 공간만 제공하고, 필요에 따라 다양한 용도로 활용할 수 있는 형식의 건축이 바로 현대적 건축이다. 니체는 갈레리아가 "자신이 알고 있는 이런 종류의 공간 중에서 가장 아름답고 가장 우아한 공간"이라고 극찬한다. 목적이 정해져 있는 것이 아니라 사용함으로써 비로소 목적이 생기는 현대 건축의 형식미를 니체는 비로소 갈레리아에서 경험한 것이다.

니체는 이러한 형식의 아름다움을 하늘로 높이 치솟은 몰레의 탑에서도 발견한다. 내용이 없기 때문에 형식이 더욱더 두드러지는 건축이다. 니체는 이 탑 앞에서 다시 한번 깊이 사유한다. 목적과 내용이 주어져 있지 않다는 것은 그것을 사용하는 사람에 따라 목적과 내용을 새롭게 만들어낼 수 있다는 것을 의미한다. 니체의 사상이 그렇지 않을까. 니체의 철학은 칸트와 헤겔의 철학과는 달리 논리적으로 일관된 하나의 통일적 사상 체계가 아니다. 논리는 모순을 싫어하지만, 니체의 철학은 모순으로 가득하다. 읽은 사람이 어떤 관점을 갖고 있느냐에 따라 사상의 색깔이 달라진다.

> 계시 개념은 말할 수 없을 정도로 확실하고 미묘하게 무언가가 갑자기 보이고 들리며, 무언가가 누군가를 그 심층에서부터 흔들어놓고 전복시킨다는 의미를 갖는데, 이것은 단순히 어떤 사실을 기술하는 것에 불과하다. 말하자면 사람들이 듣기는 하지만 찾지 않는다. 받아들이기는 하지만 거기서 주는 자가 누구인지 묻지 않는다. 어떤 생각이 마치 번개처럼 어떤 형식을 취할까 주저하지 않고서 필연적으로 번쩍 떠오른다. 나는 선택의 여지가 없었다. (…) 그 광범위한 리듬에 대한 욕구와 그 리듬의 지속은 거의 영감이 갖는 힘을 재는 척도이자, 그 압박과 긴장 사이를 조절하는 방식이다.
>
> ─『이 사람을 보라』

니체는 차라투스트라의 영감을 받아 글을 쓸 때 자신이 음악과 건축의 중간 영역에서 움직이는 것과 같았다고 회상한다. 의도하지 않았는데도 무언가가 갑자기 보이고, 들리고, 가슴을 흔들어놓는 것을 우리는 흔히 영감이라고 한다. 니체는 이 새로운 현대 건축물에서 영감의 형식을 발견한 것은 아닐까? 니체가 찬탄하는 몰레는 본래 유대인 공동체가 교회당을 세울 목적으로 시작했으나 유일무이한 건축물을 만들겠다는 건축가 알레산드로 안토넬리의 야심을 충족할 수 있는 재정적 형편이 되지 않아 결국 시가 떠맡게 된 건축물이다.

니체는 몰레의 높이에 놀란다. 목적도, 내용도 정해지지 않았는데 건축물이 저렇게 높이 올라갈 수 있다는 사실은 니체에게 자신의 차라투스트라를 떠올리게 만든다. 니체는 1888년 12월 30일, 광기의 발작을 일으키기 바로 직전에 쾨젤리츠에게 쓴 편지에서 이렇게 말한다.

이상하게도 아직 이름이 없는 이 매우 독창적인 건물은 하늘 높이 솟아오른 마천루에 대한 욕망에서 지어졌는데, 이 건물은 다름 아닌 나의 차라투스트라를 생각나게 만듭니다. 나는 이 건물에 '이 사람을 보라Ecce homo'라는 이름을 지어주고, 마음속에 무시무시하게 자유로운 공간을 그 주위에 세웠습니다.

—『니체 서간집』

니체는 이 건물이 이름이 없으며 그 사용 목적이 정해지지 않았다는 사실에 주목한다. 이 건물은 결코 고전적 본보기를 따르지 않는다. 새롭게 창조된 것이다. 갈레리아는 단 한 번도 본 적이 없는 공간이며, 몰레는 그 높이를 가늠할 수 없을 정도로 높은 탑일 뿐이다. 본보기가 없다는 것은 모방을 불가능하게 만들기 때문에 이두 건물은 결코 니체가 비판한 현대 건축의 데카당스가 아니다. 니체 자신의 사상도 본보기가 없다. 어느 누구도 감히 생각하지 못했던 것을 사유하고, 어느 누구도 감히 꿈꾸지 못했던 가치를 창조한다. 이 건물들이 '차라투스트라'와 '이 사람을 보라'를 연상시키는 것은 결코 우연이 아니다. 니체도 그 끝을 알 수 없는 높이와 깊이를 추구하기 때문이다.

> 일찍이 다른 이들이 우리를 오해하고, 오인하고, 혼동하고, 폄훼하고, 잘못 듣고, 흘려듣는 것에 대해 우리가 한탄해본 적이 있었던가? 바로 이것이 우리의 운명이다. (…) 우리는 높은 곳을 향해 성장한다. 이것이 우리의 불길한 숙명이라 할지라도—왜냐하면 우리는 점점 더 번개에 가까이 다가가며 살기 때문이다! 우리는 그것을 명예로 간직할 것이다. 이것을 우리는 나누어 가지거나 전하려 하지 않을 것이다. 높이의 숙명, 우리의 숙명.
> —『즐거운 학문』

높이 올라갈수록 점점 더 번개에 가까워진다는 니체의 말이 머리에서 맴돈다. 니체의 길을 따라 돌다가 결국 다시 니체의 집이 있는 카를로 알베르토 광장으로 돌아왔다. 번개는 기존의 모든 가치를 밀쳐놓는 광기의 상징이다. 니체는 자신이 추구했던 높이가 다가올수록 광기의 몰락이 시작될 것이라는 것을 예감한 듯하다.

높이의 숙명은 또한 오해의 숙명이기도 하다. 니체의 높이를 함께할 수 없는 사람들은 니체를 끊임없이 오해한다. 자신의 심오한 사상이 사람들에게서 외면당하고 오해받고 왜곡된다는 사실이 그를 광기로 내몬 것인지도 모른다.

하나의 시가 된 철학자

평생 동안 광기의 가장자리에서 어렵게 살아온 사람이 지나온 생을 돌이켜보면 삶은 하나의 시가 된다. 삶을 사유하고 또 사유가 삶으로 이어지는 니체에게 삶은 마치 하나의 허구처럼 다가온다. 우리는 그가 말년에 평생의 역작인 『권력에의 의지』에 매달렸다는 사실만 알고 있다. 그러나 그가 내놓은 것은 여섯 권에 달하는 의미심장한 제목을 단 글들이었다. 이 글들은 한편으로는 그의 주요 사상을 반영하지만, 다른 한편으로는 삶을 대하는 그의 태도를 가식 없이 드러낸다.

니체가 광기의 발작을 일으키기 직전에 토리노에서 보낸 1888년은 우상의 황혼이 아름답게 물든 시기였다고 해도 과언이 아니다. 니체는 『우상의 황혼』에서 자신의 철학적 사유 방식과 이제까지 해온 사상의 흔적을 간단히 서술한다. 이 책은 '어떻게 망치를 들고 철학하는지'라는 기이한 부제를 달고 있다. 다른 사상가들은 개념을 갖고 자신의 사상을 논리적으로 풀어내지만, 니체는 망치를 갖고 기존의 가치들을 파괴한다. 왜 니체는 망치의 사상가가 된 것인가? 니체가 마지막으로 생각했던 주저의 핵심 사상은 '모든 가치의 가치 전도'였다. 기존의 가치를 뒤집어보고, 전복하고, 그렇게 함으로써 새로운 가치를 창조하는 것이 그의 의도였다.

전복은 순응보다 훨씬 더 많은 상처를 남긴다. 2천 년 동안 서양을 지배해왔기 때문에 지극히 당연한 것으로 내면화된 가치와 사상에 정면으로 도전한다는 것만큼 무모한 일도 없을 것이다. 니체는 이러한 가치가 우리가 만들어 그 앞에서 머리를 조아리는 우상에 불과하다고 폭로한다. 우상을 갖지 말라는 격언을 철저하게 실현하는 사람은 상처를 받을 수밖에 없다. 니체는 "상처에 의해 정신이 성장하고 새 힘이 솟는다"는 라틴어 격언을 위안으로 삼지만, 그 상처가 겹겹이 쌓여서 광기의 발작을 일으킨 것인지도 모른다. 니체는 이러한 전복의 시도와 그로 인한 상처를 피하지 않는다.

> 어떤 경우에는 나는 다른 회복 방식을 더 환영한다. 즉 우상들을 캐내는 방식을. 세상에는 진짜보다 우상들이 더 많다. 이것이 이 세계에 대한 나의 '사악한 눈길'이자, 나의 '사악한 귀'다. 여기서 한번 망치를 들고서 의문을 제기해본다.
>
> —『우상의 황혼』

니체가 싸움의 상처로부터 회복하는 길을 선택한 것은 더욱 치열한 싸움이었다. 니체는 전쟁이야말로 "지나치게 내면화되고 지나치게 심오해져버린 모든 정신이 했던 위대하고도 영리한 일"(『우상의 황혼』)이라고 단언한다. 모든 것에 전쟁을 선포한다. 공격만이 최선의 치유 방식이다. 그렇다면 적이 가장 중요하게 생각하기 때문에 가장 치명적인 부분을 공격해야 한다. 그것은 다름 아닌 진리다.

니체 이전의 철학자들은 모두 진리만이 유일하게 가치 있는 것이라고 전제했다. 니체가 말하는 것처럼 어느 시대에서든 최고의 현자들은 삶보다 진리에 더 많은 가치를 부여했다. 서양 철학의 아버지로 불리는 소크라테스마저 삶보다 진리가, 그리고 본능보다 이성이 중요하다고 말했다. 강한 의심이 든다. 우리의 삶은 과연 평가될 수 있는 것인가? 삶을 평가하려면 삶보다 우월한 가치를 전제해야 한다. 그것은 바로 진리다.

니체는 삶 자체를 평가할 수는 없다고 말한다. 우리는 삶에 대해 긍정적이거나 부정적인 태도를 취할 수는 있어도, 살지 않고 삶을 평가할 수는 없는 일이다. 그러기에 니체는 "삶에 대한 판단이나 가치 판단들은 그것들이 삶에 긍정적이든 삶에 적대적이든 간에 결국은 결코 참일 수 없다"고 말한다. 그것들은 단지 삶에 대한 "징후로서의 가치만을 가질 뿐이며, 징후로서만 고려 대상이 된다"(『우상의 황혼』)는 것이다. 우리의 내면에서 일어나는 알 수 없는 사건을 드러내는 징후일 뿐이라는 것이다.

삶은 끊임없이 변화한다. 그러므로 삶은 지속적인 가치 평가를 요구한다. 삶을 상황에 맞게 해석하고 또 삶에 새로운 의미를 부여하기 위해서 우리는 내면의 본능과 충동에 충실해야 한다. 그럼에도 소크라테스를 위시한 서양 형이상학은 오직 이성만을 따르라고 말한다. 니체는 이러한 이성이 결국 삶을 파괴한다고 진단한다.

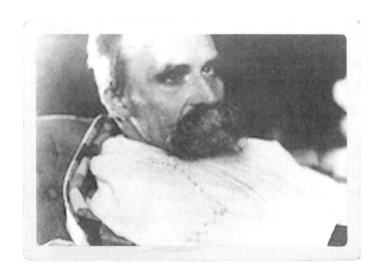

니체의 마지막 모습

니체의 말년 사진은 주로 화가 한스 올데가 찍었다. 바이마르 기록보관소에 머물던 당시 니체
는 두 번의 뇌졸중(1898, 1899)으로 말하거나 걷는 것이 불가능했다. 너무 앞섰기 때문에 미쳐
버린 천재는 이제 드디어 삶과 사상의 연결에 마침표를 찍는다.

니체에 따르면 "본능에 대적하는 삶은 하나의 병증일 뿐"이며 "본능들에 맞서 싸우는 것은 데카당스의 공식"이라고 말한다. 병든 자가 자신의 병을 치유하기 위해 서양 형이상학을 병으로 폭로하는 역설적 사건이 벌어지고 있는 것이다. 니체의 해답은 간단하다. "삶이 상승하는 한, 행복은 본능과 같은 것이다."(『우상의 황혼』)

철학자들은 세계를 있는 그대로 느끼지 못하면서 개념을 갖고 논리적으로 재단한다. 이것이 철학자들의 특이 성질이다. 니체는 "철학자들이 지금까지 수천 년 동안 이용했던 모든 것은 죄다 개념의 미라들"(『우상의 황혼』)이라고 말한다. 그들은 이성과 감성, 영혼과 육체, 존재와 형성을 이분법적으로 갈라놓고 둘 사이를 일종의 지배 관계로 파악한다. 이성은 감성을 지배하고, 영혼은 영원하고 육체는 무상하며, 존재는 변하지 않고 형성은 끊임없이 변화한다는 식이다. 개념은 본래 현실을 파악하기 위하여 만든 허구와 비유에 불과한데, 비유는 현실로부터 오는 생동감을 상실하고 이제 개념으로 박제되었다는 것이다. 니체는 이 관계를 뒤집어 생각한다. 생성과 소멸과 변화를 보여주는 한 감각은 거짓말을 하지 않지만, 이성은 감각의 증거를 변조한다. 도대체 둘 중에서 무엇이 참이란 말인가? 니체는 이러한 이분법을 넘어서서 현실을 있는 그대로 볼 수 있는 철학적 사유를 추구한다.

니체는 망치를 가지고 전통 철학의 이분법을 파괴한다. 엄밀히 말하면 니체는 전통 철학이 어떻게 자기모순에 의해 붕괴되는가를 폭로한다. 『우상의 황혼』에서 니체는 이러한 과정을 하나의 우화로 서술한다. '어떻게 참된 세계가 결국 우화가 되어버렸는지.

어떤 오류의 역사'라는 제목을 단 장에서 니체는 자신의 사상이 태어날 때까지의 과정을 여섯 단계로 보여준다.

1단계에서 참된 세계에 이를 수 있는 사람들은 지혜로운 자, 덕성을 가진 자, 경건한 자다. 소위 현자와 철학자들은 참된 세계를 전제하고, 자신들만이 이를 인식할 수 있다고 생각한다. 참된 세계를 주장하기에 바로 이들이 참된 세계다.

2단계에서 참된 세계는 종교화된다. 지혜로운 자, 덕성을 가진 자, 경건한 자는 비록 참된 세계를 성취할 수는 없지만 약속된다. 이 세상에서 열심히 진리의 소리를 따르면 저 세상에서 참된 세계를 얻을 수 있다는 것이다.

3단계에서 참된 세계는 이제 내면화된다. 그것은 성취될 수 없을 뿐만 아니라 약속도 되지 않는다. 참된 세계가 세계에서 우리의 내면으로 옮겨와서 이제는 하나의 의무와 도덕적 명령이 된다. 양심이 참된 세계다.

4단계에서 참된 세계는 회의의 대상이 된다. 성취할 수도, 약속되지도, 의무적이지도 않은 참된 세계는 실증주의적 사실들에 자리를 내준다.

5단계에서 참된 세계는 하나의 반박된 관념으로서 폐지의 대상이 된다. 이 단계에서 모든 자유정신이 야단법석을 떤다고 니체는 말한다. 이렇게 참된 세계는 하나의 허구가 되고, 하나의 우화가 된다. 그렇다면 참된 세계가 사라지면 어떻게 될까?

우리는 참된 세계를 없애버렸다. 어떤 세계가 남는가? 아마도 가상

세계? 천만에! 참된 세계와 함께 우리는 가상 세계도 없애버린 것
이다! (정오, 그림자가 가장 짧은 순간. 가장 길었던 오류의 끝. 인류의 정점. 차라
투스트라의 등장.)

—『우상의 황혼』

니체가 꿈꿨던 6단계는 이분법이 완전히 해체되고 삶과 세계가
있는 그대로 드러나는 단계다. 우리는 니체가 발작 직전에 이 단계
에 다다랐는지 알지 못한다. 니체가 서양 형이상학의 역사를 하나
의 우화로 서술하는 것은 어렵지 않게 따라갈 수 있다. 서양에서
진리와 참된 세계를 대변하던 신이 죽은 사회에서 니체의 말은 더
이상 충격적이지도 않다. 그렇지만 문제는 남는다.

참된 세계가 붕괴되고 나면 모든 사람이 설정한 가상의 세계만
이 남는 것은 아닌가? 절대적 진리가 존재하지 않는다면, 진리는
상대화되는 것이 아닌가? 이러한 물음은 5단계에서 제기된다. 니
체는 물론 참된 세계와 함께 가상 세계도 소멸하기 때문에 선악의
저편에 도달할 수 있다고 말하지만, 현실 속에는 여전히 선과 악의
끊임없는 이분법이 지배한다. 만약 신의 개념이 지금까지 인간 삶
에 대한 최대의 부정과 반박이었다면, 신의 부정은 비로소 우리와
세계를 구원할 것이다. 이러한 구원은 어떤 모습을 하고 있을까?
니체는 이러한 질문에 구체적인 답을 구했을지도 모른다. 아니면,
신의 죽음 이후 대안을 찾지 못한 상태에서 신의 죽음이 너무나 무
거운 짐이었는지도 모른다. 분명한 것은 그가 우상의 황혼에 광기
로 몰락했다는 사실이다.

이제 너희에게 말하니, 나를 버리고 너희를 찾도록 해라.
그리고 너희가 모두 나를 부인할 때에야 나는 너희에게 돌아오리라.

—『이 사람을 보라』

광기로 몰락하다

모든 일에는 원인이 있듯이 니체의 광기에도 원인이 있을 수 있다. 사람들은 씨앗의 형태로는 잘 보이지 않지만 그 안에 들어 있던 것이 서서히 발전하면서 결국 모든 것이 드러난다고 생각한다. 니체의 천재성의 이면에 광기가 숨어 있다는 추측은 지극히 자연스럽다. 돌이켜보면 니체의 삶 속에는 광기의 징후를 적지 않게 발견할 수 있다. 그렇지만 그가 사유하면서 남긴 엄청난 양의 글 속에는 적어도 1888년 10월 15일 마흔넷의 생일을 맞이할 때까지는 어떤 징후도 보이지 않는다. 44년 동안 그는 자신의 문제와 처절하게 싸웠을 뿐이다. 사상의 관점에서 보면 그의 문제는 '권력에의 의지', '초인', '영원회귀', '가치 전도', '신의 죽음' 등의 개념으로 표현된다. 그렇다면 삶의 관점에서 그의 문제는 무엇이었을까? 니체는 1888년 10월 30일 쾨젤리츠에게 보낸 편지에서 이 물음에 대한 암시를 한다.

> 내 생일에 나는 다시 무엇인가를 시작했습니다. 그것은 할 만한 것으로 여겨지고, 이미 상당히 많이 진척되었습니다. 그것은 '이 사람을 보라' 또는 '어떻게 사람은 본래의 자기가 되는가?'입니다. 그것은 대담하게도 나 자신과 나의 글을 다룹니다.
> ─『니체 서간집』

니체가 이 시기에 마음에 품은 것은 자기 서술, 자기방어, 자기 신성화다. '나'가 니체의 글의 핵심을 이루기 시작한다. 니체에게 철학적으로 산다는 것은 삶을 철학적으로 사유한다는 것을 의미하기 때문에 그에게서 삶과 사유는 결코 분리되지 않는다.

『이 사람을 보라』는 일종의 철학적 자서전이다. 니체는 이 책에서 『비극의 탄생』에서부터 『바그너의 경우』에 이르기까지의 저서들을 자기비판의 관점에서 재구성한다. 물론 저서의 내용을 단순히 요약하는 것이 아니라 책을 쓰게 된 동기와 그 핵심 사상을 되짚어본다. 그는 「나는 왜 이렇게 현명한지」 「나는 왜 이렇게 영리한지」 「나는 왜 이렇게 좋은 책들을 쓰는지」에 관한 세 글을 앞세운 후에 자신의 책을 서술한 다음, 「왜 나는 하나의 운명인지」의 글로 끝을 맺는다.

이 책의 실마리는 니체 자신이다. 자신의 삶과 사상을 관통하는 핵심 사상은 이 책의 부제로 표현된다. "어떻게 사람은 본래의 자기가 되는가?"

이 독일어 문장을 본래의 뜻에 맞게 번역하기는 쉽지 않다. 이 간단한 문장 안에 서양 형이상학의 핵심 용어인 '존재Sein / ist'와 '생성Werden / wird'이 들어 있다. 나는 어떻게 지금의 존재가 되었는가? 니체는 생성의 과정에 존재의 성격을 부여하는 것이 최고의 권력의지라고 했다. 하나의 생성 과정이라고 할 수 있는 나의 '삶'에서 다른 사람이 나의 '존재'를 읽어낼 수 있을 때 나는 '나의' 삶을 산 것이다. 니체는 이렇게 자신의 삶을 방랑의 종착지에서 다시 들여다본다.

나와 내 작품들은 별개다. 내 작품들에 대해 말하기 전에 여기서 나는 그것들이 이해되고 있다는, 혹은 그것들이 이해되지 못한다는 문제를 다루어본다. 나는 이 문제를 여기에 적절한 만큼만 다루겠다. 왜냐하면 이 문제를 다루기에는 아직은 때가 아니기 때문이다. 나 자신의 때도 아직은 오지 않았다. 몇몇 사람은 사후에야 태어나는 법이다.

—『이 사람을 보라』

니체에게 삶은 사상과 같은 것인데 여기서 두 개가 별개의 것이라고 말하는 까닭은 무엇일까? 사람들은 니체의 글과 개념으로 그의 삶을 평가하고, 그의 고독한 삶을 바라보면서 글을 이해하려고 한다. 니체는 자신이 세상 사람들에게 이해되지 못할 뿐만 아니라 근본적으로 오해되고 있다는 사실을 온전히 경험한다. 그를 이해할 사람들이 아예 존재하지 않기 때문에 그는 아직 태어나지 않은 것이다. 니체는 "언젠가 자신이 이해하는 삶과 가르침을 사람들에게 살도록 하고 가르치게 될 기관들이 필요할 것"(『이 사람을 보라』)이라고 예언하면서, 심지어는『차라투스트라는 이렇게 말했다』를 해석하는 교수직도 생겨날 것이라고 말한다. 그의 예견대로 오늘날 수많은 대학에서 니체를 가르치고 또 수많은 사람이 니체를 읽고 있지만, 그가 지금은 과연 제대로 이해되고 있는지는 여전히 의문이다.

니체의 이러한 오만불손한 말들이 광기의 전조는 아니라고 하더라도 그가 과장할수록 니체의 고독은 더욱 깊어졌다는 사실만큼은 사실인 듯하다. 정신적 죽음을 앞두고 그는 다시 한번 자기 자신과 정면으로 마주하고 있는 것이다. 자신의 운명을 복기함으로써 삶과 사상의 연결에 마침표를 찍는 것이다. 그는 자기 자신을 돌아볼수록 자신이 너무 앞서왔다는 사실을 부인할 수 없다.

> 나는 내 운명을 안다. 언젠가는 내 이름에 어떤 엄청난 것에 대한 회상이 접목될 것이다. 지상에서의 전대미문의 위기에 대한, 양심의 비할 바 없이 깊은 충돌에 대한, 지금까지 믿어져왔고 요구되어왔으며 신성시되어왔던 것에 대한 거역을 불러일으키는 결단에 관한 회상이. 나는 인간이 아니다. 나는 다이너마이트다.
> ─『이 사람을 보라』

『이 사람을 보라』를 마무리하는 마지막 장「왜 나는 하나의 운명인지」에서 니체는 자신의 운명을 한마디로 요약한다. "나는 인간이 아니라 다이너마이트다. 이제까지 서양 형이상학은 거짓을 진리로 위장해왔는데 이러한 가치를 전도시키는 나는 다이너마이트다." 니체는 자신의 사상이 갖는 혁명성을 강조했는데, 그는 이것이 인류의 역사를 니체 이전과 이후의 역사로 구분 짓게 할 것이라고 말한다. 니체는 자신과 함께 비로소 거짓을 거짓이라고 폭로할 수 있는 희망이 시작한다고 말하고, 또한 자신과 함께 비로소 지상에 위대한 정치가 펼쳐질 것이라고 확언한다.

니체라는 이름과 결합되어 있는 위대한 정신은 파괴의 정신이다. 선과 악의 창조자이기를 원하는 사람은 선과 악에 관한 기존의 관점을 파괴해야만 한다. 이런 의미에서 파괴의 최고악은 최고로 선한 것이다. 니체는 이렇게 고백한다. "나는 최초의 비도덕주의자이다. 그래서 나는 파괴자 중의 파괴자인 것이다." 우리는 이런 니체에 종종 거부감을 느낀다. 파괴라는 단어에서 비롯하는 거부감이 크면 클수록 창조의 필연성에 대한 그의 사상은 더욱더 피할 수 없게 된다.

그가 창조하고자 하는 가치는 세계를 있는 그대로 긍정하는 가치이기 때문에 더욱 그렇다. "존재하는 것에서 빼버릴 것은 하나도 없으며, 없어도 되는 것은 없다." 이 명제만큼 우리의 존재를 있는 그대로 정당화하는 것도 없을 것이다. 세상 사람들이 어떻게 평가하더라도 세상에 존재하는 것들 중에 없어져도 되는 것은 하나도 없다. 니체의 '권력에의 의지'는 세상 사람들이 생각하는 것과는 달리 세계를 긍정하는 사상이다. 그런데 이러한 사상이 이해되기는커녕 오해되고 있는 것이다.

니체는 이러한 상황에서 자기를 어떻게 이해하고 있을까? 자신의 사상에 깊이 침잠할수록 그는 세상으로부터 오해받는다는 감정을 떨쳐버릴 수 없고, 이러한 느낌은 다시 그를 끝없는 고독 속으로 몰아넣는다. 니체는 한 편지에서 이렇게 말한다.

> 사람들이 나를 존재하는 바와는 다른 어떤 것으로 간주한다는 사실이 역겨워 나는 점차 거의 모든 인간관계를 끊었습니다. 이제 당신 차례입니다.
> ─『니체 서간집』

세상의 어떤 오해, 곡해, 왜곡에도 불구하고 니체는 지금 있는 그대로의 존재 이외의 다른 어떤 존재가 되고 싶어 하지 않는다.

> 이 순간에도 나는 멀리 잔잔한 대양을 바라보듯 나의 미래를 바라본다. 광대한 미래를! 어떤 욕망도 잔물결을 일으키지 않는 미래를. 나는 어떤 것도 본래의 자기의 모습과 다르게 되는 것을 결코 원치 않는다. 나 자신도 다르게 되고 싶지 않다. 언제나 나는 그렇게 살았다.
>
> —『이 사람을 보라』

니체가 바라보고 있는 대양이 여전히 짙은 어둠 속에서 침묵하고 있다. 우리가 본래의 자기를 발견하기 위해 니체와 함께 떠난 길에서 어떤 자기를 찾았는지 역시 모를 일이다. 우리는 이 길에서 자신만의 니체를 발견하고, 자신이 발견한 니체와 함께 고유한 자기를 발견한다. 어떻게 사람은 본래의 자기가 되는가? 이 물음은 본래의 자기가 있기 때문이 아니라 본래의 자기를 알지 못하기 때문에 가능하지 않을까. 니체가 말한 것처럼 나에게 가장 먼 존재는 바로 나 자신이라는 전제를 인정하지 않는다면, 우리는 결코 자기 발견의 길을 떠나지 못한다.

니체가 광기로 몰락한 광장은 조금씩 황혼에 젖고 있다. 야릇한 빛의 기운이 감도는 가운데 니체의 목소리가 귓가에 들리는 듯하다.

우리가 살고 있는
바로 이 삶의 수많은 가능성

　죽고 나서야 비로소 태어나는 사람이 있다는 니체의 말은 오늘날 실현된 것처럼 보인다. 니체의 사상은 그가 죽고 나서야 제대로 평가되고 광범위하게 수용되기 시작했다. 그의 사상은 여전히 모더니즘과 포스트모더니즘의 경계와 상관없이 다양한 형태로 변주되고 있다. 그의 삶과 사상에 어떤 특별한 것이 있어서 이처럼 거부하기 힘든 매력을 갖고 있는 것일까?

　내가 니체의 방랑길을 따라나섰을 때는 사실 외줄타기 광대의 심정처럼 위태로운 삶에서 벗어날 수 있는 길을 찾기 위해서였다. 나의 삶을 전적으로 파괴하고 개조할 다이너마이트를 기대하고 떠났지만, 지금 남아 있는 것은 니체가 삶을 사유하며 겪었을 고통과 새로운 가치를 모색하는 몸부림에 대한 공감의 여운과 이미지들이다.

여운이 있는 여행은 우리를 서서히 바꾼다. 그것은 언제나 우리의 삶과 사회에 대한 새로운 질문의 단초가 되기 때문이다. 우리의 삶은 의도와는 다르게, 또 어떤 때는 정반대로 진행될 수 있다는 점에서 아름답다. 니체 철학을 이해하기 위해서는 니체에 관한 책을 덮고 그가 걸은 길을 걸으면서 그를 경험하는 것이 더 나은 것도 이 때문인지도 모른다. 그 길에서 우리는 전혀 다른 니체를 발견할 수 있다.

니체 철학의 수용 과정도 그의 여동생 엘리자베트가 의도한 것과는 전혀 다른 방향으로 진행되었다. 그것은 다양한 얼굴을 가진 니체를 발견하는 과정이었다. 엘리자베트는 니체가 살아 있을 때 '니체 기록보관소'를 설립하고 첫 번째 니체 전집을 출간한다. '권력에의 의지'에 관한 유고를 니체의 핵심 저서로 광고해서 니체에게 국수주의자, 인종주의자, 군사주의자 명함을 만들어주었다. 나치 정권이 득세할 거라 예상하고 니체의 사상을 의도적으로 왜곡한 것이다. 또한 1897년 니체 철학 토론회를 개최해 니체를 고고하고 고독한 순교자로 포장해 보여주기도 한다. 니체의 마지막 출판인 나우만이 1890년 다시 발간한 니체의 책들은 날개 돋친 듯이 팔려나갔다. 니체의 신화화가 시작되었다.

니체 열풍은 예술 영역에서도 몰아쳤다. 상징주의, 유겐트 양식, 표현주의와 같은 19세기 초의 주요 예술적 조류는 니체에게서 강한 영감을 받았다. 이 예술 운동에 참여한 사람은 거의 예외 없이 자신만의 '니체 체험'을 갖고 있었다.

리하르트 슈트라우스는 〈차라투스트라는 이렇게 말했다〉라는 교향시를 작곡했고, 구스타프 말러는 교향곡 제3번을 본래 니체의 책 제목이기도 한 '즐거운 학문'으로 명명하려고도 했다. "이 삶은 광기에 이르기까지 하나의 예술가적 공연"이라는 토마스 만의 평가처럼, 니체의 삶과 사상은 예술 작품으로서 세기 전환기 예술에 커다란 영향을 주었다.

니체의 사상은 단순히 사람들의 이성과 환상에만 호소하지 않았다. 니체 사상에 점점 더 심취하는 사람들의 반향은 마치 철저하게 합리화되고 기계화된 시대에 신비주의가 출현한 것처럼 보였다. 우리 자신과 현실의 심연 사이에 드리워진 마법의 베일처럼 사람들을 현혹했다. 니체를 좋아하는 현상은 전염병처럼 퍼졌다.

그러나 한때 유행으로 그치지 않았다. 예술가들이 니체의 디오니소스에 열광했다면, 일반 대중은 어쩌면 그의 삶 개념에 매료되었는지도 모른다. '생生' 또는 '삶'이라는 용어는 니체에 의해 신비주의적인 색채를 얻는다. 생 또는 삶은 이제 전통 철학에서 '존재', '자연', '신' 또는 '자아'가 차지해온 핵심 개념의 반열로 올라선다. 생 개념은 동시에 두 개의 적을 상대하는 전선을 형성해, 당시의 강단 철학이 대변해온 관념론을 반대하는 용도로 사용되었다.

삶에 싫증과 피로감을 느끼는 사람만이 저편의 또 다른 세계를 염원한다. 그러나 니체는 우리가 살고 있는 바로 이 세계에는 수많은 가능성이 있다고 말한다. 삶은 대양으로 모험을 떠나는 모험가처럼 가능성을 향해 나가는 것인 동시에 그것을 실천으로 옮기는 것이다. 니체의 차라투스트라가 시장에서 초인을 가르치며 말한 명제는 수많은 문화 운동의 구호가 된다. "대지에 충실하라!"

니체가 살았던 시기만 하더라도 청년은 구시대의 문화를 좇았다. 청년들의 관심은 어떻게 하면 더 빨리 어른이 될 수 있는가에 쏠렸다. 조금이라도 더 어른처럼 보이기 위해 발모제를 발랐으며, 안경을 착용하기도 했다. 이런 시대에 삶은 어른스러운 것 또는 냉철한 것이었다. 니체가 등장하면서 이런 인식이 뒤집혔다. 이제 삶은 광포하고 거칠고 청년다운 것이 되었다. 진정한 삶은 청년의 삶이지 어른의 삶이 아니었다.

청년이라는 것은 더 이상 숨겨야 하는 결함이 아니다. 경직되고 마모되었다는 의혹을 받는 어른들이 이제는 스스로를 정당화해야만 했다. 이런 의미에서 기존의 전통과 관습을 수동적으로 따르기만 하던 청년들이 자기 자신에 눈을 뜨면서 니체를 발견한 것은 결코 우연이 아니다.

진리란 없다, 모든 것이 허용된다.

Nichts ist wahr, alles is erlaubt.

Nothing is true, anything is allowed.

이제까지 어른들이 대변한다고 여겨온 진리는 더 이상 진리가 아니며 경우에 따라서는 파괴하고 폐기해야 할 관습적 허구에 지나지 않는다. 우리가 감행할 수 없는 것이란 아무것도 없다는 인식 아래 니체는 삶 개념을 중심에 세운다. 니체는 이렇게 세대 간의 충돌과 반문화를 초래한다. 생철학은 이런 문화 운동을 대변한다. 삶의 철학에서 주인공은 당연히 삶이다. 삶에 관해 철학을 하는 것이 아니라 삶 자체가 철학을 통해 드러나야 한다.

진정한 삶은 자기 자신을 넘어서는 극복과 권력의 과잉이다. 청년 문화 운동은 삶을 이렇게 과잉의 형식으로 이해했다. 이런 맥락에서 니체의 핵심 개념인 '권력에의 의지'는 일차적으로 심미적이고 예술적인 관점에서 이해되었지, 정치적인 뜻으로 이해되지 않았다. 왜냐하면 진정한 의미의 권력을 가진 자는 창조자이기 때문이다.

이성의 지배, 인간의 해방, 역사의 발전과 같은 거대 서사에 대한 믿음은 사라지고 모든 것이 실험적으로 시도되는 시대, 우리는 이 포스트모던 시대에 살고 있다. 진리에의 의지를 하나의 우화로 폭로하고, 근대 철학의 확고부동한 토대로 여겨온 '나는 생각한다'는 근본 명제마저 회의하고, 인간의 본성이 정해진 것이 아니라 인간은 아직 확정되지 않는 동물에 불과하다고 말한 철학자가 바로 니체라는 사실을 상기하면, 니체가 온갖 포스트모더니즘을 빚어내는 회전반이라는 사실이 전혀 놀랍지 않다. 니체를 전환점으로 하여 서양 철학은 '탈현대로 진입'한 것이다. 포스트모더니즘은 서양 형이상학의 근원을 회상함으로써 모더니즘을 극복하고자 하는 정신적 태도이며 사상적 운동이다. 서양 허무주의가 문화의 디오니소스적 근원으로부터 소외되어 지나치게 이성을 강조한 소크라테스와 플라톤에서 시작했다고 최초로 인식한 철학자는 니체다.

우리가 오늘날 직면하고 있는 문화적 쇠퇴와 퇴폐는 역사적으로 이미 오래전부터 시작한 것이다. 니체에 의하면 이성의 기원은 비이성적이며, 도덕의 기원은 비도덕적이다.

사람들은 어떤 현상과 운동을 보면 문법적 습관에 의해 반드시 그 이유와 원인이 있어야 한다고 생각한다. 우리가 일차적으로 체험하는 것은 '생각함'의 현상인데, 사람들은 그 원인으로서 '나'를 설정한다는 것이다. 미리 주어진 주체가 생각하는 것이 아니라 생각이라는 활동을 통해 비로소 주체가 만들어진다는 것이다. 이러한 니체의 통찰은 포스트모더니즘을 관통한다.

주체는 정해진 것이 아니라 역사적으로 만들어진 것이다. 주체를 구성하고 형성하는 것은 수많은 힘들의 권력 유희다. 그렇다면 우리는 어떻게 우리 자신을 만들어낼 수 있는가? "우리는 어떻게 본래의 자기가 되는가?" 니체를 광기에 이를 정도의 극단적인 사유로 몰아넣고, 우리를 니체의 마법에 걸리게 만든 핵심적인 질문이다. 이 질문이 지속되는 한 니체의 영향은 영원할 것이다.

니체의 마지막 저서 『이 사람을 보라』의 부제는 잘 알려진 것처럼 "사람은 어떻게 본래의 자기가 되는가"다. 니체를 찾아 떠난 여행의 목적도 이것이었다. 여행을 마치면서 이 목적이 과연 실현되었는지 묻지 않을 수 없다. 니체는 반복되는 일상과 고루한 생각의 틀 속에 갇혀 있는 나를 일깨우는 망치일 순 있었지만, 낡은 삶을 전적으로 파괴하는 다이너마이트는 아니었다.

니체가 나 대신에 질문을 던지고, 나의 삶을 대신 살아줄 수 없다면, 그것은 지나친 기대였을지도 모른다. 니체를 따라 길을 떠나지만 니체를 버리고 나서야 비로소 자신의 길을 걸을 수 있지 않을까. 여행 내내 머리에 맴돌았던 니체의 말이 떠오른다.

이제 너희에게 말하니, 나를 버리고 너희를 찾도록 해라. 그리고 너희가 모두 나를 부인할 때에야 나는 너희에게 돌아오리라.

　―『이 사람을 보라』

01 초인

아무런 꿈과 이상과 동경도 갖지 않고 오직 일상의 행복만을 추구하는 '최후의 인간'과 달리 초인은 자기가 이루어놓은 상태를 넘어서고자 하는, 인간 유형의 최고 양식이다. 니체는 차라투스트라의 입을 빌려 "너희는 너희 자신을 극복하기 위해 무엇을 하였는가?"라고 묻는다. 초인은 끊임없이, 스스로를 평가하고 무너뜨리며 창조하려 한다.

02 권력에의 의지

한때 나치 정권의 권력을 합리화하는 이론으로 악용됐으나 니체가 말한 권력은 누군가를 지배하기 위한 외적 권력이 아닌 자신의 삶을 추동하는 내적 동기다. 즉, 삶 자체가 권력에의 의지다. "너희의 삶은 권력에의 의지다. 이것이 제거된다면 너는 살아 있는 것이 아니다." 스스로를 보존할 뿐만 아니라 스스로를 넘어 새로운 것을 창조하려는 힘이 삶을 삶답게 한다.

03 낙타·사자·어린아이

무거운 짐을 지는 정신, 복종하는 정신을 상징하는 낙타는 강요된 규범과 관습을 두려워하지만 내가 지고 있는 짐 중에서 가장 무거운 것은 무엇인가 하고 스스로 물음으로써 낙타의 단계를 극복한다. 사자는 기존의 가치를 부정하는 자유의 힘을 가지고 의무에 대해서조차도 신성하게 '아니오'라고 말한다. 어린아이는 삶과 세계를 있는 그대로 긍정함으로써 놀이하듯 새로운 가치를 창조하는 삶을 상징한다. 이렇게 본래 자신의 모습을 찾아가는 변신의 단계는 권력에의 의지를 통해 자기를 극복하는 과정이기도 하다.

04 허무주의

삶에 의미를 부여했던 기독교적 도덕이 그 가치를 상실하고 허무가 지배하는 상태다. 니체는 허무주의를 세 가지 관점에서 다룬다. 첫째는 탈가치화된 현재의 상태를 서술하며, 둘째는 서양 허무주의가 어디에서 기인하는지 역사적으로 보여주고, 끝으로 새로운 가치를 창조할 수 있는 극단적 허무주의를 제시한다. 수동적 허무주의가 어떤 가치도 존재하지 않는다는 사실을 단지 수동적으로 받아들이는 태도라면, 능동적 허무주의는 이를 새로운 가치를 창조할 수 있는 기회로 적극 활용한다.

05 데카당스

창조력이 사라지는 등 허무주의가 문화에 나타나는 것을 이른다. 문화가 쇠퇴하는 곳에서는 어디에서나 대중이 결정권을 쥐므로 진정성은 쓸데없는 것이 되고 연기하는 배우만이 대단한 열광을 야기한다. 낱말, 문장, 책의 좀 더 작은 단위들이 독립하여 책의 전체가 사라지고 회화 등에서 화려한 세부 묘사에 집착해 전체가 사라질 때가 진정한 양식의 결여, 즉 데카당스다.

06 영원회귀

악령이 "네가 지금 살고 있고, 살아왔던 이 삶을 너는 다시 한 번 살아야만 하고, 또 무수히 반복해서 살아야만 할 것"이라고 속삭인다면 어떻게 할 것인가라고 니체는 묻는다. 다시 태어날 수 있기 위해서는 소멸해야만 한다. 그리고 이 삶을 영원히 반복해도 좋을 만큼 하루를 살아야 한다. 니체는 이러한 인식으로부터 현재의 삶과 세계를 긍정할 수 있는 '사상 중의 사상'을 도출한다.

07 아모르파티

영원회귀로부터 도출되는 필연적인 삶의 방식으로서 삶 전체를 긍정하는 태도를 의미한다. 이미 결정된 운명을 수동적으로 받아들이는 운명론과는 달리 자신의 삶을 극복함으로써 자신을 넘어서고자 하는 능동적 삶의 형식이다. "나는 사물에 있어 필연적인 것을 아름다운 것으로 보는 법을 더 배우고자 한다. 그렇게 하여 사물을 아름답게 만드는 사람 중 하나가 될 것이다. 네 운명을 사랑하라. 이것이 지금부터 나의 사랑이 될 것이다."

08 아폴론적인 것과 디오니소스적인 것

니체가 『비극의 탄생』에서 발전시킨 미학과 예술 철학의 근본 개념이다. 고대 그리스의 두 신인 아폴론과 디오니소스를 따라 명명된 이 개념들은 자연 속에서 지배하고 예술 작품을 통해 드러나는 두 가지 예술 충동을 표현한다. 예술 형식의 측면에서 보면 아폴론적인 것은 '가상'을, 디오니소스적인 것은 '도취'를 표현한다.

1844 10월 15일, 목사 카를 루트비히 니체와 이웃 고장 목사의 딸 프란치스카 욀러 사이에서 태어나다.

1850 가족과 함께 나움부르크로 이사해 나움부르크 공립시민학교에 입학하지만 학교에 적응하지 못해 1년만에 그만둔다.

1858 김나지움 슐포르타에 입학해 6년 동안 철저한 인문계 교육을 받다.

1864 본 대학에서 신학과 고전문헌학 공부를 시작하다.

1865 쇼펜하우어의 염세주의에 빠져들다

라이프치히의 고서점에서 쇼펜하우어의 『의지와 표상으로서의 세계』를 발견한다. 쇼펜하우어(1788~1860)는 세상은 결코 합리적이지 않으며 맹목적인 삶의 의지만 있을 뿐이라고 했다. 인간은 자신이 원하는 것을 행할 수는 있지만 자신이 원하는 것을 원할 수는 없다는 쇼펜하우어의 말은 의지의 맹목성을 잘 표현한다. 맹목적이고 비이성적인 세계의지는 세계의 본질이고 절대적인 힘이기 때문에 세계는 고통으로 가득 차 있을 수밖에 없다. 의지는 어떤 것에 의해서도 궁극적으로 충족될 수 없기 때문이다. 모든 행복은 환상에 지나지 않고, 모든 쾌락은 부정적이다. 이러한 염세주의 철학은 니체에게 많은 영향을 끼친다.

쇼펜하우어

1867 고전문헌학 논문으로 대학 우수 논문상을 수상하다. 나움부르크 포병부대에서 군대 생활을 하다.

1868　바그너의 음악에 귀 기울이다

말에서 떨어져 부상을 입어 제대한다. 라이프치히 대학에 복귀해 첫 번째 저서가 될 『비극의 탄생』 주제와 관련된 작업을 한다. 동양학자 브로크하우스 집에서 리하르트 바그너를 처음 만난다. 독일의 작곡가, 지휘자, 연출가, 작가 바그너(1813~1883)는 낭만주의 음악의 표현력을 변혁하고 오페라의 이론적 실천적 토대를 제공함으로써 '악극'을 종합예술로 발전시켰다. 대표적인 작품으로는 〈파르지팔〉〈탄호이저〉〈니벨룽겐의 반지〉〈트리스탄과 이졸데〉 등이 있다. 니체와 리하르트 바그너의 관계는 헌신과 해방의 이중성을 갖고 있다. 니체는 초기에 바그너의 음악이 갖고 있는 개혁의 힘을 믿고 바그너에 헌신했다.

바그너

1869　박사학위도 없이 바젤 대학의 고전문헌학 원외 교수로 위촉되어 바젤로 이사하다. 트립셴에 있는 바그너의 집을 사전 연락도 없이 방문하다.

1872　비극의 탄생을 밝히다

『비극의 탄생』은 니체를 예술철학자로 알려지게 한 최초의 저서로서, 그는 바그너의 영향을 받아 예술은 삶의 최고의 과제이며 본래 형이상학적 활동이라는 전제 아래 고대 그리스 비극의 탄생을 서술한다. 니체는 '아폴론적인 것'과 '디오니소스적인 것'을 예술의 근본 조건으로 제시한다. '꿈'을 상징하는 아폴론은 조형 예술의 전제 조건으로서 가상의 세계를 대변하고, '도취'를 상징하는 디오니소스는 모든 생명의 통일성, 자연과 인간의 화해를 표현하는 음악의 세계를 대변한다. 이 두 원리를 통해 삶을 하나의 예술 현상으로서 이해하고자 한다.

1873 다가오는 시대를 위한 문화 비판서들을 쏟아내다

『반시대적 고찰』은 니체 초기의 철학적 열정과 체험을 표현한다. 니체는 고전문헌학이 오늘날에도 의미가 있다면 그것은 다가오는 시대를 위하여 저항하는 '반시대성'에 있다고 보았다. 제1권 『다비드 슈트라우스, 고백자와 저술가』(1873)는 '교양 속물'을 겨냥한다. 문화를 모든 삶의 영역에서 나타나는 예술가적 양식의 통일성으로 정의한다면, 보불 전쟁의 승리에 취한 독일에서는 무無 양식 또는 모든 양식들이 뒤죽박죽으로 혼합된 무질서가 지배하고 있다고 비판한다. 제2권 『삶에 대한 역사의 공과』(1874)에서는 과도한 역사적 의식을 비판한다. 과거의 무게에 눌려 있는 역사적 의미는 새로운 것을 창조할 수 있는 문화의 조형적 힘을 파괴하므로 망각의 치유력이 필요하다고 역설한다. 제3권 『교육자로서의 쇼펜하우어』(1874)에서는 자신의 철학적 실존 모델인 쇼펜하우어를 그린다. 철학자는 진정성과 독립성을 갖출 때 비로소 모범을 보일 수 있다는 것이다. 국가는 문화를 도구로 생각함으로써 문화를 억압하는 반면, 진리를 사랑하는 철학은 국가와 정치로부터 독립하려 한다. 그러므로 철학적 삶의 핵심은 자유와 이를 동반하는 고독이다. 제4권 『바이로이트의 리하르트 바그너』(1876)에서는 바그너를 디오니소스적 극작가로 찬미하며 바그너에게 이 책을 선물한다. 그러나 바이로이트에서 제1회 바그너 축제를 본 후 실망하여 바그너와 내면적으로 결별한다.

1878   여동생 엘리자베트와의 공동 생활이 끝나다. 바젤 겔러스트라세의 비교적 호화로운 집을 포기하고 시 변두리 동물원 근처에 있는 검소한 방으로 이사하다. 7월, 베르너 오버란트 지방 그린델발트의 멘리헨에서 여름휴가를 보내다. 잠언과 단편의 형식으로 쓴 최초의 책 『인간적인 너무나 인간적인』이 출간되다.

1879 위험한 방랑을 결심하다

5월, 건강상의 이유로 바젤 대학에 공식적으로 퇴직 의사를 밝힌 후 비젠을 거쳐 다보스로 여행한다. 6월부터 9월까지 스위스 장크트 모리츠에 머물면서 『인간적인 너무나 인간적인』의 부록 「혼합된 의견과 잠언들」을 출간한다. 몇몇 구절을 제외하곤 모든 것을 길을 걷는 도중에 생각한 것이라고 밝힌다. 6월 30일 건강상의 이유로 조기 퇴직을 청원한다. 3천 스위스 프랑켄의 연금을 받는다. 118회의 심한 발작이 일어난다. 이때부터 확실한 거처가 없는 방랑자 생활이 시작된다.

1881   베네치아에 머물면서 쾨젤리츠에게 『아침놀』의 잠언들을 받아쓰게 해서 출간하다. 마리엔바트, 나움부르크, 스트레사, 제노바를 여행하다. 코모 호수에서 키아베나, 말로야, 장크트 모리츠, 곧이어 질스 마리아에 이르다.

1882   살로메에게 빠지다 / 『즐거운 학문』에 삶의 진정성을 담다

살로메를 소개받는다. 니체, 파울 레, 살로메가 함께 사진을 찍은 것도 이때쯤이다. 니체는 처음부터 살로메의 매력에 끌리지만, 구혼할 때 그가 남성에 대한 심각한 문제점을 갖고 있다는 사실을 알지 못했다. 살로메는 목사 헨드릭 길로트에게서 견진성사를 위한 성서 강독을 받았는데, 이 목사는 살로메에게 빠져 부인을 떠나려는 소동을 피웠다. 자신을 성적인 관계로 묶어두려는 이 남자의 시도보다 살로메를 화나게 한 것은 없었다. 이 불행한 사건으로 남성에 대한 편견을 갖고 있던 시기에 니체가 살로메에게 구혼했고, 그가 구혼하기 이전에 친구 파울 레도 이미 청혼을 한 상태였다. 니체가 살로메를 여성으로서 사랑하였던 것인지 아니면 그가 갖고 있는 지적 매력에 반했던 것인지는 분명치 않다. 한가지 분명한 것은 살로메에게 니체는 철학적·종교적 천재였으며, 니체에게도 살로메는 가까이 두고 싶은 지적인 여성이었다는 사실이다.

신이 죽은 시대에 우리는 어떻게 삶의 의미를 발견할 수 있을까? 이 물음에 대한 답을 실험적으로 시도한 383편의 짧은 잠언과 조금 더 긴 에세이들을 다섯 권으로 편성한 『즐거운 학문』은 니체의 독창적인 사상을 온전히 드러낸다. '신의 죽음'을 광인의 입을 빌려 선포한 잠언 125에서 알 수 있듯이 이 책은 모든 형이상학적 토대가 붕괴된 이후의 삶의 의미를 탐색한다. 니체의 생의 한가운데서 '삶이 인식의 수단'이라는 인식을 가슴에 품을 때 우리는 비로소 자기 자신에 대해 웃을 수 있으며 즐겁게 살 수 있다고 말한다. 우리를 웃게 만드는 것은 바로 삶에 대한 진정성이다.

살로메

1883 1월에서 2월까지 이탈리아 라팔로에 머물다. 『차라투스트라는 이렇게 말했다』1 부를 쓴 후 매우 빠른 속도로 3부까지 완성하다. 로마, 질스 마리아, 나움부르크, 제노바, 니스로 여행하다. 2월 13일, 베네치아에서 바그너가 사망하다. 친구 레 와 결별하다.

1884 4월, 베네치아로 가서 하인리히 쾨젤리츠 집에서 6월 12일까지 머물다. 엘리 자베트는 푀르스터라는 바그너 숭배자이며 반유대주의자와 약혼하다. 니체는 12월 초 다시 니스로 가서 『차라투스트라는 이렇게 말했다』4부를 집필한다.

1885 차라투스트라의 입을 빌려 철학시를 쓰다

『차라투스트라는 이렇게 말했다』4부를 완성하지만 출판업자를 찾지 못해 자비로 출판 한다. 이 책은 니체의 주요 사상들인 '초인', '영원회귀', '권력에의 의지'를 다루고 있음에 도 어느 곳에서도 이 사상들에 관한 이론을 발견할 수 없다. 특정한 사상을 정당화하려 는 어떤 이론적 시도도 없기 때문이다. 어떤 형식으로도 포착되지 않은 삶의 내용을 표 현하기 위해 니체는 철학서書라기보다는 철학시詩 『차라투스트라는 이렇게 말했다』를 썼다. 차라투스트라가 10년 동안의 고독한 삶을 마치고 산을 내려와 신의 죽음을 깨닫지 못한 사람들에게 설교한다. 차라투스트라의 말을 우리가 따라야 할 교리와 이론으로 받 아들이지 않고 자기 성찰의 계기로 생각한다면, 이 책은 신이 죽은 허무주의 시대의 삶 에 관해 여전히 의미 있는 말을 하고 있다.

1886 『선악의 저편』을 바라보다

4월 25일 니스에서 『선악의 저편』을 완성하고 8월 초에 출판한다. '미래 철학의 전주'라 는 부제에 걸맞게 니체 후기 철학의 시작을 알린 책이다. 여기서 말하는 미래 철학은 니 체가 주저로 구상한 '권력에의 의지'다. 니체는 전통 형이상학의 근본이라고 할 수 있는 진리에의 의지를 철저하게 해부한다. 특히 근대 철학의 핵심이라고 할 수 있는 '주체' 개 념을 해체함으로써 포스트모더니즘의 길을 연다. 그리스도교가 권위를 부여한 기존 가 치 체계를 부정하고 선악 관념의 피안에서 발견되는 자연적인 생을 충실히 하고 발전시 키는 방향에서 새로운 가치를 구할 것을 역설하였다.

1887 인간의 도덕에 몰두하다

질스 마리아에서 『도덕의 계보』를 집필하고 11월에 자비로 출판한다. 『선악의 저편』을 보완하기 위해 쓴 이 책은 주제의 명료성 때문에 완성적인 글의 형식을 갖추고 있다. 「선과 악, 좋음과 나쁨」「죄, 양심의 가책, 그리고 그와 유사한 것들」「금욕주의적 이상이란 무엇인가」의 세 논고로 도덕의 근원을 재구성함으로써 도덕적 가치 자체를 적나라하게 비판한다. 가치를 창조하고 평가하는 것은 권력에의 의지이기 때문에 선한 것은 본래 강한 것, 고귀한 것, 귀족적인 것을 의미하였는데, 도덕에서의 노예 반란이 일어나 이제는 약한 것, 이타적인 것, 대중적인 것이 선이 되었다고 주장한다. '주인 도덕', '노예 도덕', '원한 감정', '금욕주의'와 같은 주제들을 통해 니체는 인간의 도덕이 어떻게 생성되는가를 선명하게 보여준다.

1888 위기에 직면하여 망치를 들다

니스에서 보낸 겨울 동안 자신의 삶이 커다란 위기에 직면해 있다는 감정이 심화된다. 누이동생과 어머니로부터의 소외 감정이 심해지고, 이 시기의 편지들은 대부분 병과 가까운 죽음을 다룬다. 4월 2일 토리노로 가서 방을 구한다.

『우상의 황혼』은 니체가 말년에 구상하였던 '권력에의 의지' 또는 '모든 가치의 전도'의 내용과 방향을 암시하는 책이다. '어떻게 망치를 들고 철학하는지'라는 부제가 말해주는 것처럼 니체는 모든 가치의 전도를 위해 기존의 우상들을 망치로 부숴버리는 철학적 작업을 수행한다. 이성은 곧 덕이고 행복이라고 주장한 소크라테스의 이성 중심주의를 파괴하고, 세계를 참된 세계와 가상 세계로 나누는 이분법적 방식을 해체한다. 전통 도덕과 형이상학의 전제 조건을 전복하고 뒤집어봄으로써 새로운 철학을 모색하는 니체의 정신이 잘 드러난다.

10월 15일 44세 생일 니체는 자신의 전기 『이 사람을 보라』를 쓰기 시작한다. 첫 번째 원고는 몇 주 안에 완성되지만, 니체는 1889년 1월 초 광기의 발작을 일으킬 때까지 이 책의 원고를 수정하고 보완한다. '나는 왜 이렇게 현명한지', '나는 왜 이렇게 영리한지', '나는 왜 이렇게 좋은 책들을 쓰는지'와 같은 도전적인 제목을 단 글에서 자신의 삶과 사유의 연관관계를 설명한다. 그리고 '왜 나는 하나의 운명인지'라는 마지막 글에서 스스로 "나는 인간이 아니라 다이너마이트다"라고 고백함으로써 자신의 철학이 갖고 있는 반시대적 운명을 인정한다. 이 책은 니체 스스로 자신이 쓴 책의 동기와 문제를 밝히고 있다는 점에서 니체 철학의 입문서로도 손색이 없다.

1889 사유를 멈추고 정신적 암흑기로 접어들다

1월 3일 토리노 카를로 알베르토 광장에서 정신착란 발작을 일으킨다. 마부에게 채찍질 당하는 말을 끌어안고 울다가 졸도한다. 이 시기에 '디오니소스', '십자가에 못 박혀 죽은 자', '니체 카이사르'로 서명한 광기의 쪽지 편지를 친지들에게 보낸다. 오버베크는 니체를 바젤로 데려가 정신병원에 입원시킨다. 1월 18일, 어머니는 니체를 예나 대학교 정신병원으로 옮긴다.

1890   병원을 떠나 나움부르크의 어머니 집으로 돌아오다.
1893   엘리자베트가 완전히 귀국해 어머니와 함께 니체를 간호하다.
1894   엘리자베트가 어머니 집에 최초의 니체 기록보관소를 설립하다.

1897 엘리자베트의 노력이 빛을 잃다

엘리자베트는 오빠와의 관계가 늘 좋았다는 인상을 주기 위해 노력했지만 실상은 그렇지 않았다. 니체와 바젤에서 함께 살면서 살림살이를 맡았을 때만 해도 "거의 남매간에 결혼한 것처럼" 보였지만, 니체와 살로메 사이에 끼어들어 나쁜 영향을 끼친 1882~1883년부터 니체와의 관계는 냉랭했다. 엘리자베트는 니체의 정신병을 알게 된 후 독일로 돌아와 니체를 돌보기 시작한다. 그녀는 나움부르크에 니체 기록보관소를 설립했다가, 1897년 어머니 도움으로 구입한 바이마르의 질버블리크 빌라로 니체 기록보관소를 옮기고 니

엘리자베트

체 전집 편찬을 계획한다. 이때부터 엘리자베트에 의한 니체의 왜곡과 상품화가 본격적으로 시작된다. 그는 세 권의 니체 전기 『프리드리히 니체의 삶』(1권: 1895; 2권: 1897년; 3권: 1904)을 발간한 이래 약 30년 동안 니체 철학을 선전하는 데 온 힘을 쏟는다. 이 과정에서 니체가 구상하기는 했지만 실현하지 못한 '권력에의 의지'를 왜곡하여 편집한다. 여기에 실린 니체의 개념, 명제, 표제어들은 히틀러 정권에 의해 정치적으로 오용되어 니체 철학이 나치즘과 연관되는 빌미가 된다. 엘리자베트는 아돌프 히틀러를 바이마르의 극장에서 알게 되었고, 히틀러는 친히 1933년에서 1935년까지 니체 기록보관소를 방문한다. 나치 정권에 의한 니체의 오용에서 알 수 있는 것처럼 니체에 대한 엘리자

뢰켄의 니체 묘

베트의 존경과 사랑은 한편으로 니체 철학 연구와 확산의 토대를 마련하였지만, 다른 한편으로는 니체의 이름을 더럽히는 결과를 초래했다.

1900 8월 25일 바이마르에서 사망하다. 8월 28일, 뢰켄의 아버지와 어머니, 동생의 공동묘지가 있는 곳에 함께 묻히다.

1930 니체 저작의 보호 기간을 연장하려는 니체 기록보관소의 노력에도 불구하고 저작의 저작권이 만료되다.

1935 바이마르 고전주의 재단이 니체 기록보관소를 인수하여 관리하기 시작하다.

참고 문헌

Friedrich Nietzsche, *Kritische Studienausgabe sämtlicher Briefe Nietzsches*, München: De Gruyter, 1986.

Friedrich Nietzsche, *Jugendschriften in fünf Bänden,* hrsg.v. Hans Joachim Mette, München: dtv, 1994.

Curt Paul Janz, *Friedrich Nietzsche Biographie*, München: dtv, 1981.

니체 전집 (니체편집위원회 감수, 책세상, 2000~2005)

1. 김기선 옮김, 『언어의 기원에 관하여·이러한 맥락에 관한 추정·플라톤의 대화 연구 입문·플라톤 이전의 철학자들·아리스토텔레스 수사학 I·유고(1864년 가을~1868년 봄)』, 2003.
2. 이진우 옮김, 『비극의 탄생·반시대적 고찰』, 2005.
3. 이진우 옮김, 『유고(1870년~1873년)』, 2001.
4. 최상욱 옮김, 『유고(1869년 가을~1872년 가을)』, 2001.
5. 이상엽 옮김, 『유고(1872년 여름~1874년 말)』, 2002.
6. 최문규 옮김, 『바이로이트의 리하르트 바그너·유고(1875년 초~1876년 봄)』, 2005.
7. 김미기 옮김, 『인간적인 너무나 인간적인』 1, 2001.
8. 김미기 옮김, 『인간적인 너무나 인간적인』 2, 2002.
9. 강용수 옮김, 『유고(1876년~1877/78년 겨울)·유고(1878년 봄~1879년 11월)』, 2005.
10. 박찬국 옮김, 『아침놀』, 2004.
11. 이상엽 옮김, 『유고(1880년 초~1881년 봄)』, 2004.
12. 한성찬·홍사현 옮김, 『즐거운 학문·메시나에서의 전원시·유고(1881년 봄~1882년 여름)』, 2005.
13. 정동호 옮김, 『차라투스트라는 이렇게 말했다』, 2001.
14. 김정현 옮김, 『선악의 저편·도덕의 계보』, 2002.
15. 백승영 옮김, 『바그너의 경우·우상의 황혼·안티크리스트·이 사람을 보라·디오니소스 송가·니체 대 바그너』, 2002.
16. 박찬국 옮김, 『유고(1882년 7월~1883/1884년 겨울)』, 2001.
17. 정동호 옮김, 『유고(1884년 초~가을)』, 2004.
18. 김정현 옮김, 『유고(1884년 가을~1885년 가을)』, 2004.
19. 이진우 옮김, 『유고(1885년 7월 ~ 1887년 가을)』, 2005.
20. 백승영 옮김, 『유고(1887년 가을~1888년 3월)』, 2000.
21. 백승영 옮김, 『유고(1888년 초~1889년 1월 초)』, 2004.

클래식 클라우드 002

니체

1판 1쇄 발행 2018년 4월 17일
1판 6쇄 발행 2022년 12월 1일

지은이 이진우
펴낸이 김영곤
펴낸곳 아르테

문학팀 김지연 임정우 원보람
출판마케팅영업본부장 민안기
마케팅2팀 나은경 정유진 박보미 백다희
출판영업팀 최명열
제작 이영민 권경민
디자인 박대성
일러스트 신유진

출판등록 2000년 5월 6일 제406-2003-061호
주소 (10881) 경기도 파주시 회동길 201(문발동)
대표전화 031-955-2100 팩스 031-955-2151

ISBN 978-89-509-7411-4 04160
ISBN 978-89-509-7413-8 (세트)
아르테는 (주)북이십일의 문학교양 브랜드입니다.

(주)북이십일 경계를 허무는 콘텐츠 리더

네이버오디오클립/팟캐스트 [클래식 클라우드 — 책보다 여행], 유튜브 [클래식클라우드]를 검색하세요.
네이버포스트 post.naver.com/classic_cloud
페이스북 www.facebook.com/21classiccloud
인스타그램 www.instagram.com/21_arte
유튜브 youtube.com/c/classiccloud21